von Heydekampf

Feldzug 1870-71

nach den Tagebüchern und Gefechtsberichten der Truppen dargestellt

von Heydekampf

Feldzug 1870-71
nach den Tagebüchern und Gefechtsberichten der Truppen dargestellt
ISBN/EAN: 9783743304055

Hergestellt in Europa, USA, Kanada, Australien, Japan

Cover: Foto ©ninafisch / pixelio.de

Manufactured and distributed by brebook publishing software
(www.brebook.com)

von Heydekampf

Feldzug 1870-71

Feldzug 1870–71.

Das V. Armee-Corps

im Kriege gegen Frankreich
1870—71.

Nach den Tagebüchern und Gefechtsberichten der Truppen dargestellt

von

Stieler von Heydekampf,
Hauptmann im Generalstabe V. Armee-Corps.

Mit 5 Karten

Weißenburg, Wörth, Sedan, Valenton und Petit Bicêtre

mit eingezeichneten Truppenstellungen in den verschiedenen Momenten des Gefechts.

Berlin, 1872.

Ernst Siegfried Mittler und Sohn
Königliche Hofbuchhandlung.
Kochstraße 69.

Dem V. Armee-Corps

gewidmet.

Inhalt.

Quellen: Die officiellen Tagebücher und Gefechtsberichte der Truppen des mobilen 5. Armee = Corps.

---

*) Zur Orientirung über die Stellung des 5. Armee=Corps vor Paris wird auf das „Croquis" des vom 5. Armee=Corps in der Einschließungslinie in Paris besetzten und befestigten Terrain=Abschnittes im Maaßstab 1 : 20000 von Pirscher, Hauptmann im Ingenieur=Corps, verwiesen.

Am 15. Juli 1870, Abends 11 Uhr, ging vom Königlichen Kriegs=
ministerium die telegraphische Benachrichtigung bei dem General=
Commando des 5. Armee=Corps ein, daß ein Allerhöchster Befehl
zur Mobilmachung des Norddeutschen Bundesheeres alsbald zu
erwarten sei. Zwei Stunden darauf, den 16. Juli 1¼ Uhr Mor=
gens traf dieser Befehl per Telegraph vom Kriegsministerium ein;
der 16. Juli wurde durch denselben als erster Mobilmachungstag
festgesetzt, auch wurden durch ihn besondere Ausführungsbestim=
mungen in Aussicht gestellt. Dieselben trafen am folgenden Tage
ein und enthielten vornehmlich nähere Anweisungen über die Mo=
bilisirung und Formation der Landwehr und Reservetruppen und
die Bildung von Cavallerie=Divisionen.

Nach der am 20. Juli bei dem General=Commando eingehen=
den von Seiner Majestät dem Könige vollzogenen Ordre de
bataille und der Stellenbesetzung bildete das 5. Armee=Corps zu=
sammen mit dem 11. Armee=Corps und den Süddeutschen Truppen
unter dem Oberbefehl Seiner Königlichen Hoheit des Kronprinzen
von Preußen die III. Armee. Der commandirende General des
5. Armee=Corps, General der Infanterie von Steinmetz, wurde
zum Oberbefehlshaber der I. Armee, der Commandeur der 10.
Division, General=Lieutenant von Kirchbach für die Dauer des
mobilen Verhältnisses zum commandirenden General des 5. Armee=
Corps ernannt.

Der General von Steinmetz nahm mit nachstehenden Worten
von dem Armee=Corps, welches er 6 Jahre commandirt hatte, Ab=
schied:

„Posen, ben 19. Juli 1870. Durch Allerhöchste Cabinets=Ordre vom 18. Juli d. J. haben Seine Majestät der König mich zum Oberbefehlshaber der I. Armee (bestehend aus dem 7. und 8. Armee=Corps) ernannt. So ehrenvoll diese Bestimmung für mich ist, so groß ist dennoch mein Bedauern darüber, mein braves 5. Armee=Corps in einer so ernsten Zeit, wie die gegenwärtige, verlassen zu müssen.

gez. von Steinmetz.“

Gleichzeitig machte der General=Lieutenant von Kirchbach seine Ernennnung zum commandirenden General dem Armee=Corps durch folgenden Corpsbefehl bekannt:

„Posen, ben 21. Juli 1870. Seine Majestät der König haben durch Allerhöchste Cabinets= Ordre vom 18. b. M. für die Dauer des mobilen Verhältnisses mich zum commandirenden General des 5. Armee=Corps zu er= nennen geruht.

Es ist mir eine ganz besondere Ehre, an die Spitze dieses Armee=Corps gestellt zu sein, eines Corps, welches aus der Cam= pagne 1866 mit so viel Ruhm bedeckt zurückgekehrt ist.

Ich hoffe, daß wir auch in den kommenden ernsten Tagen den alten so wohl erworbenen Ruf nach jeder Richtung hin be= wahren werden.

Wohl bewußt bin ich mir der schweren Verantwortung, welche Seine Majestät der König durch meine neue Bestimmung auf mich übertragen haben. Ebenso weiß ich aber auch, daß die Herren Commandeure und Offiziere durch eine energische Handhabung der Disciplin, auf Märschen und im Kantonnement sowohl, wie im Gesecht, eine der Hauptbedingungen zu einem guten Erfolge, schaf= fen werden. Ich verweise auf die während des Feldzuges 1866 in dieser Rücksicht gegebenen Bestimmungen Seiner Excellenz des Generals der Infanterie von Steinmetz, welche innerhalb sämmtlicher Truppentheile zur genauen Beachtung erneut bekannt zu machen sind. So werden wir unter Aufrechthaltung strengster Disciplin, bei höchster Pflichttreue und Hingebung mit Gottes Hilfe den Er= wartungen, welche unser Allerhöchster Kriegsherr an uns zu stellen berechtigt ist, in vollstem Maaße entsprechen und zum Siege unserer gerechten Sache beitragen.

gez. von Kirchbach.“

Vier Cavallerie-Regimenter des Armee-Corps, Küraffier-Re-
giment Nr. 5, die beiden Ulanen-Regimenter Nr. 1 und 10 und
das 2. Leib-Hufaren-Regiment Nr. 2 mit der 1. reitenden Batterie
des Feld-Artillerie-Regiments Nr. 5 wurden für die unter Befehl
des Prinzen Albrecht, (Vater,) Königliche Hoheit, zu formirende
4. Cavallerie-Division designirt.

Die Mobilmachung des Armee-Corps vollzog sich ohne Störung genau nach den festgesetzten Instructionen, so daß am 25. Juli
der Eisenbahntransport zur Concentration des Armee-Corps an
der feindlichen Grenze beginnen konnte. Das 1. Bataillon des 3.
Niederschlesischen Infanterie-Regiments Nr. 50 machte den Anfang;
an dem genannten Tage Morgens $5^1/_2$ Uhr verließ es mit dem
Zug Nr. 5 der Fahrtdisposition Posen, um nach fast 60 Stunden
Fahrt, in welcher 151,4 Meilen zurückgelegt wurden, am 27. Juli
Nachmittags in Landau einzutreffen. Die Fahrt ging über Görlitz,
Leipzig, Plauen, Hof, Lichtenfels, Aschaffenburg, Darmstadt, Mainz.
Sämmtliche Truppentheile des Armee-Corps nahmen denselben
Weg. In 8 Tagesechelons wurde das Corps befördert; die An-
kunftszeit auf den Verpflegungsstationen und in Landau war für
jeden Tag dieselbe.

Die erste Tagesfahrt kam   Die letzte (12.) Tagesfahrt

in Görlitz	um	9 Uhr	Vorm.	an	—	um	1^{31} Uhr früh an
in Leipzig	=	7^{32}	= Ab.	=	—	= 12^9	= Nm. =
in Lichtenfels	=	9^{17}	= Vorm.	=	—	= 1^{47}	= früh =
in Aschaffenburg	=	8^{11}	= Ab.	=	—	= 12^{41}	= Nm. =
in Landau	=	6^{00}	= früh	=	—	= 11	= Ab. =

Die Züge folgten sich in $1^1/_2$stündigen Intervallen, auf den Verpflegungsstationen war ein einstündiger Aufenthalt.

Auf allen Stationen von der ruffischen bis zur französischen
Grenze wurden die Truppen mit einem erhebenden Enthusiasmus
empfangen; alle Welt, Hoch und Niedrig, Alt und Jung wetteiferte
miteinander, den in den großen Kampf für das Vaterland hinaus-
ziehenden Krieger in den kurzen Minuten des Aufenthaltes zu
laben und ihn für seine Weiterreise reichlich zu beschenken. Nie
werden die Offiziere und Soldaten des 5. Armee-Corps den herzlichen Empfang und die sorgliche Aufnahme vergessen, welche ihnen
namentlich in Leipzig, Plauen, Hof, Mainz bereitet wurde.

In der Umgegend von Landau sollte die III. Armee concentrirt werden. Ob sämmtliche Transporte Landau erreichen wür-

1*

den, darüber wurden bei Beginn des Transportes noch einige Zweifel gehegt. Eine schnelle feindliche Invasion konnte vielleicht zu einer Debarquirung der Truppen rechts des Rheins nöthigen. Glücklicherweise trat dieser Fall nicht ein; die III. Armee konnte sich ungestört nahe der französischen Grenze in der südlichen Pfalz versammeln. Der Eisenbahntransport selbst vollzog sich beim 5. Corps ohne wesentliche Störung nach den vom großen General=stabe ausgegebenen Fahrtdispositionen. Am 6. Tage des Trans=ports waren sämmtliche fechtende Truppen des Armee=Corps, auch die an die 4. Cavallerie=Division abzugebenden Cavallerie=Regi=menter in Landau eingetroffen; an den beiden folgenden Tagen langten auch die Munitionscolonnen und die Trains des Corps ebendaselbst an. Gleich nach der Ankunft in Landau mußten die Truppen und Colonnen theilweise noch weite Märsche, sogar auch während der Nacht, ausführen, um ihre Kantonnements zu er=reichen. Zur Ordnung der Quartierverhältnisse waren von den Truppen Quartiermacher vorausgeschickt worden, welche die spe=ciellen Anweisungen auf dem Bahnhof in Landau empfangen hatten.

Nach den Befehlen des Ober=Commandos sollte das 5. Ar=mee=Corps im Allgemeinen westlich der Eisenbahn und zwar zwi=schen dem Klingenbach südlich und Modenbach nördlich enge Kan=tonnements beziehen, dem 11. Armee=Corps waren die Ortschaften östlich der Eisenbahn angewiesen. Die süddeutschen Truppen sam=melten sich theils hinter diesen beiden Corps, theils rechts des Rheins in der Gegend von Karlsruhe, mit Ausnahme der 4. bayerischen Infanterie=Division (General=Lieutenant Graf Bothmer). Diese Division war, um die Versammlung der III. Armee zu sichern, kurz nach der Kriegserklärung noch mit ihrem Friedens=bestande an die südliche Grenze der Rheinpfalz gerückt. Auch das preußische Dragoner=Regiment Nr. 5. war sofort nach Beendigung seiner Mobilmachung aus seinen Garnisonen Mainz und Frankfurt zu gleichem Zwecke in die Gegend von Zweibrücken geeilt. Diese Truppen beobachteten zunächst nur die Bewegung einzelner Ba=taillone und Eskadrons des Feindes und geriethen auch wohl in kleine Neckereien mit den feindlichen Beobachtungsposten, an denen sich auch die französischen Douaniers betheiligten.

Wenn auch bedeutende Kräfte des Feindes in der Nähe der Grenze nicht beobachtet wurden, so gebot doch die Vorsicht, das große Thal von Annweiler, Pirmasens, Zweibrücken, welches sich grabe in der Flanke der sich versammelnden III. Armee öffnete, zu besetzen. Von den schon eingetroffenen Truppen des 5. Armee= Corps wurde daher am 28. Juli ein Bataillon des Infanterie= Regiments Nr. 58 nach Annweiler gelegt und später noch die übrigen Bataillone der 17. Infanterie=Brigade in diesem Thale bis nach Rinnthal hinauf bislocirt.

Bis zum Eintreffen des Ober=Commandos bei der Armee sollte nach den Bestimmungen desselben für den Fall eines feindlichen Angriffs der älteste der schon anwesenden Corps=Commandeure den Befehl über die in der Gegend von Landau bereits eingetroffenen Truppen der III. Armee übernehmen und dieselben in einer De= fensivstellung südlich Landau dem Feinde entgegenstellen.

Nachdem General=Lieutenant von Kirchbach, commandirender General des 5. Armee=Corps, am 30. Juli Nachmittags 4 Uhr in Landau angekommen war, recognoscirte er am folgenden Tage im Sinne dieses Befehls als der älteste anwesende Corps=Commandeur das Terrain südlich Landau, speciell die Stellung am Klingenbach), als die eventuell einzunehmende Defensivstellung. Mit dem Ge= neral=Lieutenant von Bose, commandirenden General des 11. Ar= mee=Corps, welches schon vor dem 5. Armee=Corps vollständig eingetroffen war, hatte General=Lieutenant von Kirchbach gleich nach seiner Ankunft bezüglich einer etwa nothwendig werdenden Versammlung der Truppen Verabredung getroffen. Für eine Alar= mirung befahl der General=Lieutenant von Kirchbach, daß sich das 5. Armee=Corps zwischen Insheim und Impflingen sammeln und die 19. Infanterie=Brigade eine vorgeschobene Stellung zwischen Billigheim und Rohrbach unter Besetzung beider Orte einnehmen sollte.

Am 1. August hat der Commandeur der 4. bayerischen Di= vision in Folge wahrgenommener stärkerer Truppen=Abtheilungen des Feindes, namentlich in der Gegend von Bitsch, um Aufstellung von Detachements bei Wilgartswiesen und Hinter=Weidenthal (im Annweilerthal) als Rückhalt für seine an der Grenze im Gebirge stehenden Posten. Am folgenden Tage rückte dem zu Folge das Jäger=Bataillon Nr. 5 und 1 Eskadron des Dragoner=Regiments Nr. 4 nach den beiden bezeichneten Orten mit dem Auftrage, nach Pirmasens und Dahn zu patrouilliren. In diesen Richtungen war um so mehr große Aufmerksamkeit erforderlich, als die II. Armee sich nicht in gleicher Höhe mit der III. Armee concentrirte, sondern hinter derselben.

Die Dislocation des 5. Armee-Corps in der Pfalz war am 1. August im Allgemeinen folgende:

General-Commando: Landau.

Stab der 9. Infanterie-Division: Gobranstein.

17. Infanterie-Brigade: Albersweiler und Umgegend.

18. = = Arzheim = =

Stab der 10. Infanterie-Division: Offenbach.

19. Infanterie-Brigade: Insheim und Umgegend.

20. = = Herzheim = =

Die zu den Divisionen gehörigen Truppen der Cavallerie, Artillerie, Pioniere und Train waren auf die Cantonnements der Infanterie vertheilt.

Corps-Artillerie: Burrweiler und Umgegend.

Trains: Niederhochstadt = =

Die Truppen benutzten die Tage nach ihrer Ankunft in der Pfalz zu Exercir- und Marschübungen.

Die Einwohner der Pfalz traten den preußischen Truppen auf das Freundlichste entgegen und thaten Alles, um ihnen einen angenehmen Aufenthalt zu bereiten. Besonders war es die Stadt Annweiler, welche durch ihre liebenswürdige und aufopfernde Theil=nahme sich den Dank des Infanterie-Regiments Nr. 58 für alle Zeiten erworben hat.

Am 30. Juli traf Seine Königliche Hoheit der Kronprinz in Speyer ein und übernahm mit folgendem Armee-Befehl das Com=mando über die III. Armee:

„Soldaten der III. Armee!

Von Seiner Majestät dem Könige von Preußen zum Ober=befehlshaber der III. Armee ernannt, entbiete ich den von heute ab unter Meinem Befehle vereinigten Königlich Preußischen, Kö=niglich Bayerischen, Königlich Württembergischen und Großherzog=lich Badischen Truppen Meinen Gruß. Es erfüllt Mich mit Stolz und Freude, an der Spitze der aus allen Gauen des deutschen Vaterlandes vereinten Söhne für die gemeinsame nationale Sache, für Deutschlands Recht, für deutsche Ehre gegen den Feind zu ziehen. Wir gehen einem großen und schweren Kampfe entgegen, aber im Bewußtsein unseres guten Rechtes und im Vertrauen auf Eure Tapferkeit, Ausdauer und Manneszucht ist uns der siegreiche Ausgang gewiß. So wollen wir denn festhalten in treuer Waffen=

brüderschaft, um mit Gottes Hilfe unsere Fahnen zu neuen Siegen zu entfalten, für des geeinigten Deutschlands Ruhm und Friede. Friedrich Wilhelm, Kronprinz von Preußen."

Mittelst Armee=Befehl vom 2. August 1870 Morgens 10 Uhr wurde die III. Armee noch an demselben Tage unter dem Schutze der Vorposten der 4. bayerischen Division und des 11. Armee= Corps, die längs des Grenzflusses, der Lauter, standen, in Bivouaks concentrirt und zwar in erster Linie: Die 4. bayerische Division bei Bergzabern auf dem rechten Flügel, demnächst das 5. Armee= Corps bei Billigheim das 11. Armee=Corps östlich Rohrbach; die badische Division wurde vom rechten auf das linke Rheinufer herübergezogen nach Pforz. Die übrigen Corps der III. Armee blieben theils auf dem rechten Rheinufer, theils wurden sie hinter der 1. Linie in Bivouaks oder Kantonnements concentrirt. Für das 5. Armee=Corps war noch speciell in jenem Befehl angeordnet, daß das 2. Bataillon des Regiments Nr. 58 zur Flankendeckung in Annweiler zu verbleiben habe, und ferner die Trains des Armee=Corps in einem Park zwischen Impflingen und Mörzheim zu vereinigen seien.

An demselben Tage, an welchem sich die III. Armee gegen die feindliche Grenze in Bewegung setzte, erging von Seiner Ma= jestät dem Könige folgende Proclamation:

„An die Armee!

Ganz Deutschland steht einmüthig in den Waffen gegen einen Nachbarstaat, der uns überraschend und ohne Grund den Krieg erklärt hat. Es gilt die Vertheidigung des bedrohten Vaterlandes, unserer Ehre, des eigenen Heerdes. —

Ich übernehme heut das Commando über die gesammten Armeen und ziehe getrost in einen Kampf, den unsere Väter, in gleicher Lage, einst ruhmvoll bestanden.

Mit Mir blickt das ganze Vaterland vertrauensvoll auf Euch. Gott der Herr wird mit unserer gerechten Sache sein.

Mainz, den 2. August 1870. gez. Wilhelm."

Am 3. August besuchte Seine Königliche Hoheit der Kron= prinz die Bivouaks der Truppen und wurde von denselben überall mit großem Enthusiasmus empfangen. So sehr Höchstderselbe auch durch diesen herzlichen Empfang erfreut war, sprach er doch den Wunsch aus, daß, Angesichts der ernsten und schweren Tage,

die der Armee bevorständen, diese Begrüßungen bis nach dem
ersten Siege ausgesetzt werden möchten. Dieser dem Feldherrn
entgegengetragene Gruß zeigte jedoch das offene Vertrauen zu
ihm, und welch einmüthigen Sinnes die Truppen aus allen Gauen
Deutschlands herbeigeeilt waren, um in treuer Waffenbrüderschaft
den Kampf gegen die kriegsgeübten Schaaren des gemeinsamen
Feindes aufzunehmen.

Gefecht bei Weißenburg.

Am 3. August Nachmittags 4 Uhr ging der Befehl des
Ober=Commandos ein, daß den 4. August in aller Frühe der
Vormarsch in das feindliche Gebiet anzutreten sei. Es war die
Absicht, mit der Armee bis an die Lauter vorzurücken und diese
mit den Vortruppen zu überschreiten. Zu diesem Zwecke sollte
der Bienwald auf 4 Straßen durchschritten und der Feind, wo
er angetroffen würde, zurückgeworfen werden.

Die rechte Flügel=Colonne, die 4. bayerische Division, General=
Lieutenant Graf Bothmer, gefolgt vom Rest des 2. bayerischen
Corps, General der Infanterie von Hartmann, sollte Weißenburg
in Besitz nehmen.

Die 2. Colonne war das 5. Armee=Corps. Für dasselbe
lautete der Befehl wörtlich: „Das 5. Armee=Corps bricht um
4 Uhr früh aus dem Bivouak bei Billigheim auf und marschirt
über Barbelroth und Nieder=Otterbach nach Groß=Steinfeld und
Kapsweier. Es formirt eine besondere Avantgarde, die bei St. Remy
und dem Wooghäuschen die Lauter überschreitet und auf den jen=
seitigen Höhen Vorposten aussetzt. Die Trains bleiben bei Billigheim."

Die 3. Colonne, das 11. Armee=Corps, General=Lieutenant
von Bose, sollte bei Bienwald=Mühle die Lauter mit ihrer Avant=
garde überschreiten. Die 4. Colonne, die württembergische und
die badische Feld=Division, General=Lieutenant von Werder, sollte
sich in Besitz der Stadt Lauterburg setzen. Diesen 4 Colonnen
folgte in zweiter Linie das 1. bayerische Corps, General der In=
fanterie von der Tann, bis nach Langenkandel und die 4. Kaval=
lerie=Division bis nach Ober=Otterbach.

Im Anschluß an die Armee-Disposition gab der commandirende General, General-Lieutenant von Kirchbach, für das 5. Armee-Corps folgenden Marschbefehl für den 4. August aus:

„Billigenheim, den 3. August 1870. Nachmittags 4½ Uhr.

Zur Ausführung der vorstehenden Armee-Disposition wird Folgendes befohlen:

Avantgarde:
Dragoner-Regiment Nr. 4.

17. Infanterie-Brigade:
Infanterie-Regiment Nr. 59;
1. schwere und 1. leichte Batterie.
niederschles. Feld-Art.-Regts.
Nr. 5; Infanterie-Regiment
Nr. 58;
Jäger-Bataillon Nr. 5.
Pontonier-Compagnie mit leichtem Feldbrücken-Train.
½ Sanitäts-Detachement Nr. 1;
kleine Bagage*) der Avantgarde;
2. Staffel der Munitionswagen der Batterien und Patronenwagen der Infanterie der Avantgarde.

Gros:
18. Infanterie-Brigade mit 2 Batterien (1 schw. u. 1 lcht.),
½ Sanitäts-Detachement Nr. 1,
Feldlazareth 1 u. 2, kleine Bagage des Restes der 9. Division.
General-Commando ohne Branchen.

Corps-Artillerie.

19. Infanterie-Brigade, mit d. 3. Fuß-Abth.
20. Infanterie-Brigade:
Dragoner-Regiment Nr. 14;
Mineur- u. Sappeur-Comp.
nebst Schanzzeug-Colonne;
Sanitäts-Detachements Nr. 2,
Feldlazareth Nr. 3 und 4,

1) Avantgarde: Generalmajor von Sandrart: (Formation und Marschordnung wie nebenstehend). Diese Avantgarde steht morgen ¾4 Uhr mit der Tête an Billigheim zum Vormarsch bereit, der Vormarsch selbst wird Punkt 4 Uhr angetreten. Die Details der Marschordnung bestimmt General von Sandrart.

Die Avantgarde dirigirt sich über Barbelroth und Nieder-Otterbach auf Kapsweier, von wo aus sie in 2 Colonnen die Lauter bei St. Remy und bei Wooghäuschen überschreitet. Hier werden weitere Befehle ergehen. Verbindung ist mit den Neben-Abtheilungen zu halten.

2) Der Rest des Armee-Corps folgt der Avantgarde als Gros in einem Abstande von 3000 Schritt in nebenstehender Marschordnung unter Befehl des Commandeurs der 10. Division, General-Lieutenant von Schmidt.

3) Die bei Impflingen parkirenden Trains und Colonnen ꝛc. des Armee-Corps, sowie die große

*) Zur kleinen Bagage gehörten: die Handpferde, Packpferde, Compagnie-resp. Escadron-, Packkarren und die Regimentsstabs-Wagen. Zur großen Bagage rechneten die übrigen Fahrzeuge der Truppen.

kleine Bagage der 10. Inf.=
Div.
Die höheren Stäbe der 10. Division
ohne Branchen.
2. Staffel der Munitions=Wagen
der Batterie nebst Patronen=
Wagen b. Infanterie (an der
Tête 9. Division, dann 10. Div.);
2. Staffel der Munitions=Wagen
der Corps=Artillerie; Sanitäts=
Detachement Nr. 3;
Feldlazareth Nr. 5.
Trains.
Proviant=Colonne Nr. 1 u. 2;
Gr. Bagage b. Avantgarde;
Branchen des General=Commandos;
Gr. Bagage des Restes b. 9. Div.;
Gr. Bagage b. Corps=Artillerie;
Gr. Bagage der 10. Division.

Pferde Depot;
Proviant=Col. Nr. 2, 4 u. 5;
Feldlazareth Nr. 6—12.
Feldbäckerei=Colonne.

Colonnen=Abtheilung.

1. Staffel der Munitions=
Colonnen.
Infant.=Munit.=Colonne Nr. 1.
Art.=Munit.=Colonne Nr. 1—2;
2. Staffel der Munitions=
Colonnen.
Infant.=Munit=Colonne Nr. 2—4.
Artill.=Munit.=Colonne Nr. 3—5.
Ponton Colonne.

Bagage der Stäbe und Trup=
pen warten, bis die Truppen
des bayerischen Corps Hartmann
incl. Division Walther Impf=
lingen passirt haben, und rücken
alsdann in nebenstehender Ord=
nung von Impflingen bis nörd=
lich Billigheim, woselbst sie par=
tiren.
(Formation und Marschordnung
der Trains wie nebenstehend.)
Jede selbstständige Abtheilung
des Trains resp. der großen Ba=
gage ist von einem Offizier des be=
treffenden Marschkörpers zu be=
fehligen. Die Bedeckung des
Trains übernimmt die Train=
Begleitungs=Escadron nach nähe=
rer Anordnung des Majors von
Herwarth.
4) Demnächst folgt in einem Ab=
stande von etwa ¼ Meile die
Munitions=Colonnen=Abthei=
lung mit der Ponton=Colonne
unter Befehl des Commandeurs
der Munitions=Colonnen=Ab=
theilung ꝛc.
5) Meldungen an meine Person sind
an die Tête des Gros zu richten.
7. ꝛc.
gez. von Kirchbach."

Vom Feinde wußte man, daß derselbe längs der westlichen
Grenze im Gebirge nur mit kleinen Detachements stehe, daß er
aber bei Weißenburg stärkere Abtheilungen versammelt habe, welche
per Eisenbahn von Straßburg gekommen sein sollten, ferner, daß
auf den Höhen südlich Weißenburg von Civilarbeitern geschanzt
worden sei. Hiernach standen Gefechte am 4. August bevor, wes=
halb auch das Ober=Commando die mündliche Instruction er=
theilte, daß bei einem Zusammenstoß mit dem Feinde die Neben=

Colonnen die angegriffene Heeres = Abtheilung nach Kräften unter=
stützen sollten.

Während der Nacht war ein strömender Regen gefallen, der
noch bis gegen 8 Uhr Morgens anhielt. Ungefähr um diese
Stunde machte das Armee = Corps ein kurzes Rendezvous, die
Avantgarde bei Steinfeld, das Gros bei Oberhausen.

Die vorauseilende 1. Eskadron der Avantgarden = Cavallerie
unter Rittmeister von Treyden hatte schon um ½7 Uhr die Lauter
und die Grenze bei St. Remy überschritten und gegen Süden
patroullirt; bei ihrer Annäherung waren die zwischen Geisberg
und Weißenburg lagernden französischen Truppen alarmirt worden.

Der Weitermarsch der Avantgarde erfolgte von Steinfeld aus
in 2 Colonnen, die linke unter dem Befehl des Commandeurs der
17. Infanterie=Brigade, Obersten von Bothmer: Infanterie=Regiment
Nr. 59, 4. Comp. des Jäger=Battaillons Nr. 5, zwei Eskadron des
Dragoner=Regiments Nr. 4 und die 2. leichte Batterie wurde auf
Wooghäuschen dirigirt, um daselbst die Lauter zu überschreiten; die
rechte Colonne unter dem Obersten von Rex, Commandeur des Regi=
ments Nr. 58: 1. und Füsilier=Bataillons des Regiments. Nr. 58,
3. Compagnie des Jäger = Bataillons. Nr. 5, 2 Eskadrons des
Drag.=Rgts. Nr. 4 und eine leichte Batterie wandte sich nach
St. Remy, östlich Altenstadt, um dort die Lauter zu passiren. Das
Gros folgte auf Kapsweier.

Das 2. Bataillon des Regiments Nr. 58 war von Auweiler
zurückberufen und auf dem Marsche zu seinem Regiment.

Gegen ½10 Uhr hörte der an der Tête des Gros sich be=
findende commandirende General bei Groß=Steinfeld Kanonendonner
aus der Richtung von Weißenburg. Er sandte sogleich den Haupt=
mann Mantey des Generalstabes an den Generallieutenant Graf
Bothmer, um sich über die Sachlage zu orientiren, dem General
Graf Bothmer den Anmarsch des 5. Armee=Corps mitzutheilen
und ihn um Auskunft zu ersuchen, wie das Armee=Corps am
wirksamsten ins Gefecht eingreifen könne. General=Lieutenant Graf
Bothmer ließ antworten, daß die Bayern in der Front stark an=
gagirt seien und ihre rechte Flanke bedroht werde und ersuchte auf
die feindliche rechte Flanke zu drücken. In Folge dessen erhielt
das Gros Befehl auf Altenstadt zu marschiren, um dort die Lauter
zu überschreiten.

An Se. königliche Hoheit den Kronprinzen wurde durch den

Major Marché die Meldung des Generals von Kirchbach über=
bracht, daß das 5. Corps über Altenstadt zur Unterstützung der
Division Bothmer vorgehen würde. Se. königliche Hoheit war be=
reits auf den Höhen von Schweighofen eingetroffen, um von da
aus die Bewegungen der Corps zu leiten.

Bald nach 10 Uhr ging folgende Meldung vom General von
Sandrart ein: „Die Vorhut der 9. Division bei St. Remy über=
gegangen; geht auf der Chaussee nach Weißenburg vor, um in das
Gefecht der Bayern einzugreifen. Die 21. Division entwickelt sich
links der 9. Division. Excellenz Bose zur Stelle. 10 Uhr 5 Mi=
nuten.

J. A. gez. Jacobi,
Major im Generalstabe."

Der Oberst von Rex hatte seine Truppen in folgender Weise
entwickelt: Die 2. Jäger=Compagnie war sogleich bis an den süd=
lichen Ausgang von Altenstadt vorgegangen, gefolgt von dem
1. Bataillon Infanterie=Regiments Nr. 58 und der 3. Jäger=Com=
pagnie. Die 1. Jäger=Compagnie und das Füsilier=Bataillon=In=
fanterie.=Regts. Nr. 58 übernahmen die Deckung der linken Flanke.
Die 1. leichte Batterie war südlich der Chaussee Weißenburg — Lauter=
burg unweit des Eisenbahn=Dammes placirt, um gegen eine Mit=
railleusen= und eine Kanonen=Batterie auf den Höhen südlich
Weißenburg, welche das Detachement Rex beschossen, zu wirken.
Die beiden Eskadrons des Detachements Rex beliebten zunächst zur
Bedeckung der Batterie nördlich der Chaussee stehen.

Der General von Sandrart ließ nun den Angriff beginnen.
Das 1. Bat. des Rgts. Nr. 58 im Verein mit der 2. und 3. Com=
pagnie des Jäger=Bat. Nr. 5 ging über Altenstadt gegen Weißen=
burg vor, welches von Turcos und Voltigeurs vertheidigt wurde,
von denen sich auch Tirailleurs in den Wiesen an der Lauter ein=
genistet hatten und die avancirende Infanterie des Obersten von
Rex in der rechten Flanke beschossen. Es entspann sich nun ein
heftiges langandauerndes Feuergefecht.

Die andere Colonne der Avantgarde, Oberst von Bothmer,
durchfurthete die Lauter weiter östlich bei Wooghäuschen, wobei
für die 2. leichte Batterie durch einen Infanterie=Pionier=Zug,
Rampen an den Ufern des Flusses hergestellt werden mußten.
Südlich der Lauter traf diese Colonne mit einem Bataillon des
Regts. Nr. 95 (11. Armee=Corps) zusammen. Auf der Weißen=

burger Chaussee angelangt, wandte sie sich nach rechts und eilte auf den Kanonendonner zu. Die 2. leichte Batterie trabte vor= aus, nahm unweit der 1. leichten Batterie Position und eröffnete ebenfalls das Feuer gegen die vom Feinde mit Artillerie besetzten Höhen. Das 2. Bataillon des Regiments Nr. 59 war vom Obersten von Bothmer schon nördlich der Lauter in Reserve und zur Verbin= dung mit den Neben=Colonnen zurückgehalten worden, weshalb dasselbe erst spät auf dem Gefechtsfelde eintreffen konnte.

So wie das Gefecht der Avantgarde anfing sich zu ent= wickeln, welches von dem Grenzhause genau zu übersehen war, befahl der General von Kirchbach, daß die Batterien der 18. In= fanterie=Brigade (10 Uhr) und die gesammte Corps=Artillerie in schneller Gangart zum Gefecht vorgezogen werden sollten. Die 1. und 2. schwere Batterie und die 2. Fuß=Abtheilung nahmen südlich der Chaussee bei Windhof nach Anordnung des Oberst Gaede Position. Die beiden reitenden Batterien blieben am west= lichen Ausgange von Schweighofen in Reserve. Die aufgefahrene Artillerie beschoß Weißenburg auf 1100 Schritt und die feind= lichen Geschütze und Colonnen südlich davon auf 2500 Schritt mit gutem Erfolge. Der Bahnhof, um welchen nachher so heftig gekämpft wurde, konnte nicht unter Feuer genommen werden, da er und das Gefecht daselbst durch die vielen und hohen Pappeln längs der Lauter vollständig verdeckt war. Unterdessen formirte sich auf Befehl des General=Lieutenants von Schmidt die 18. In= fanterie=Brigade (10 Uhr) dicht nördlich Altenstadt zum Gefecht, während die 10. Division nördlich Schweighofen aufmarschirte. Der commandirende General ritt auf der Chaussee vorwärts, bis dicht vor Weißenburg, um sich dort vom Stande des Gefechts, welches die bayerische Division Graf Bothmer führte, zu informiren. Weißenburg, mit Mauer und Graben umgeben, hatte seine Thore geschlossen und die Brücken aufgezogen. Einige hinter den Scharten stehende feindliche Schützen feuerten gegen die unter dem Schutze der Weinberge avancirende bayerische Infanterie und gegen den auf der Chaussee haltenden Stab des General=Commandos. Die kurze Anwesenheit des Generals von Kirchbach in dem Tirailleur=Gefecht vor Weißenburg gaben den Baiern die volle Gewißheit der kräf= tigsten Unterstützung seitens des 5. Armee=Corps.

Der General von Kirchbach begab sich hierauf wieder zur 18. Infanterie=Brigade, von welcher das halbe 1. Bataillon und das ganze 2. Bataillon des Regiments Nr. 47 durch Altenstadt, dann längs der Lauter zur Unterstützung des Angriffs des De= tachements Rex auf Weißenburg vorging, während die andere Hälfte des 1. Bataillon und die 9. Compagnie desselben Regiments nörd= lich der Lauter gegen die Stadt avancirte.

Nach dem lang anhaltenden Feuergefecht, welches sich bei dem Detachement Rex gegen Weißenburg, namentlich gegen den vorliegenden Bahnhof entwickelt hatte, führte der Oberst von Rex das 1. Bataillon des Regiments Nr. 58 gegen 1 Uhr zum Sturm gegen den Bahnhof vor, welcher auf das Hartnäckigste von Turcos vertheidigt wurde. Das 2. Bataillon-Infanterie=Regi= ments. Nr. 47 unterstützte diesen Angriff, indem es sich vornehmlich gegen die umliegenden Häuser wandte; das halbe 1. Bataillon des= selben Regiments avancirte längs der Lauter und vertrieb im Ver= ein mit der 2. Jäger=Compagnie die in den Ufergebüschen befindlichen Turcos, von denen mehrere zu Gefangenen gemacht wurden. Der Commandeur des Jägerbataillons Nr. 5, Major Graf Waldersee wurde in diesem Tirailleur = Gefecht tödtlich verwundet. Die 3. Jäger = Compagnie, welche anfänglich in Reserve zurückgehalten war, schloß sich dem Vorgehen des Regiments Nr. 47 hier an.

Das stürmende 1. Bataillon des Regiments Nr. 58 verlor sofort seinen Commandeur, den Major von Gronefeld, was seine Energie im Angriff aber nicht lähmen konnte. — Es kam zum Handgemenge, mit Wuth wurde um die Mauer gekämpft, lange schwankte das Gefecht, viele Offiziere und Mannschaften fielen, bis endlich der Compagnieführer, Premier=Lieutenant Baron, die Führung des Bataillons übernahm, die Fahne ergriff, und mit Hurrah in den Bahnhof stürmte, dessen Vertheidiger sich nun er= gaben. Das 1. Bataillon des Regiments Nr. 58 büßte bei dem Angriff auf den Bahnhof 12 Offiziere und fast 200 Mann ein.

Das Regiment Nr. 47 griff nun Weißenburg selbst an, nörd= lich der Lauter die 3., 4. und 9. Compagnie. Durch ein Tirailleur= gefecht allein konnte die Infanterie am Germersheimer Thor nicht zum Ziel gelangen, weil das Stadtthor jenseits des Grabens ver= schlossen und verbarrikadirt war; deßhalb wurde auf Veranlassung eines höheren bayerischen Offiziers durch den Oberstlieutenant Köhler, Commandeur der Corps=Artillerie des 5. Armee=Corps, ein Zug der 3. schweren Batterie detachirt, welcher gegen das Thor auffuhr, die Thorpfeiler sehr bald niederlegte und hiermit auf dieser Seite die Stadt gegen $1\frac{1}{2}$ Uhr öffnete, die bayerische Infanterie drang sofort ein.

Südlich der Lauter hatte zu dieser Zeit das Regiment Nr. 47 den Eingang bereits gleichfalls erzwungen. Die Franzosen hatten, nachdem sie den Bahnhof verloren hatten, verabsäumt, das Thor zu schließen, was vom Hauptmann von Schimmelpfennig (2. Comp.) und Lieutenant Heydenreich (5. Comp.) 47. Regiments sofort be= nutzt wurde, um in die Stadt einzutreten. Ihnen stürmten aber sogleich feindliche Abtheilungen entgegen; es entspann sich ein Straßenkampf, bei welchem auch von Bürgern aus den Häusern geschossen wurde. Die eingedrungenen Compagnien wurden wieder aus der Stadt geworfen und hinter ihnen das Thor durch Auf= ziehen der Zugbrücke geschlossen und dadurch einige Mannschaften, die noch im Kampf engagirt waren und sich nicht schnell genug hatten zurückziehen können, abgeschnitten. Major von Mittelstädt, Commandeur des 2. Regiments Nr. 47 und Lieutenant von Winning, Führer der 8. Compagnie kamen in diesem Augenblick zur Unter= stützung vor dem Thore an und begannen mit den französischen Offizieren zu unterhandeln; die Folge davon war, daß das Thor geöffnet wurde, und die daselbst befindlichen Franzosen die Waffen streckten. Die 8. Compagnie rückte sofort (gegen $1\frac{1}{2}$ Uhr) ein und besetzte in Gemeinschaft mit den von der anderen Seite ein= rückenden Bayern die Wälle und Thore der Stadt. Einige hun= dert Gefangene wurden in Weißenburg gemacht und viele Ge= wehre und Kriegsmaterial erbeutet.

Während des Angriffs auf Weißenburg selbst sicherten an= fänglich die 1. Compagnie des Jäger=Bataillons Nr. 5, Hauptmann von Schwemmler, und das Füsilier=Bataillon des Regiments Nr. 58, Major von Klaß, die linke Flanke gegen die südlich Altenstadt gelegenen Höhen, welche von feindlicher Artillerie und Infanterie besetzt waren. 2 Compagnien des letztgenannten Bataillons waren nach Gutleuthof vorgegangen.

Eine feindliche Batterie auf dem halben Abhang am Wege nach dem Schloß Geisberg war in Folge des diesseitigen Artil= lerie= und Infanteriefeuers genöthigt, unter Zurücklassung eines Geschützes abzufahren. 2 Infanterie=Compagnien deckten diesen Abzug und richteten auf die 1. Jäger=Compagnie ein heftiges Feuer; der Feldwebel Mayer dieser Compagnie schlich sich mit mehreren Jägern in einer Schlucht den Berg hinauf, beschoß die

image not available

hermarschirten; das 2. Bataillon dieses Regiments hatte Altenstadt noch nicht erreicht.

Das Schloß Geisberg, das Angriffs-Objekt des linken Flügels der 18. Infanterie-Brigade, besteht aus einem Gebäude-Complex mit einem inneren und äußeren Hofe. Der einzige, auf der Angriffs-Front gelegene Eingang kann von den inneren Gebäuden vollkommen beherrscht werden; in den massiven Mauern sind auf der Seite des Angriffs kleine Fenster und Oeffnungen in sehr beträchtlicher Höhe angebracht. Ungefähr 100 Schritt nördlich des Schlosses breitet sich ein Hopfengarten zu beiden Seiten des Weges nach Altenstadt aus.

Während des Ersteigens des Berges wandte sich das 1. Bataillon des Königs-Grenadier-Regiments Nr. 7 gegen die 3 Pappeln; das Füsilier-Bataillon desselben Regiments zog 2 Compagnien in die Gefechtslinie und bildete gegen den Hopfengarten und das Schloß eine rechte Offensiv-Flanke; dasselbe Manöver wurde vom 2. Bataillon des Königs-Grenadier-Regiments auf dem linken Flügel ausgeführt.

Der Hopfengarten war vom Feinde stark besetzt, das feindliche Feuer aus demselben fügte unserer avancirenden Infanterie schon manchen Schaden zu. Der Commandeur der Füsiliere des Regiments Nr. 47, Major von Winterfeld, wurde getödtet. Der Hopfengarten wurde indeß im ersten Anlauf durch die Königs-Grenadiere und die Füsiliere des Regiments Nr. 47 genommen, doch sowie unsere Tirailleure denselben überschritten, um in demselben Athem das Schloß zu stürmen, wurden sie plötzlich von einem so massenhaften Kugelregen aus dem Schlosse überschüttet, daß sie in den Hopfengarten wieder zurückwichen. Nach einem kurzen Schützengefecht, an dem sich auch die mittlerweile herangekommene 4. Jäger-Compagnie (Hauptmann Bödiker) der Colonne Bothmer betheiligte, wurde abermals ein Anlauf gegen das Schloß gemacht, der aber wieder abgewiesen wurde. Da führte der Major von Kaisenberg, die schon zerschossene Fahne ergreifend, die 9. und 12. Compagnie des Königs-Grenadier-Regiments, denen die 11. Compagnie auf dem Fuße folgte, gegen den Eingang des Schlosses heran; mit denselben stürmten nochmals die übrigen gegen diese feindliche Position engagirten Compagnien aus dem Hopfengarten hervor; ein furchtbares Feuer wurde gegen diese tapferen Abtheilungen auf kurze Entfernung gerichtet, es riß große Lücken in ihre Reihen

und beraubte sie des größten Theils ihrer Führer, die voll Hel=
denmuthes auf dem gefahrvollen Weg voranstürmten. Major von
Kaisenberg fiel schwer verwundet, die Fahnen=Unteroffiziere wurden
hingerafft; doch Alles dies konnte die Grenadiere nicht aufhalten,
sie drangen, geführt von Premier=Lieutenant Simon, der die Fahne
dem verwundeten Commandeur abgenommen, durch den engen
Eingang in den ersten Hof, mehrere weiter in den zweiten Hof,
es kam zum Kampf mit Kolben und Bajonnet. Der Premier=
Lieutenant Simon war sogleich im Thor gefallen, der Premier=
Lieutenant von Lüttwitz, welcher alsdann die Führung übernahm,
wurde auch sofort schwer verwundet niedergestreckt; die Fahne hatte
der Unteroffizier Förster der 11. Compagnie ergriffen. Der Feind
war aber hinter seinen festen Mauern zu stark, um ihn in dieser
Festung selbst zu bezwingen, die tapferen Stürmer mußten die
Höfe wieder unter großen Verlusten räumen.

Da die Compagnien sich nur unter abermaligen großen Ver=
lusten hinter die Hopfengärten hätten zurückziehen können, so blieben
sie, um diese zu vermeiden und doch die Vertheidiger des Schlosses
in demselben festzuhalten, an den Mauern des Schlosses im todten
Winkel gegen das verheerende Feuer gedeckt liegen. Nur einige
Schützen nahmen die Schießscharten der Franzosen unter Feuer;
während andere Stroh herbeibrachten und dasselbe unter den
Scharten anzündeten, beides brachte das feindliche Feuer nur theil=
weise zum Schweigen.

Der Lieutenant von Kreckwitz führte auf speziellen Befehl des
General von Kirchbach, der diesem Gefechte gefolgt war, mehrere
gesammelte Züge rechts um das Schloß, um dasselbe aus einem
hochgelegenen Garten unter Feuer zu nehmen. Gleichzeitig hatte
der commandirende General befohlen, die ersten der im Vormarsch
sich befindenden Batterien heranzuholen, um den Angriff auf das
Schloß durch Artillerie=Feuer zu unterstützen.

Die 2. leichte Batterie (Lieutenant Haupt) erschien auch bald
darauf, nachdem sie mit vieler Anstrengung von Altenstadt her
den steilen Abhang durch den von Regen aufgeweichten Ackerboden
emporgeklettert war und begann auf ca. 800 Schritt ihr Feuer
gegen das Schloß in dem Augenblick, als der 3. Sturm abge=
schlagen war.

Kurz darauf stieg auch die 1. leichte Batterie, alsdann die 3.
schwere Batterie, geführt von Oberst=Lieutenant Köhler, den Geis=

berg empor, doch konnten sie nicht auf der Höhe auffahren, weil hier der Angriff noch nicht genügend vorgeschritten war. Der Oberst Köhler führte die Batterie hinter den Hopfengarten auf die Ostseite des Schlosses, wo sie gegen dasselbe Position nahmen.

Noch bevor die Batterie Haupt in das Gefecht gegen das Schloß Geisberg eingriff, wurde der General von Kirchbach unweit des Hopfengartens durch eine Chassepotkugel am Halse verwundet und war genöthigt das Gefechtsfeld zu verlassen, um in Altenstadt verbunden zu werden. General-Lieutenant von Schmidt, dessen (10.) Division südlich Altenstadt im Begriff war aufzumarschiren, wurde sofort von der Verwundung des commandirenden Generals in Kenntniß gesetzt, um an Stelle desselben die Leitung des Gefechtes, die inzwischen durch den Chef des Generalstabes Obersten von der Esch in die Hand genommen worden war, zu übernehmen.

Während des Kampfes um das Schloß ging das Gefecht westlich desselben im offenen Terrain immer weiter vorwärts, zunächst gegen die Höhe mit den 3 Pappeln. Nachdem die Pappelhöhe genommen und der Feind aus seinem hier etablirten Lager vertrieben worden war, konnte auf derselben Artillerie placirt werden, um gegen das Schloß zu wirken, dessen Vertheidiger die Aufforderung zur Uebergabe abgelehnt hatten. Die Batterien der 10. Division kamen in diesem Augenblick den Abhang herauf; die Teten-Batterie wurde sofort zur Beschießung des Schlosses herangeholt. Als dieselbe im Begriff war aufzufahren, ergaben sich (gegen 2 Uhr) die Vertheidiger des Schlosses, ca. 200 Mann mit mehreren Offizieren; es waren meistens Zuaven. Die Vertheidigung des Schlosses hatte auch den Franzosen viel Blut gekostet.

Das Gefecht hatte sich auf Seiten des Feindes schon nach der Einnahme von Weißenburg und nach dem energischen Angriff gegen das Schloß und die Höhen zu einem Rückzugsgefecht gestaltet, dem er durch Vertheidigung einzelner Oertlichkeiten Vorschub leisten wollte. In der Ferme Schafbusch setzte er sich zum letzten Male. Die Ferme wurde im ersten Anlauf von 2 Bataillonen des Regiments Nr. 59 (1. und Füsilier-Bataillon) genommen, links unterstützt von Abtheilungen der 41. Infanterie-Brigade, sowie von einigen Compagnien des Königs-Grenadier-Regiments, dessen Füsilier-Bataillon, später auch das 2. Bataillon nach der Uebergabe des Schlosses dem Gefecht nachgerückt waren. Dem

2*

Regiment Nr. 59 war als 2. Treffen das 2. Bataillon des Regiments Nr. 46 von der 10. Division zur Unterstützung des Gefechts vorgeschickt gefolgt. Auf beiden Flügeln dieser oben genannten Truppen war je ein halbes Füsilier=Bataillon Regiments Nr. 58 unter beständigem leichten Tirailleur=Gefecht avancirt. Die 1. Compagnie des Jäger=Bataillons Nr. 5 war in westlicher Richtung zur Sicherung der rechten Flanke vorgegangen, die Tirailleure des Feindes verfolgend.

Von der 10. Division war um diese Zeit, $2\frac{1}{2}$ Uhr, die 19. Infanterie=Brigade in der Höhe des Schlosses Geisberg angekommen, die 20. Infanterie=Brigade stand am Fuße der Höhe südlich Altenstadt in Reserve, das Dragoner=Regiment Nr. 14 an der Chaussee südlich Gutleuthof. Die Corps=Artillerie war von Altenstadt her im Anmarsch. Das Dragoner=Regiment Nr. 4 war von seinem Commandeur, dem Oberst=Lieutenant von Schenk während des Gefechts zusammengezogen worden und war auf dem linken Flügel des Infanterie=Gefechts am östlichen Abhang der Höhen avancirt; es hatte einige Verluste durch Granatfeuer gehabt. Das 11. Armee=Corps hatte, wie schon erwähnt, das Gefecht auf dem linken Flügel wirksam unterstützt.

Se. Königliche Hoheit der Kronprinz war unterdeß auf der blutigen Wahlstatt am Schloß Geisberg eingetroffen. Das Füsilier=Bataillon des Königs=Grenadier=Regiments erkennend, ergriff Höchstderselbe voller Rührung die zerschossene Fahne und küßte ihre Spitze mit den Worten: „Wahrlich ein erhabener Anblick, das wohlverdiente Kreuz soll ihr zu Theil werden.“ Seine Königliche Hoheit stiegen alsdann vom Pferde und umarmten den Major von Kaisenberg.

Der Feind flüchtete, nachdem die Ferme Schafbusch genommen, auf allen Punkten in größter Eile; er wurde von den Tirailleurs der Regimenter Nr. 7, 47, 58 und 59 bis in das Thal des Selzbaches verfolgt.

Der Oberfeldherr traf in diesem Augenblick bei Schafbusch ein und begrüßte die Truppen nach ihrem ersten Siege. Ein begeistertes Hurrah antwortete ihm.

Seine Königliche Hoheit befahl dem Dragoner=Regiment Nr. 4 sofort die Verfolgung aufzunehmen und festzustellen, wohin der Feind sich vornehmlich zurückgezogen habe. Von dieser Verfolgung ging gegen Abend vom Oberst=Lieutenant von Schenk folgende Meldung ein:

„Die Recognoscirung über den Rückzug des Feindes wurde befohlenermaßen auf der Straße nach Hagenau ausgeführt und bis Soultz fortgesetzt. Es war auf dem ganzen Wege vom Feinde nichts zu entdecken. Auch auf der Straße fanden sich fast gar keine verlorenen Truppengegenstände.

Nach einstimmigen Aussagen der sehr wenigen Einwohner, die vorgefunden wurden, sollen nur sehr wenig Franzosen auf dieser Straße zurückgegangen sein. Soultz war von feind= licher Infanterie besetzt und konnte deshalb nicht weiter vor= gegangen werden. Man konnte aber auf dem Höhenzug süd= östlich Soultz anscheinend nicht unbedeutende Infanterie=Massen erkennen. Die Entfernung war aber zu groß, um genau schätzen zu können."

gez. von Schenk,
Oberst=Lieutenant und Commandeur
des 1. Schlesischen Dragoner=Regiments Nr. 4."

Nach Beginn der Verfolgung durch das 4. Dragoner=Regi= ment wurden die Truppen des 5. Armee=Corps gesammelt und folgender Befehl ausgegeben:

„Die 19. Infanterie=Brigade mit 2 Eskadronen des Dragoner= Regiments Nr. 14 und einer Batterie von der Artillerie der 10. Division übernimmt die Avantgarde .des Armee=Corps. Fühlung ist am Feinde zu behalten; Meldungen sind nach Altenstadt zu schicken.

Das Gros der Avantgarde bivouakirt auf der Höhe der 3 Pappeln. Der Rest des 5. Armee=Corps bivouakirt unter Benutzung des Ortes südlich Altenstadt und zwar wird dasselbe speciell der 9. Division zur Belegung angewiesen.

Die Corps=Artillerie bivouakirt unter einer Bedeckung von der 10. Division nördlich Altenstadt; das Corps=Hauptquartier kommt nach Altenstadt, woselbst um 5 Uhr Befehlsempfang. Uebergänge über die Lauter und den Eisenbahndamm sind zu beiden Seiten der Straße herzustellen.

Die Anordnungen für das Bivouak des Gros hat der General von Saubrart zu treffen.

Die Avantgarde hat die Trophäen und das Kriegsmaterial zu sammeln und nach Billigheim zurückzuschicken."

Außer dem einen Geschütz, welches von der ersten Jäger-Compagnie erobert worden war, fielen im Ganzen 500 Gefangene in unsere Hände; an Kriegsmaterial mehrere Munitionswagen einige Hundert tentes d'abri, Lagergeräthe und viele Tornister 2c. 2c.

Die Gefangenen waren von der Division Abel Douay, einer Division des Armee-Corps des Marschalls Mac Mahon. Der General Douay selbst war von einer Granate an den 3 Pappeln getödtet worden, wo die feindliche Mitrailleusen-Batterie gestanden und von unserer Artillerie speciell unter Feuer genommen worden war.

An Todten und Verwundeten mußte der Feind bedeutend verloren haben; auch diesseits waren die Verluste sehr groß, beson-ders hatte die Erstürmung des Weißenburger Bahnhofes durch das 1. Bataillon Regiment Nr. 58 und der Angriff auf das Schloß Geisberg viele Opfer gekostet.

Die Verluste des Corps in diesem Gefecht sind folgende:

General-Commando: Verw.: General-Lieutenant und comman-dirender General von Kirchbach. — Stab der 9. Infanterie-Divi-sion: Verw.: Major im Generalstabe Jacobi. — 3. Posensches In-fanterie-Regiment Nr. 58: Todt: Major von Gronefeld, Hauptmann Freiherr von Kittlitz, Seconde-Lieutenants von Neumann und Haal, Portepee-Fähnrich Schubert. Verw.: die Hauptleute von Sebottendorf, Breetz, Bauer, die Premier-Lieutenants Spangenberg (an seinen Wunden gestorben), Kristen, Wagner (an seinen Wunden gestorben), die Seconde-Lieutenants Lange I., Dziobeck, Krafft, Bieber (an seinen Wunden gestorben), Vicefeldwebel Kiesel. Summa: Todt: 5 Offiziere und 45 Mann, 2 Pferde. Verw.: 11 Offiziere und 179 Mann, 1 Pferd. Verm.: 1 Mann. — 4. Posensches Infanterie-Regiment Nr. 59: Todt: Seconde-Lieutenant Dirlam. Verw.: Haupt-mann Jänsch, die Seconde-Lieutenants Haal und Schmidt III., Vicefeldwebel Trotte. Summa: Todt: 1 Offizier und 11 Mann. Verw.: 4 Offiziere und 90 Mann. Verm.: 7 Mann. — Königs-Grenadier-Regiment (2. Westpr.) Nr. 7: Todt: die Hauptleute von Beyer und Batsch, die Pre-mier-Lieutenants von Loga, Scholte und Simon, die Seconde-Lieutenants Hanel und Tschirschky, die Portepee-Fähnriche von Höwel und von Glöden, Vice-Feld-webel Schärff. Verw.: Major Schaumann, von Unruh (an seinen Wunden ge-storben) und von Kaisenberg (dsgl.), die Premier-Lieutenants von Maltitz und von Seydlitz, die Seconde-Lieutenants Freiherrvon Kirchbach, von Schaper, Freiherr von Luttwitz (an seinen Wunden gestorben), von Santen und von Sieg-roth, Portepee-Fähnrich von Rheinbaben, die Unteroffiziere Jähnisch und Schnei-der. Summa: Todt: 10 Offiziere und 80 Mann. Verw.: 13 Offiziere und 249 Mann. — 2. Niederschlesisches Infanterie-Regiment Nr. 47: Todt: Major von Winterfeld. Verw.: Seconde-Lieutenant von Oppen, Portepee-Fähnrich von Mosch. Summa: Todt: 1 Offizier und 13

Mann. Berw.: 2 Offiziere und 45 Mann, 1 Pferd. Berm.: 2 Mann. — 1. Schlesisches Jäger=Bataillon Nr. 5: Berw.: Major Graf von Walderjee (an seinen Wunden gestorben), die Seconde=Lieutenants von Holwede und Lemp. Summa: Todt: 12 Mann. Berw.: 3 Offiziere und 52 Mann. — 1. Schlesisches Dragoner=Regiment Nr. 4: Todt: Major Frei=herr Senft von Pilsach. Berw.: Seconde=Lieutenant von Riecklisch. Summa: Todt: 1 Offizier und 1 Mann, 7 Pferde. Berw.: 1 Offizier und 4 Mann. Berm.: 1 Mann, 1 Pferd. — 1. Fuß=Abtheilung des Feld=Ar=tillerie=Regiments Nr. 5: Berw.: Premier-Lieutenant Franke. Summa: Todt: 5 Pferde. Berw.: 1 Offizier und 10 Mann, 6 Pferde. — Kurmär=kisches Dragoner=Regiment Nr. 14: Berw.: 2 Mann. Summa: Todt: 1 Pferd. Berw.: 2 Mann, 4 Pferde. — Corps=Artillerie: Berw.: 4 Pferde.

Der Gesammt=Verlust des 5. Armee=Corps betrug in dem Gefecht bei Weißenburg: 18 Offiziere, 162 Mann todt; 37 Offiziere, 631 Mann verwundet; 16 Mann vermißt; ferner 16 Pferde todt, 19 verwundet, 1 ver=mißt (incl. Pferde der höheren Stäbe und Infanterie.) *)

Schlacht bei Wörth.

Die am 4. August durch das siegreiche Gefecht bei Weißen=burg mit so günstigem Erfolge begonnenen Offensiv=Operationen der III. Armee sollten am folgenden Tage fortgesetzt werden.

Das Ober=Commando befahl für den 5. August einen allge=meinen Vormarsch.

Zur Ausführung der Armee=Disposition ordnete der General=Lieutenant von Kirchbach für das 5. Armee=Corps den Marsch in zwei Colonnen an. Die linke Colonne, General=Major von Sandrart, 9. Division und Corps=Artillerie über Soultz nach Preuschdorf; die rechte, General=Lieutenant von Schmidt, 10. Divi=sion über Lampertsloch nach Wörth, von wo aus die 20. Infan=terie=Brigade, als Avantgarde vorgeschoben, Vorposten gegen Reichs=hofen aussetzen sollte.

Rechts sollte die Verbindung mit dem 2. bayerischen Corps General von Hartmann, dessen Marschziel Lembach war,

---

*) Die Verluste in diesem Gefechte und auch in den späteren Actionen sind so angegeben wie sie sich nach den später angestellten Recherchen, die am 15. September 1871 abgeschlossen wurden, herausstellten, was namentlich auf die Vermißten Bezug hat.

an der Kuhbrücke nördlich Wörth gesucht, — links mit dem 11. Armee-Corps durch ein Detachement bei Gunstett hergestellt werden.

Das letztgenannte Corps und das Corps Werder sollten bis südlich Soultz marschiren und Front nach Süden behalten. Als Reserve folgte das 1. bayerische Corps, General der Infanterie von der Tann, und die 4. Cavallerie-Division, Prinz Albrecht König-liche Hoheit, bis Riedseltz.

Die brennende Hitze während des Marsches am 5. August, die langen bedeutenden Steigungen der an sich guten Straßen machten besonders für die rechte Colonne den Marsch zu einem sehr anstrengenden. Gegen 2 Uhr Nachmittags traf die Avant-garde der 10. Division in Preuschdorf ein.

Das dem Armee-Corps vorausgeeilte Husaren-Regiment Nr. 2 der 4. Cavallerie-Division meldete in diesem Augenblick, daß ein starker Feind aller Waffen auf den Höhen rechts der Sauer stehe.

Der Commandeur der Avantgarde General-Major Walther von Monbary und der bereits anwesende vom commandirenden General zur Recognoscirung vorausgesandte Chef des General-Stabes Oberst von der Esch überzeugten sich von der Richtigkeit dieser Meldung und beschlossen mit Rücksicht auf den noch zurück-zulegenden Marsch, die vorgerückte Tageszeit und die Ermüdung der Truppen, von einem Versuch zur Wegnahme von Wörth abzu-stehen und abweichend von der Disposition die Vorposten nur bis gegen Wörth vorzuschieben. Der commandirende General, welcher seiner Verwundung wegen nur zu Wagen dem Vormarsch folgen konnte, billigte nach seinem Eintreffen, nachdem er selbst gegen Wörth vorgefahren war, diese Anordnungen.

Das 5. Corps hatte hiernach am Abend des 5. August fol-gende Aufstellung: Avantgarde: Dieffenbach, Vorposten bis an die Sauer vorgeschoben, Görsdorf, Spachbach und Gunstett mit Detachements besetzt. Die Verbindung mit den Neben-Corps war hergestellt. Das Gros bivouakirte bei Preuschdorf à cheval der Chaussee.

Nachdem durch die Recognoscirungen am 5. August festgestellt, daß der Feind nicht in der ursprünglichen Marschrichtung nach Süden, sondern westlich derselben aufzusuchen sei, gab das Ober-Commando für den 6. August den Befehl, daß die beiden Corps bei Soultz und das Reserve-Corps Tann sich näher an das 5. Corps bei Wörth heranziehen und Front nach Westen nehmen sollten. Das 5. und 1. bayerische Corps sollten in ihren Stellungen bei Preuschdorf und Lembach verbleiben.

Während der Nacht vom 5. zum 6. August regnete es in Strömen. Zwischen den beiderseitigen Vorposten und Patrouillen entwickelten sich kleine Plänkeleien, welche gegen 4 Uhr Morgens so heftig wurden, daß der commandirende General den Oberst von der Esch zu den Vorposten sandte. Bei seiner Ankunft hatte das Gewehrfeuer nachgelassen; es war ihm keine besondere Bedeutung beizulegen.

Als gegen 8 Uhr an das Ober=Commando die Meldung über die Ereignisse der letzten Nacht und über das Resultat der Beob= achtungen der Vorposten abgesandt werden sollte, wurde in Preusch= dorf im Corps=Hauptquartier wider Erwarten Geschützfeuer bei den Vorposten gehört. Bald darauf ging von der Avantgarde auch die Anzeige ein, daß der Commandeur derselben durch das Bataillon Bußsche des Füsilier=Regiments Nr. 37, unterstützt von der Batterie Caspari, gegen die feindliche Stellung jenseits Wörth recognosciren ließe, um sich über die Bedeutung der im feindlichen Lager wahrgenommenen Bewegungen Klarheit zu verschaffen. Der Oberst von der Esch eilte sofort zu den Vorposten.

Dieses kleine Recognoscirungsgefecht wurde um 7 Uhr mit einigen Kanonenschüssen gegen Wörth eröffnet, worauf das Bataillon in Compagnie=Colonnen gegen den Ort und zu beiden Seiten desselben vorging. Dieser wurde unbesetzt gefunden; die Brücken über die Sauer waren aber innerhalb Wörth abgebrochen; es gelang jedoch der 7. Compagnie, dies Flüßchen zu überschreiten und die Lisiere des jenseitigen Stadttheils zu erreichen.

Der Feind stellte dieser Recognoscirung sofort Infanterie und auch Artillerie entgegen; letztere von diesseitigen Patrouillen, welche an dem vorliegenden Abhang sich emporschlichen, durch Gewehr= feuer belästigt, wurde vornehmlich von der Batterie Caspari auf 3—4000 Schritt beschossen und mit solchem Erfolge, daß mehrere nach einander gegen sie auffahrende Batterien genöthigt waren, nach vielem erlittenen Schaden sehr bald das Feld zu räumen.

Während dem hatte auch bei Gunstett ein kleines Engagement stattgefunden. Das 2. Bataillon, Hauptmann von Kampz, des Regiments Nr. 50, welches schon um 3 Uhr Morgens starke Re= cognoscirungs=Patrouillen vorgesandt hatte und dabei mit größeren Abtheilungen des Feindes in Berührung gekommen war, war jetzt zur Zeit des Recognoscirungs-Gefechtes bei Wörth von den Franzosen mit starken Schützenschwärmen, unterstützt von Artillerie, jedoch ohne Erfolg, angegriffen worden.

Während hier das Gefecht nicht mehr zum Schweigen kam, wurde dasjenige bei Wörth (8½ Uhr) von dem General-Major Walther von Monbary abgebrochen, nachdem der Feind viel Infanterie und Artillerie gezeigt hatte. Das Bataillon Bussche wurde unter dem Schutze der Artillerie zurückgezogen, behielt aber den Kirchhof am östlichen Ausgang von Wörth besetzt.

Der General-Major Walther von Monbary ließ hiervon dem 2. bayerischen Corps Mittheilung machen, da dasselbe in Folge des Gefechtes bei Wörth von Lembach her gegen des Feindes Flanke vorgegangen war und noch im Gefecht stand.

Dies war die Situation, als Oberst von der Esch den General-Major Walther von Monbary auf der Anhöhe vorwärts Dieffenbach antraf.

Bei Wörth war das Gefecht mit Leichtigkeit abgebrochen worden, dagegen nahm es bei den Bayern an Heftigkeit und Ausdehnung zu und schien sich nach Osten hinzuziehen. Da nun auch auf dem diesseitigen linken Flügel zwei Batterien der Avantgarde des 11. Corps, welche eben bei Gunstett angekommen sein mußte, zum Gefecht gegen die feindliche Artillerie auffuhren, so hielt der Chef des Generalstabes es für geboten, daß auch vom 5. Armee-Corps das Gefecht wieder aufgenommen werde, um zu verhindern, daß sich der Feind mit überlegener Kraft auf einen der Flügel werfe.

Im Anbetracht dieser Umstände ließ der zur Stelle erscheinende General-Lieutenant von Schmidt sofort die Artillerie der 10. Division und die Corps-Artillerie zum Gefecht vorziehen und das Corps allarmiren (nach 9 Uhr).

Dem General-Lieutenant von Kirchbach wurde von der Sachlage Meldung erstattet; er traf, trotz der am 4. August erhaltenen Wunde, alsbald auf dem Gefechtsfelde ein, billigte die getroffenen Maaßnahmen und übernahm die Leitung seiner Truppen.

Die Schlacht von Wörth nahm ihren Anfang, — ½ 10 Uhr — eingeleitet durch das Feuer von 10 Batterien. Dieselben hatten sich auf dem Abhang circa 1200 Schritt östlich Wörth zum Gefecht formirt, zu beiden Seiten der Chaussee je 5 Batterien der 10. Division und Corps-Artillerie. Dieselben wurden bald darauf durch 3 Batterien der 9. Division auf dem linken Flügel verstärkt.

Die 4. Batterie derselben (Premier-Lieutenant Haupt), placirte sich auf der Höhe dicht nördlich Spachbach. Das Feuer dieser 84 Geschütze leitete der Oberst Gaede.

Während der Entwickelung der Artillerie setzten sich die übrigen Truppen des Corps in Gefechtsbereitschaft.

Die Vorposten-Brigade (General-Major Walther von Monbary): ein halbes 1. Bataillon (Hauptmann Koepke) des Füsilier-Regiments Nr. 37 bei Görsdorf, die andere Hälfte des Bataillons am Walde von Dieffenbach zur Specialbedeckung der Artillerie; Bataillon Kamptz des Regiments Nr. 50 bei Gunstett, die beiden andern Bataillone dieses Regiments (Oberst Michelmann) an der Waldblisiere nördlich Oberdorf. Das 2. und 3. Bataillon des Regiments Nr. 37 bildeten das erste Treffen der 10. Division, welche circa 800 Schritt hinter der großen Artillerie-Stellung à cheval der Chaussee aufmarschirte. Das 2. Treffen bildete die Brigade Henning, des feindlichen Artillerie-Feuers wegen in Halbbataillonen auseinander gezogen. Das Dragoner-Regiment Nr. 14 hinter dem rechten Flügel.

Die 9. Division formirte sich in Rendez vous-Stellung westlich und nördlich Dieffenbach. Von der 17. Brigade wurden das 1. und Füsilier-Bataillon Regiments Nr. 59 (Oberst Eyl), über Mitschdorf nach Görsdorf detachirt, zur Verbindung mit dem bayerischen Corps Hartmann.

Der Feind hatte für seine Defensive alle Terrain-Vortheile für sich. Das Terrain, auf welchem sich unser Angriff entwickeln mußte, fiel langsam zur Sauer ab, und bot nirgends eine gedeckte Annäherung zur feindlichen Stellung. Der Boden war durch den Regen aufgeweicht. Nördlich Görsdorf, nach den Bayern zu, war die Beobachtung durch Berge und Wälder begrenzt. Das dortige Gefecht konnte nur nach dem Schall des Feuers und dem Pulverdampf beurtheilt werden, während das Terrain nach dem 11. Corps zu, der Einsicht weniger entzogen war.

Die feindliche Stellung hatte als Fronthinderniß die angeschwollene Sauer mit steilen Uferrändern und nassen Wiesen; die Brücken waren abgebrochen. Die Berge, auf welchen der Feind stand, steigen steil empor und erreichen sehr bald eine dominirende Höhe, sie sind mit Baum-, Hopfen- und Weinplantagen bedeckt, so daß die Anwesenheit der feindlichen Truppen sehr schwer zu erkennen war; nur der Pulverdampf bezeichnete ihre Gefechtsaufstellung;

hin und wieder konnten größere Truppenabtheilungen in weiteren
Entfernungen bemerkt werden. Oestlich Elsaßhausen war der Ab=
hang frei; die Dörfer Elsaßhausen und Fröschwiller auf dem
Kamm der Höhe waren gegebene Stützpunkte; ihre Eroberung
sollte wichtige Momente der Schlacht bezeichnen.

Nach etwa einstündigem Artillerie=Kampf stellte sich die dies=
seitige Ueberlegenheit der Artillerie heraus. Da nun auch Infan=
terie des 11. Corps gegen die Sauer avancirte und die Bayern
mit überlegenen Kräften im Kampfe zu sein schienen, so befahl
(nach 10 Uhr) General von Kirchbach, daß die Avantgarden=Brigade
Wörth occupiren und sich auf dem jenseitigen Höhenrande fest=
setzen solle.

Der General=Major Walther von Monbary führte diesen
Befehl mit dem Regiment Nr. 37 sofort aus. Das Bataillon
Busiche und die 4. Compagnie gingen durch Wörth, das Ba=
taillon Sydow dicht südlich der Stadt über die Sauer, theils diese
durchwatend, theils auf schnell hergerichteten Nothbrücken. Die
3. Compagnie blieb als Specialbedeckung der Artillerie zurück.
Die 1. und 2. Compagnie standen bei Görsdorf. Auch der Oberst
Michelmann, Commandeur des 3. Niederschlesischen Infanterie=
Regiments Nr. 50, erhielt vom commandirenden General Befehl,
die Sauer zu überschreiten und anzugreifen, was sogleich mit den
Bataillonen Rössing und Sperling ausgeführt wurde. Das 2.
Bataillon blieb bei Gunstett.

Auf den Höhen von Elsaßhausen stand der Feind mit Artil=
lerie und starken Tirailleurketten. Schon das zeitraubende Ueber=
schreiten des Flusses, dann auch die Entwickelung zum Gefecht
geschah anfänglich im Granat=, dann auch in einem heftigen feind=
lichen Gewehrfeuer.

Der Angriff des Regiments Nr. 50, speciell unterstützt von
der Batterie Haupt, begann auf dem rechten Flügel; 3 Compag=
nien, die 1. voran gegen den Galgenhübel; auf dem linken Flügel
die 4., 10., 11. und 9. Compagnie gegen den Abhang südlich
des Galgenhübels. Unter schweren Verlusten gelang es diesen Com=
pagnien den Abhang emporzusteigen, auch den Galgenhübel kurze
Zeit zu behaupten, doch mußten sie vor den heranrückenden Sou=
tiens des Feindes weichen und sich bis hinter die Chaussee Wörth—
Hagenau zurückziehen, von wo aus sie ein anhaltendes Feuergefecht
unterhielten und mehrere Angriffe des Feindes abwiesen. Die 12.

Compagnie (Hauptmann von Boguslawski) war in den Nieder=
wald vorgedrungen zur Unterstützung eines Bataillons des 11.
Armee=Corps, von dem einzelne Abtheilungen, vom Feinde gedrängt,
soeben den Wald verließen. Dies Bataillon (87. Regiment) war
schon vor einiger Zeit allein über die Sauer gegangen, in den Nie=
derwald, dessen untere Lisiere unbesetzt gefunden wurde, eingedrungen,
im Walde mit dem Feinde in Contact gekommen, und von diesem
schließlich zum Weichen gezwungen worden. Die Unterstützung
der 12. Compagnie brachte das Gefecht zum Stehen, es kam im
Walde zu einem lang andauernden, hin und herschwankenden Kampf.

Den Compagnie=Colonnen des Regiments Nr. 37 gelang es
aus Wörth zu debouchiren, die feindlichen Tirailleure zurückzu=
drängen und den Abhang emporzusteigen, doch die vom Feinde
herangeführten Soutiens zwangen die Compagnien nach Wörth
zurückzuweichen, dessen Lisiere jedoch mit Erfolg vertheidigt wurde.

Unsere Artillerie hatte vor dem Beginn des Infanterie=Ge=
fechts nur feindliche Batterien zu bekämpfen gehabt, während
desselben fand sie jedoch Gelegenheit, die fechtende Infanterie zu
unterstützen, indem sie je nach der augenblicklichen Gefechtlage von
ihrem Zielobject absprang und heranrückende feindliche Infanterie
und auch besonders Mitrailleusen=Batterien unter Feuer nahm,
was ihr zu dieser Zeit um so leichter wurde, als die feindliche
Artillerie fast verstummt war.

Dem General=Major Walther von Monbary waren bald nach
der Besetzung von Wörth durch den General=Lieutenant von Schmidt
das 1. und Füsilier=Bataillon des Grenadier=Regiments Nr. 6
unter Oberst Flöcker zur Disposition gestellt worden. Sie wurden
auch sofort (11$\frac{1}{2}$ Uhr) zur Unterstützung des die Lisiere der Stadt
vertheidigenden 37. Regiments verwendet.

Nach kurzem Feuergefecht ging das Bataillon Heugel des
Grenadier=Regiments Nr. 6 mit auseinander gezogenen Compagnie=
Colonnen, die 4. Compagnie in Reserve aus Wörth, vor, in der
Richtung auf Fröschwiller.

Die feindliche Infanterie hatte Zeit gehabt, sich an dem von
Hecken und Steinwällen durchzogenen Abhang der langen Berg=
lehne so gut einzurichten, daß, wenn man glaubte nur Schützen=
linien gegenüber zu haben, plötzlich, wie aus der Erde gewachsen
geschlossene Abtheilungen auftraten, die unsere angreifenden Truppen
mit einem Hagel von Kugeln überschütteten.

Das Bataillon Heugel konnte jedoch nur mit Mühe etwas Terrain gewinnen, weshalb der Oberst Flöcher das Füsilier=Bataillon zur Unterstützung vorführte, 2 Compagnien unter Hauptmann von Wolff an der Chaussee nach Fröschwiller, die andern beiden Compagnien, unter Oberst=Lieutenant von Webern, durch den südwestlichen Ausgang, den dicht an Wörth herantretenden Abhang hinauf. Auch mit dieser Unterstützung konnte dem Feinde dauernd kein Terrain genommen werden, seine herangeführten Verstärkungen zwangen sogar die Grenadiere nach Wörth zurückzuweichen, wo sie sich im Verein mit den Füsilieren des Regiments Nr. 37 auf die Vertheidigung der Lisiere beschränken mußten, gegen welche der Feind mehrere Angriffe unternahm.

Während dem war das Gefecht bei dem 2. bayerischen Corps fast gänzlich zum Schweigen gekommen.

Kurz bevor der General von Kirchbach den Infanterie=Angriff befohlen hatte, war der Hauptmann Mantey zum General von Bose und der Lieutenant Freiherr von Reibnitz zum General von Hartmann entsendet worden, um diese mit der Gefechtslage des 5. Corps bekannt zu machen und sie zu ersuchen, ihrerseits gegen des Feindes Flanke vorzugehen, während das 5. Corps den Feind in der Front festhalten würde. Eine dementsprechende Meldung wurde an das Ober=Commando abgeschickt.

Der General von Bose ließ antworten, daß er nach der Armee=Disposition mit der Avantgarde nur bis an die Sauer vorrücken könne. Der General von Hartmann verwies auf einen soeben eingegangenen schriftlichen Befehl, das Gefecht abzubrechen; er ging jedoch darauf ein, seine schon auf Lembach zurückgehenden Truppen festzuhalten, wo sie augenblicklich standen. General von Hartmann gab dem zurückkehrenden Lieutenant von Reibnitz einen Offizier seines Stabes mit, der sich über die weitere Entwickelung des Kampfes bei dem 5. Corps orientiren sollte.

Die Antworten der Neben=Corps gingen zu der Zeit ein, wo die Avantgarde, unterstützt durch 2 Bataillone des Grenadier=Regiments Nr. 6, Wörth und das Terrain bis zur Chaussee Wörth—Hagenau nur mit Mühe gegen die feindlichen Offensivstöße behauptete. Unter diesen Umständen konnten keine großen Hoffnungen auf ein schließlich günstiges Resultat gehegt werden; da nun aber ein Abbrechen des Gefechts nach bereits so bedeutenden Verlusten ohne große moralische Einbuße schwer angängig war,

so hielt der commandirende General bei dem einmal gefaßten Ent=
schluß fest; er ließ die Neben=Corps noch einmal um ein Eingreifen
in der oben angeführten Weise ersuchen, und auch Seine Königliche
Hoheit durch den 1. Adjutanten Major Manché unterthänigst bitten
dementsprechend Befehle zu ertheilen.

Der General von Bose ließ sogleich antworten, daß er das
5. Armee=Corps nicht im Stiche lassen würde.

Seine Königliche Hoheit den Kronprinzen traf der Major
Manché halbwegs Soultz—Preuschdorf auf dem Wege zum Kampf=
platz. Höchstderselbe hatte bereits das Durchkämpfen der Schlacht
beschlossen und ließ sich nun über die Situation Bericht erstatten.

In dem Kampfe um Wörth hatten die Compagnien der Re=
gimenter Nr. 37 und Nr. 6 schon sehr viele Offiziere und Mann=
schaften verloren. Der General=Major Walther von Monbary
glaubte den immer stärker wiederkehrenden Angriffen des Feindes
gegenüber die Position nicht mehr lange halten zu können und
bat bringend um Unterstützung, die ihm der General=Lieutenant
von Schmidt in dem Bataillon Maliszewski vom Regiment Nr. 46
sandte. Dies Bataillon fand sofort Verwendung, indem der Ge=
neral von Walther 3 Compagnien in der Richtung auf Frösch=
willer rechts der Chaussee zur Offensive, die 8. Compagnie, Lieute=
nant Kruska I., zur Deckung links durch einen südlichen Ausgang
von Wörth gegen Elsaßhausen vorschickte. Dieses Vorgehen machte
es den bisherigen Vertheidigern möglich, sich schnell zu sammeln.
Von den wenigen Offizieren, die noch vorhanden waren, wurden
sie sogleich längs der Chaussee vorgeführt und konnten die Offen=
sive des Bataillons Maliszewski wirksamst unterstützen. Diesem
Bataillon zunächst focht der Hauptmann von Wolff mit Füsilieren
des Regiments Nr. 6 und der Major Lütgen mit Abtheilungen
des Füsilier=Regiments Nr. 37.

Der Feind wurde aus seinen Stellungen in den Weinbergen
und Hopfenplantagen auf dem Abhange vertrieben, so hartnäckig
er sich auch vertheidigte. Nach langem und schwerem Ringen ge=
lang es, die erste Terrasse zu erreichen und gegen wiederholte
Offensivstöße des Feindes zu behaupten. Aber die diesseitigen
Versuche, noch weiter vorzudringen, hatten keinen Erfolg, trotz aller
Anstrengungen, namentlich der des Hauptmanns von Wolff,
welcher wiederholentlich mit der Fahne in der Hand tambour
battant vorzudringen suchte; die Reihen waren schon zu schwach

geworden, um gegen den gut gedeckten Feind noch mehr zu erringen. Der Hauptmann von Wolff wurde hierbei zum zweiten
Male und jetzt sehr schwer verwundet. Dieser auf einem kleinen
Raume von einigen 100 Schritt hin und her schwankende Kampf
endigte zunächst in einem stehenden Feuergefecht.

Südlich Wörth war unterdessen vom 1. und Füsilier-Bataillon
des Regiments Nr. 50 ein eben solches Gefecht fortgesetzt worden,
unterstützt von der Artillerie des 11. Armee-Corps; auch war
mittlerweile die ganze 41. Infanterie-Brigade (gegen ¼1 Uhr) vollständig über die Sauer gegangen und von Gunstett her in das
Gefecht im und südlich des Niederwaldes eingetreten, ihr hatte
sich auch das 2. Bataillon des Regiments Nr. 50 angeschlossen,
mit der Compagnie des Hauptmanns von Arnim an der Tete.
Diese Compagnie nahm an dem Gefecht im Niederwalde thätigen
Antheil. Auch südlich Spachbach war Infanterie des 11. Corps
über die Sauer gegangen und hatte in das Gefecht nördlich des
Niederwaldes eingegriffen. Verstärkt durch diese frischen Truppen
gingen die Compagnien des 50. Regiments noch einmal vor. Auch
hier gelang es nun, die erste Terrasse zu nehmen und zu behaupten; einige Abtheilungen drangen auch links in den Wald.
Dieser Angriff war unterstützt worden durch zu weit nach links
abgekommene Abtheilungen der Regimenter Nr. 46 und 37, welche von
Wörth in der Richtung auf Elsaßhausen vorgedrungen waren.
Das Gefecht im Walde avancirte nur langsam. Das 50. Regiment hatte in dem mehrstündigen Gefecht schon viele Offiziere und
Mannschaften verloren; mehrere Compagnien hatten keinen Offizier
mehr.

Gegen 1 Uhr wurde das feindliche Artilleriefeuer auf der
ganzen Linie wieder heftiger, man sah Artillerie und Infanterie
von rückwärts her an und in die feindliche Gefechtslinie einrücken,
worauf die feindlichen Angriffe mit großer Energie gegen Wörth
erneuert wurden. Ob dies frische Truppen waren, oder solche, die
man gegen unsere Flügel-Corps für entbehrlich hielt, konnte nicht
bestimmt werden.

Um diese Zeit ließ Seine Königliche Hoheit, welcher bei
Dieffenbach eingetroffen war und die Leitung des Ganzen übernommen hatte, durch den General von Blumenthal Folgendes
mittheilen:

„Abgang den 6. August 1 Uhr.

Der Angriff des 5. Corps muß noch verzögert werden, bis General von der Tann herankommt; er ist nördlich Preußdorf dirigirt. Ebenso die 21. Division, welche den Befehl hat, auf Wörth zu marschiren. Mit beiden kann es noch 1 bis 2 Stunden dauern. Corps Werder ist ebenfalls vorbeordert, es wird aber wohl 3 Stunden bis zu seiner Ankunft dauern.

(gez.) von Blumenthal."

Dies war keine sehr Hoffnung erweckende Mittheilung, die grade in dem Moment eintraf, als der Feind mit neuen Truppen in das Gefecht eingriff. Andererseits konnte diese Mittheilung nur hohe Befriedigung erwecken, indem sie constatirte, daß Seitens des Feldherrn nunmehr das Durchkämpfen der Schlacht eine beschlossene Sache war; und daß das 5. Corps das Eingreifen der Nachbar-Corps erwarten konnte, was von dem 11. Corps mit einigen Bataillonen bei Niederwald schon geschehen war.

Veranlaßt durch das Auftreten neuer feindlicher Truppen und um zu verhüten, daß das mit so schweren Opfern errungene Terrain aufgegeben und später um so theurer wieder erkämpft werden müsse, hatte der General von Kirchbach kurz vor Eingang jener Mittheilung des Ober-Commandos die 9. Division vorrücken lassen, die 17. Brigade nach Wörth, die 18. Brigade nach Spachbach, und dadurch nahe der ersten Gefechtslinie eine kräftige Unterstützung bereitgestellt. Das Eingreifen dieser Truppen wurde sehr bald nothwendig.

Es blieben nur noch das 1. und Füsilier-Bataillon des Regiments Nr. 46 in Reserve.

Um nördlich Wörth den Feind zu beschäftigen und später mit den Bayern in dem waldigen Terrain in Verbindung zu treten, waren von der vorrückenden 17. Brigade 3 Jäger-Compagnien detachirt worden.

Dieselben überschritten westlich Görsdorf die Sauer, wo sich die 1. und 2. Compagnie des Regiments Nr. 37 ihnen anschlossen, welche bei Görsdorf als Vorposten-Detachement gestanden hatten und bereits zu Anfang der Schlacht einen Vorstoß unternommen aber hinter die Sauer hatten zurückgehen müssen, als die Bayern das Gefecht abbrachen. Diese 5 Compagnien erstiegen nun den westlichen Thalrand der Sauer und führten selbstständig ein lang

sam avancirendes Gefecht in dem waldigen Terrain, wobei sie
später wieder mit bayerischer Infanterie in Berührung kamen.

Kaum an der Sauer angekommen, mußte die 9. Division zur
Unterstützung des Kampfes diesen Fluß passiren, die 17. Brigade
(Regiment Nr. 58 und 2. Bataillon des Regiments Nr. 59) durch
Wörth und dicht südlich davon; die ganze 18. Brigade durch und
nördlich Spachbach.

In Wörth mußten die bisherigen Nothbrücken durch neue er=
setzt werden, was von der gerade angekommenen Pontonier=Com=
pagnie unter Hauptmann Scheibert sofort ausgeführt wurde; dies
und die zahlreichen Verwundeten, sowie geängstigten Einwohner
in den engen, vielgewundenen Straßen der Stadt verursachten der
17. Brigade einigen Aufenthalt.

Zwei Füsilier=Compagnien des Infanterie=Regiments Nr. 58
und die beiden 2. Bataillone suchten, um schneller zum Gefecht zu
kommen, südlich Wörth vorzugelangen; sie mußten die Sauer
theils durchwaten, theils auf Hopfenstangen überschreiten; die bei=
den erstgenannten Compagnien bogen gleich rechts ab, um sich
vorwärts der Stadt mit ihrem Regiment zu vereinigen, während
die beiden 2. Bataillone durch den General von Sandrart Verwen=
dung erhielten.

Für die 18. Brigade stellte die Sappeur=Compagnie des
Hauptmanns Günzel Nothbrücken her; das erste Treffen der Bri=
gade, das Regiment Nr. 47, ging jedoch schon währenddem durch
die Sauer unter sehr heftigem feindlichen Feuer. Viele Leute er=
tranken hierbei. Als dies Regiment zur Unterstützung des Infanterie=
Regiments Nr. 50, dessen Commandeur Oberst Michelmann so=
eben schwer verwundet worden war, über die Wiesen avancirte
und noch im Begriff war, sich zum Gefecht zu formiren, unternahm
der Feind mit frischen Kräften einen gewaltigen Offensivstoß,
welcher unsere Linie zum Weichen brachte. Es erschien nothwendig,
für alle Fälle eine rückwärtige Position an diesem Flügel vorzu=
bereiten, falls auch über die Sauer zurückgegangen werden müßte.
Der Hauptmann Günzel (2. Sappeur=Compagnie) erhielt deßhalb
Befehl, sogleich auf dem Abhange östlich Spachbach einen Schützen=
graben auszuheben. Das Füsilier=Bataillon des Königs=Grenadier=
Regiments sollte ihn besetzen, auch wurde das Füsilier=Bataillon
des Regiments Nr. 47, Hauptmann Masuch, welches mit Aus=

nahme der 9. Compagnie noch nicht engagirt war, wieder über die Sauer zurückgezogen.

Das 2. Bataillon des Regiments Nr. 6, welches als Artil= lerie=Bedeckung zurückgehalten war, ging zum Schutze der Artillerie vor, besetzte die sogenannte Spachbach=Mühle und richtete sich dort zur Vertheidigung ein.

Dem Feinde gelang es nicht, unsere Compagnien über die Sauer zu werfen, da ihn der Angriff von Infanterie des 11. Corps in seiner Flanke zum Rückzug zwang, wobei auch die 3. und 4. Compagnie des Infanterie=Regiments Nr. 47 betheiligt waren, welche von Spachbach her in die nordöstliche Ecke des Niederwaldes vor= gegangen waren. Alles folgte nun dem weichenden Feinde die Höhen hinan in der Richtung auf Elsaßhausen.

Des Feindes Infanterie war bald hinter seinen schützenden Kanonen und Mitrailleusen verschwunden, welche den kühnen An= griffen unserer Infanterie Halt geboten und ihre Reihen stark lich= teten. Die Offiziere des Regiments Nr. 50 suchten jetzt ihre durch den seit 9 Uhr dauernden Kampf aufgelösten Compagnien hinter der Gefechtslinie des 11. Armee=Corps und des Regiments Nr. 47 zu sammeln. Im Niederwald war des Feindes Infanterie auch mit momentanem Erfolg avancirt und konnte das Vordringen un= serer Infanterie auf Elsaßhausen von der nördlichen Waldlisiere unter Feuer nehmen. Dies veranlaßte die 7. und 8. Compagnie des Regiments Nr. 47 (Hauptmann von Sydow) aus dem zweiten Treffen sich gegen den Wald zu wenden. Auch hier wurde nun der Feind zurückgedrängt.

Um diese Zeit brachte ein Adjutant des Ober=Commandos die Nachricht, daß die Teten des 1. bayerischen Corps bei Preusch= dorf eingetroffen seien, bald darauf erschien auch der General der Infanterie von der Tann persönlich und zeigte dem General von Kirchbach die baldige Ankunft seines Corps auf dem Gefechts= felde an.

Der commandirende General konnte nunmehr (gegen 1½ Uhr) seine letzten Reserven vorgehen lassen und den Befehl zur allge= meinen Offensive geben.

Der Oberst von Henning führte nun das Füsilier= und das 1. Bataillon des Regiments Nr. 46 zur Unterstützung des Kampfes bei Wörth, dem Brennpunkt der Schlacht, vor. Er stieß noch in Wörth auf die Queue des Regiments Nr. 58, von welchem die

Teten=Compagnien bereits zur Unterſtützung des 6. und 46. Re=
giments vorgeeilt waren. Der Chef des Generalſtabes, Oberſt von
der Eſch, wurde vom commandirenden General vorgeſandt, um
auf ſchleunige Beſeitigung der Hinderniſſe hinzuwirken, welche ſich
dem raſchen Paſſiren der Stadt entgegenſtellten. Ein Haupthinder=
niß war die nothdürftig hergerichtete Brücke, welche von den Pio=
nieren förmlich unter den Füßen der darüber Hinwegeilenden fort=
während ausgebeſſert werden mußte.

Die Füſiliere des Regiments Nr. 58, Major von Klaß,
avancirten längs der Chauſſee gegen Fröſchwiller, das 1. Bataillon,
Hauptmann Werneke, gegen die Waldliſiere jenſeits des Weges
Altmühle—Fröſchwiller.

Während die Queue des Regiments Nr. 58 aus dem weſt=
lichen Ausgang debouchirte, ließ der Oberſt von der Eſch das
Bataillon Campe des Regiments Nr. 46 durch einen nördlichen
Ausgang der Stadt vorgehen; das Bataillon Gallwitz eilte auf
dem Wege nach Elſaßhauſen in das Gefecht. Dies Bataillon
wurde hierbei von jenſeits einer tiefen Schlucht in ſeiner rechten
Flanke ſo heftig beſchoſſen, daß 2 Compagnien rechts abſchwenkten
und durch die Schlucht vorgingen.

Unter heftigem feindlichen Gewehrfeuer avancirten dieſe friſchen
Truppen bis in die Gefechtslinie. Das Bataillon Campe hatte
nachdem es einen ziemlich tiefen Bach paſſirt, ſich gegen eine vor=
ſpringende Bergnaſe gewandt; die 9. Compagnie in Reſerve, ſtürmte
es zwiſchen dem 1. Bataillon des Regiments Nr. 58 und dem 2.
Bataillon des Regiments Nr. 46 den Abhang empor, warf die
Franzoſen aus 2 halbmondförmigen Schanzen und ſuchte weiter
vorzubringen. Ein weiteres Vordringen gelang aber dem ganzen
rechten Flügel nicht, er mußte ſich, ebenſo wie das Centrum, auf
ein ſtehendes Feuergefecht beſchränken. Dieſe verſtärkte Gefechts=
linie konnte jedoch den Offenſivſtößen der Franzoſen Stand
halten.

Das ſich nun entwickelnde hartnäckige Feuergefecht vermehrte
die bisherigen ſchweren Verluſte noch bedeutend. Oberſt von
Bothmer, Commandeur der 17. Infanterie=Brigade, Oberſt von
Stoſch, Commandeur des Regiments Nr. 46, Major von Heugel
wurden ſchwer verwundet, der größte Theil der Compagnieführer
und Offiziere war außer Gefecht geſetzt.

Währenddem nahm der Kampf auf dem linken Flügel des

Corps vor Elſaßhauſen eine entſcheidende Wendung. — Von dieſem Dorf aus führte der Feind aufs Neue Infanterie zum Angriff vor, welche die Stellung unſerer Truppen auf der Terraſſe erſchütterte und dieſelbe theilweiſe zum Weichen zwang.

In dieſem Augenblick griff das Königs-Grenadier-Regiment in das Gefecht ein. Dieſes Regiment hatte auch wie alle vor ihm über die Sauer gegangenen Truppen bei dem Ueberſchreiten dieſes Fluſſes durch das feindliche Gewehrfeuer und durch das reißende und tiefe Waſſer manchen Verluſt zu erleiden gehabt. Auf dem rechten Ufer der Sauer ließ der Generalmajor von Voigts-Rhetz den Oberſt von Köthen das Regiment in Compagnie-Colonne zum Gefecht formiren; das 1. Bataillon (Hauptmann von Kracht) in der Mitte, rechts 7. und 8. Compagie unter Hauptmann Laake; links 10. und 12. Compagnie. Die 9. und 11., welche vorher zur Beſetzung eines Schützengrabens beordert waren, führte der Bataillons-Commandeur Hauptmann von der Mülbe dem Regiment ſchleunigſt nach und paſſirte gleichzeitig mit Infanterie des 11. Armee-Corps bei Spachbach die Sauer. Die 5. und 6. Compagnie waren bei dieſem Dorfe zunächſt in Reſerve zurückgehalten worden.

Der Oberſt von Köthen führte ſein erſtes Treffen den Abhang hinauf zur Unterſtützung der hartbedrängten Compagnien der Regimenter Nr. 47 und 50, welche ſich dieſem Anvanciren mit neuem Muthe anſchloſſen. Dieſer Angriff wurde von der Höhe und der Waldliſiere links mit dem heftigſten Schnellfeuer empfangen. Die Füſilier-Compagnien auf dem linken Flügel drangen in den Niederwald und konnten dort unſere Infanterie auf das Wirkſamſte unterſtützen, ſo daß der Wald ſehr bald zum großen Theil in unſere Hände gelangte.

Das 1. Bataillon des Königs-Grenadier-Regiments griff in der Richtung auf Elſaßhauſen an, während der Hauptmann Laake mit ſeinen 2 Compagnien im Verein mit Abtheilungen des 1. Bataillons des Regiments Nr. 47 (Major Schulz), von heftigem Mitraillenſen-Feuer begrüßt, weiter rechts gegen den Galgenhübel ſtürmte. Dieſer dominirende Bergkegel wurde genommen, auch der anſtoßende Höhenrücken. Viermal wurden die Compagnien von letzterem durch den Feind delogirt, doch der Beſitz des Galgenhübels, vom Hauptmann Laake mit Mannſchaften der 8. Com pagnie und des Regiments Nr. 47 unter Lieutenant von Heinrich auf das Hartnäckigste behauptet, nöthigte den Feind, immer wieder zurückzuweichen. Auch der übrigen Gefechtslinie war es gelungen, den Höhenrand vor Elsaßhausen zu erstürmen.

Als der Besitz des Höhenrandes gesichert erschien, befahl der General von Sandrart dem Hauptmann Laake, den Galgenhübel selbst dann nicht zu verlassen, wenn auch von den Truppen rechts und links Terrain gewonnen werden sollte, bevor nicht eine Batterie, nach welcher geschickt worden, auf der Höhe erschienen wäre. Sehr bald fuhr auch eine reitende Batterie (Hauptmann Sylvius) vom 11. Armee-Corps bei dem Galgenhübel auf. Bei dem ersten Schusse derselben brach die ganze Linie mit Hurrah aufs Neue gegen den Feind los; er wurde auf Elsaßhausen zurückgedrängt.

Während dieses Gefechtes hatte man auch im Niederwald hartnäckig gekämpft. Es war gelungen, die feindliche Infanterie bis nach einer vor Elsaßhausen auf einer hohen Kuppe gelegenen Waldparcelle zurückzudrängen. Die größten Anstrengungen unserer Infanterie vom 11. Corps, der Compagnien der Regimenter Nr. 50 und 47 mit Feuer und Bajonnet den Feind hier zu belogiren, hatte keinen Erfolg, bis der Major Jacobi vom Generalstabe der 9. Division eine herankommende Batterie des 11. Corps, die ihren Hauptmann schon verloren hatte und von einem jungen Offizier geführt wurde, veranlaßte, gegen diese Waldparcelle aufzufahren, deren Lisiere die Batterie von Osten her fast enfiliren konnte. Das Granatfeuer war von größter Wirkung, der Feind wich, als unsere Infanterie aufs Neue vorging, aus dem Niederwald nach Elsaßhausen zurück. In Elsaßhausen suchte der Feind sich zu halten, doch war seine Gegenwehr hier nur schwach. Unsere Infanterie setzte ihr Vordringen, unterstützt von Artillerie, fort und nahm das brennende Dorf nach leichtem Kampfe. Von Süden drang Infanterie des 11. Armee-Corps und Compagnien der 18. Brigade, geführt vom General von Voigts-Rhetz; von Osten 2 Compagnien des Bataillons Gallwitz, welchem kleine Abtheilungen des 6. und 37. Regiments gefolgt waren, in Elsaßhausen ein. Die übrigen in dieser Gegend fechtenden Compagnien folgten dem weichenden Feinde zu beiden Seiten von Elsaßhausen; die Schützen der 8. Compagnie des Regiments Nr. 46 unter Lieutenant Brandenburg stießen hierbei auf eine noch feuernde feindliche Batterie westlich Elsaßhausen und zwangen einen Theil derselben durch ein heftiges Schnellfeuer zum Abfahren; 2 Geschütze, welche ihr Feuer fortsetzten, wurden von diesem Offizier, dem Portepeefähnrich von Pannewitz, den Sergeanten Hannemann und Anders mit ihren Leuten im Sturm genommen. An dem von Fröschwiller nach Süden führenden Weg blieb unsere Gefechtslinie stehen und verfolgte den Feind mit ihren Kugeln.

Bald nach dem Uebergange des Königs-Grenadier-Regiments über die Sauer hatte der General von Sandrart die zweiten Ba= taillone der Regimenter Nr. 58, 6 und 59 diesen Fluß passiren lassen; die Mannschaften hatten hierbei größtentheils den Fluß durch= schwimmen müssen. Das 2. Bataillon des Regiments Nr. 58 (Major Böttcher) wurde auf Elsaßhausen dirigirt; das 2. Bataillon des Regi= ments Nr. 59 (Major Ehrhardt) wurde zunächst zur Artillerie-Be= deckung verwandt; das 2. Bataillon des Regiments Nr. 6 avancirte auf Fröschwiller.

Nach der Einnahme von Elsaßhausen war es möglich, noch mehr Artillerie zur Unterstützung des Gefechts vorzuziehen. Bat= terien vom 11. Corps eilten zunächst herbei. Der General von Schmidt hatte seiner Divisions-Artillerie die Weisung zugehen lassen, durch Wörth vorzueilen; der Oberst Köhler, welcher einem Theil der Corps-Artillerie einen gleichen Befehl gegeben, war schon zur Recognoscirung vorausgeritten; die übrigen 7 Batterien (1. Fußabtheilung, 2. und 3. reitende Batterie und die 3. leichte Batterie, Hauptmann Knaak, welche letztere schon einen großen Theil ihrer Pferde verloren) führte der Oberst Gaede vor und placirte sie nördlich der Chaussee an dem Wege Wörth—Görsdorf, welche Artillerie-Stellung bald darauf durch bayerische Batterien verstärkt wurde.

Während sich das Gefecht in der beschriebenen Weise bei Elsaßhausen vollzog, kämpfte man vorwärts Wörth mit äußerster Hartnäckigkeit. Alles was Wörth passirt hatte, war im Gefecht, doch genügte es nicht, den Kampf siegreich fortzuführen; die Ver= luste vermehrten sich in bedenklicher Weise. Nur wenige Com= pagnien waren noch östlich Wörth disponibel. Der commandirende General schickte seine Adjutanten zurück, um diese vorzudirigiren.

Zunächst eilte die Pontonier-Compagnie des Hauptmanns Scheibert, die nur mit einem kleinen Detachement an der Brücke beschäftigt werden konnte, auf die Nachricht, daß jede Unterstützung vorn erwünscht sein müsse, in das Gefecht rechts der Chaussee nach

Fröschwiller, in der Richtung auf ein kleines weißes Häuschen in den Weinbergen, welches schon lange ein point de vue für unsere in dieser Gegend kämpfenden Truppen gewesen war. Der Pontonier=Compagnie folgten gleich darauf 3 Füsilier=Compagnien des Regiments Nr. 47 unter Hauptmann Masuch, welche den Weg nach Elsaßhausen emporstiegen und sich dann nach rechts auf Fröschwiller zu wandten.

Der darauf an den General von der Tann gerichteten Bitte um Unterstützung konnte dieser noch nicht sogleich entsprechen, da seine disponiblen Truppen eben angekommen und noch zu ermüdet waren, dagegen folgte der Oberst Eyl mit dem 1. und Füsilier=Bataillon des Regiments Nr. 59, welche bis jetzt noch nicht am Kampf theilgenommen hatten, sofort der Aufforderung vorzugehen. Südlich der Altmühle ging das Regiment über die Sauer und griff zu beiden Seiten des Bataillons Campe vom Regiment Nr. 46 mit Energie in das Gefecht ein. Dieser Angriff wurde vorbereitet und unterstützt durch die Batterien unter dem Oberst Gaede, von denen einigen in einer gegenüberliegenden breiten Schlucht eine wichtige und günstige Schußlinie bis Fröschwiller geboten war. Es war dies etwa gegen 3 Uhr zur Zeit nach der Einnahme von Elsaßhausen. — Das Regiment Nr. 59 warf den Feind mit dem Bajonnet aus einigen Schützengräben am Höhenrande heraus und eroberte hierbei eine Fahne des 3. Zuaven-Regiments. Oberst Eyl wurde verwundet. Das erfolgreiche Eingreifen des Regiments Nr. 59, das Vorschreiten des Gefechts bei Elsaßhausen sicherten nun dem Centrum, welches vorgegangen war, um den obern Plateaurand zu nehmen, den Erfolg; der Feind wartete den Angriff nicht ab, sondern zog sich fechtend auf Fröschwiller durch die Baumplantagen zurück.

Gegen unsern linken Flügel raffte der Feind noch einmal seine Kraft zusammen; aus der Schlucht südlich Fröschwiller avancirten mehrere Zuaven=Bataillone in dichten Massen gegen unsere aufgelöste Infanterie; die Entschlossenheit jener wurde durch das auf sie gerichtete heftige Feuer nicht gebrochen, unsere Gefechtslinie mußte weichen, auch die Batterien des 11. Armee=Corps, welche eben in das Gefecht eingreifen wollten, mußten zurückgehen; es war dies gerade zu der Zeit, als der General von Kirchbach von Wörth her auf der Höhe angekommen war, und Batterien des 5. Corps im Begriff waren, aus Wörth zu debouchiren. — Es war

ein kritischer Moment. — Da traten auf dem linken Flügel meh=
rere Compagnien (darunter 3. und 7. Lieutenant von Tresckow und
Hauptmann von Sydow) des Regiments Nr. 47, die sich wieder
formirt hatten, dem Angriff entgegen, der nunmehr gänzlich zum
Stehen kam, da auch eine württembergische Brigade, von Eberbach
herkommend, gegen die Flanke des feindlichen Angriffs avancirte.
Diesen frischen Kräften hielt der Feind nicht Stand, er kehrte um,
gefolgt von der ganzen Linie, welche bis in ihre frühere Stellung
den von Fröschwiller nach Süden führenden Weg avancirte. Die
Batterien des 11. Corps benutzten diesen günstigen Moment sofort,
um zu beiden Seiten von Elsaßhausen aufzufahren, und den Feind,
welcher sich nach Fröschwiller und der Chaussee nach Reichshofen
eiligst zurückzog, mit ihren Granaten zu verfolgen. Da brachen
plötzlich feindliche Cavallerie=Regimenter aus jener Schlucht südlich
Fröschwiller gegen unsere Infanterie hervor, welche sich eben an=
schickte, auf das Dorf zu avanciren. Diese Infanterie warf sich
bei dem Erscheinen der feindlichen Cavallerie, die in Echelons und
mehreren Treffen zur Attaque vorging, theilweise in die Intervallen
der aufgefahrenen 3 Batterien des 11. Armee=Corps. In erster Linie
standen in Gemeinschaft mit Infanterie des 11. Corps speciell vom
5. Armee=Corps, 8. und 3. Compagnie des Regiments Nr. 46 (linker
Flügel), die 10., 1. und 3. Königs=Grenadier=Regiments und Abthei=
lungen des 1. Bataillons Regiments Nr. 50. Die Reihen dieser
Compagnien waren gemischt mit Mannschaften vieler anderer
Truppen=Abtheilungen, die in dieser Gegend gekämpft hatten. Es
trat an diesem Punkte auf einige Augenblicke Stille in dem Schlacht=
getöse ein. Artillerie und Infanterie machten sich schußfertig; doch
wie die in stolzer Front herangaloppirenden Küraffiere in wirk=
samste Schußweite gekommen waren, schleuderten alle Feuerschlünde
ihre Geschosse, Granaten, Kartätschen, Flintenkugeln ihnen entgegen;
was nicht zu Boden geworfen war, stob nach allen Seiten aus=
einander. Ein Theil der feindlichen Cavallerie kehrte vor dem
furchtbaren Feuer um und versuchte noch einmal zu attaquiren,
ein anderer durchbrach unsere erste Linie oder jagte an ihrem
rechten Flügel vorbei, stürzte theilweise durch das Dorf Elsaßhausen
und stieß auf die 5., 7. und 8. Compagnie des Regiments Nr. 58, die
5. und 6. Compagnie des Regiments Nr. 59 und 5. und 7. Com=
pagnie des Regiments Nr. 6, welche im Begriff waren, östlich
Elsaßhausen vorbei gegen Fröschwiller vorzugehen. Die 3., 4. und

8. Compagnie des Regiments Nr. 47, westlich Elsaßhausen kämpfend, hatten günstige Gelegenheit, die Cavallerie-Attaque in der Flanke zu beschießen. Groß waren die Opfer der feindlichen Cavallerie nicht allein an Todten und Verwundeten, sondern auch an Gefangenen.

Diese letzte feindliche Offensive konnte nur den Zweck haben, der französischen Infanterie, welche in dem Terrain südlich Fröschwiller keinen Schutz und Halt finden konnten, Luft zu schaffen.

Sowie die Cavallerie-Attaque abgeschlagen war, führte der Oberst Köhler auch Batterien des 5. Corps heran, die 3. Fußabtheilung, Oberstlieutenant Noehl, und die 4. leichte Batterie, welche sich denen des 11. Corps zu beiden Seiten von Elsaßhausen anschlossen und ihr Feuer in der Richtung auf Fröschwiller eröffneten. Auch die 3. und 4. schwere Batterie eilten bald darauf die Chaussee Wörth—Fröschwiller hinauf und fuhren auf der Höhe zum Gefecht auf, kamen jedoch nicht mehr zum Schuß.

Während die Artillerie den Angriff auf Fröschwiller vorbereitete, sammelten die Commandeure die Tirailleure, um größere geschlossene Abtheilungen zu bilden, zum Angriff auf das Dorf. Eine 2. württembergische Brigade (Starkloff), welche östlich Elsaßhausen avancirte, dirigirte der commandirende General auch auf Fröschwiller.

Auf diesen Ort drang unsere Infanterie von Norden, Osten und Süden vor, die feindliche Infanterie vor sich hertreibend, welche namentlich östlich des Dorfes sich diesem Avanciren — allerdings nur in aufgelöster Ordnung — entgegenzustellen versuchte.

Unsere Infanterie focht meist nur noch in dichten Tirailleurschwärmen, aus denen durch die Offiziere geschlossene Abtheilungen gesammelt wurden; Alles strebte nach Fröschwiller, dem letzten Stützpunkt des Feindes; daher auch der Antheil, den alle Regimenter mehr oder minder an der Einnahme dieses Dorfes haben.

Während es der von Elsaßhausen her vordringenden Infanterie leicht wurde, vornehmlich durch den Park des Schlosses Dürkheim und bei der Kirche einzudringen, mußte die von Wörth herkommende Infanterie an der Ostlisiere des Dorfes] noch einen ziemlich hartnäckigen Widerstand des Feindes brechen, bis es schließlich dem Oberst von Henning, Commandeur der 19. Infanterie-Brigade an der Spitze der 3. Compagnie Regiments 46 (Hauptmann Weiß), der sich die nebenstehenden Abtheilungen anschlossen, gelang, auf der Wörther Chaussee den Eingang in das Dorf zu erzwingen; rechts von diesen Truppen drangen Abtheilungen des Bataillons Maliczewski des Regiments Nr. 46 und vom Regiment Nr. 58 und vom bayerischen 5. Regiment in das Dorf ein, während vom Bataillon Campe des Regiments Nr. 46, vom 59 Regiment, vom Tann'schen Corps Infanterie-Abtheilungen den weichenden Feind längs der Nordseite von Fröschwiller verfolgten.

Die 1. und 2. Compagnie des Regiments Nr. 37, das Jäger-Bataillon Nr. 5, excl. 4. Compagnie waren in Verbindung mit dem Hartmann'schen Corps zwischen Fröschwiller und Reehwiller durchgegangen und auf den Rückzug des Feindes gestoßen, dem sie noch vielen Abbruch thun konnten. Ein Zuaven-Regiment wurde durch das Schnellfeuer der Jäger zur schleunigsten Flucht gezwungen.

Bei der Einnahme des Dorfes Fröschwiller von Süden her waren vornehmlich Abtheilungen der 2. Bataillone der Regimenter Nr. 47, 59 und 7, von letzterem auch das 1. Bataillon, ferner vom 11. Corps und von den Württembergern betheiligt.

Durch das Eindringen dieser Infanterie-Abtheilungen wurden viele Vertheidiger der Ostlisiere vom Rückzuge abgeschnitten und nach einem kurzen Kampfe in den Dorfstraßen gefangen. Mit der Einnahme von Fröschwiller war die feindliche I. Armee gänzlich aus dem Felde geschlagen.

Gleich nach der Einnahme des Dorfes verabredete der commandirende General mit dem General von der Tann, der soeben mit seinen Reserven auf der Höhe von Fröschwiller erschien, daß letztere sogleich der höheren Weisung gemäß die Verfolgung des Feindes in der Richtung auf Reichshofen übernehmen sollte.

Vom 5. Armee-Corps wurde noch das Dragoner-Regiment Nr. 14 und die 1. Escabron des Dragoner-Regiments Nr. 4, ersteres vom General von Schmidt, letztere vom General von Sandrart, zur Verfolgung beordert. Dem Dragoner-Regiment Nr. 14 hatte sich 1 Escadron des Husaren-Regiments Nr. 14 angeschlossen, während mit letztgenanntem Regiment die Escadron des Rittmeisters von Berken vom Dragoner-Regiment Nr. 14 zur Verfolgung vorging.

Diese Schwadronen constatirten die fast gänzliche Auflösung der feindlichen Armee; nur etwas geschlossene Cavallerie wurde in der Gegend von Niederbronn bemerkt, die sich aber schleunigst zurückzog. Auf allen Wegen wurde zahlloses Armee-Material gefunden, ein großer Armee=Fuhrpark wurde bei Gundershoffen erbeutet. An Trophäen wurden durch die Schlacht erbeutet: 30 Geschütze, 5 Mitrailleusen, 2 Adler, 1 Fahne, außerdem circa 80 Offiziere und 3100 Soldaten unverwundet zu Gefangenen gemacht.

Die Verluste des 5. Armee=Corps betrugen:

Stab der 17. Infanterie=Brigade: Verw.: Oberst und Brigade= Commandeur von Bothmer. — 3. Posensches Infanterie=Regiment Nr. 58: Todt: Seconde=Lieutenant Liebert I. Verw.: Major Böttcher, Hauptmann von Ziegler und Klipphausen, Premier=Lieutenant Kretschmer, die Seconde=Lieutenants von Bogen, Liebert II., Frommann, Schulz, von Dettinger, Nehse, Pflücker (an seinen Wunden gestorben), Feldwebel Czar= cinski, Vice=Feldwebel Bonstedt, Portepee=Fähnrich Renz (an seinen Wunden gestorben). Summa: Todt: 1 Offizier und 47 Mann. Verw.: 13 Offi= ziere und 326 Mann. Verm.: 23 Mann. — 4. Posensches Infanterie= Regiment Nr. 59: Todt: die Seconde=Lieutenants Schmidt I. und Wein= mann. Verw.: Oberst und Regiments=Commandeur Eyl, die Hauptleute von Dobschütz, von der Wense, Jänsch und Fichtner, die Premier=Lieutenants Plätschke und Berker, die Seconde=Lieutenants Müller I., Haak, von Fran= çois, Kutzner, Nobiling, Kirsch (an seinen Wunden gestorben), Metzke, von Hohberg, Bondik und Chorus, die Vice=Feldwebel Müller und Wolff (an seinen Wunden gestorben), Portepee=Fähnrich Brand (an seinen Wunden gestorben). Summa: Todt: 2 Offiziere und 56 Mann. Verw.: 20 Offi= ziere und 221 Mann. Verm.: 11 Mann. — Königs=Grenadier= Regiment (2. Westpr.) Nr. 7: Todt: Seconde=Lieutenant Graf Carmer, Unter=Offizier von Wartenberg. Verw.: Hauptmann Franzki, die Premier= Lieutenants von Jastrzemski, von Wedelstädt, von Hugo, die Seconde=Lieu= tenants von Philipsborn, von Kampz, von Jagwitz, von Jordan und von Bartsch, die Vice=Feldwebel Haselbach (an seinen Wunden gestorben), Rump, die Unter=Offiziere Spical, von Wrochem und Graf Strachwitz. Summa: Todt: 2 Offiziere und 91 Mann. Verw.: 14 Offiziere und 386 Mann. Verm.: 16 Mann. — 1. Niederschlesisches Infanterie=Regiment Nr. 47: Todt: Oberst und Regiments=Commandeur von Burghoff, Seconde= Lieutenant Flemming. Verw.: Major Schulz, die Hauptleute von Schim= melpfennig und von Wedelstädt, die Premier=Lieutenants Heydenreich, Müller, von Winnig und von Tresckow, die Seconde=Lieutenants von Poncet, Schopis, Klauenslügel, von Maltitz, Clarus, von Heinz, Förster, von Dresky, Rückforth (an seinen Wunden gestorben), von Trotha, Kinel, Klink, Fliegel und Lobe, Stabsarzt Dr. Betke, die Vice=Feldwebel Altmann, Barop, Weyer, Benoit, Gabbum, Stenzel, David (an seinen Wunden gestorben), Bock und Jung, Portepee=Fähnrich von Bornstedt, Unter=Offizier Kühn. Summa: Todt: 2 Offiziere und 75 Mann. Verw.: 33 Offiziere und 455 Mann. Verm.: 75 Mann. — 1. Schlesisches Jäger=Bataillon Nr. 5: Verw.: Seconde= Lieutenant von Krane. Summa: Todt: 9 Mann. Verw.: 1 Offizier und 48 Mann. — 1. Schlesisches Dragoner=Regiment Nr. 4: Verw.:

Seconde=Lieutenant von Waldow (an seinen Wunden gestorben). Summa: Todt: 5 Pferde. Verw.: 1 Offizier und 6 Mann, 9 Pferde. — 1. Fuß=Abtheilung des Feld=ArtillerieRegiments Nr. 5: Verw.: Major Kipping. Summa: Todt: 1 Mann, 9 Pferde. Verw.: 1 Offizier und 14 Mann, 14 Pferde. — 1. Westpreußisches Grenadier=Regiment Nr. 6: Todt: Seconde=Lieutenant Wolff, Vice=Feldwebel Wagner. Verw.: Oberst und Regiments=Commandeur Flöcher, Major von Heugel, Hauptleute Baron Lübing=hausen gen. Wolff (an seinen Wunden gestorben), von Mechow, von Brandis und Freiherr von Richthoffen, Premier=Lieutenant Scholz, die Seconde=Lieutenants Ohrenberg, Dietsch, von Chappuis, Tabor und Ruprecht (an ihren Wunden gestorben), Wollenhaupt, Königer, von Gerhardt, Schütz, Ditmar, von Gizycki und Klug, die Vice=Feldwebel Knobel, Genz, Christ, Zürn, Pabur, Hatscher und Bornemann (an seinen Wunden gestorben), die Portepee=Fähnriche Schrader und von Petersdorff. Summa: Todt: 2 Offiziere und 124 Mann, Verw.: 28 Offiziere und 685 Mann. Verm.: 67 Mann. — 2. Niederschlesisches Infanterie=Regiment Nr. 46: Todt: Haupt=mann von Loßberg, Premier=Lieutenant von Krechwitz, die Seconde=Lieutenants von Podewils, von Bomsdorff II., Schwerdtfeger, von Burghoff, von Wedel=städt, Giersch und Jaffé, Portepee=Fähnrich Heise. Verw.: Oberst und Regi=ments=Commandeur von Stosch (an seinen Wunden gestorben), Major Campe, die Hauptleute von Klaß (an seinen Wunden gestorben), Steinbrunn, Patrunky und von Sydow, die Premier=Lieutenants Sattig (an seinen Wunden gestorben), Tih, Pachur, Adamczyk und Breslau, die Seconde=Lieutenants Seidel, Sturm, von Massenbach, von Kösteritz, von Czettritz, Ryll, Wiedner I., Bieske, Kreu=tinger, von Bomsdorff I. (an seinen Wunden gestorben) und Schliebitz, Portepee=Fähnrich Ritter, Unter=Offizier Deckardt, Stabsarzt Dr. Hirschberg. Summa: Todt: 10 Offiziere und 214 Mann, 4 Pferde. Verw.: 25 Offiziere und 572 Mann. Verm.: 41 Mann. — Westphälisches Füsilier=Regiment Nr. 37: Todt: Premier=Lieutenant Walther, die Seconde=Lieutenants Brendel, Ritter, Wolff, Rössel, Raht, Heinke, Zelasko. Verw.: die Hauptleute von Polenz (an seinen Wunden gestorben) und Köple, die Premier=Lieutenants von Mala=chowski und von Asmuth, die Seconde=Lieutenants Plehn (an seinen Wunden gestorben), von Berlen, Nitschke, Pohl, Pfeffer (an seinen Wunden gestorben), von Schweinichen, von Kurnatowski und Reinecke, die Vice=Feldwebel Menzel, Franke, Hildebrandt, Klette und Stöhr (an seinen Wunden gestorben). Summa: Todt: 8 Offiziere und 147 Mann. Verw.: 17 Offiziere und 495 Mann. Verm.: 28 Mann. — 3. Niederschlesisches Infanterie=Regiment Nr. 50: Todt: Hauptmann von Burgsdorff, die Premier=Lieutenants von Wißell, von Walther, von Müllenheim und von Nowag=Seeling, die Seconde=Lieutenants Hahn, Frey, Rothe, Oppermann und Haase, die Portepee=Fähnriche Richter und Landvoigt, die Vice=Feldwebel Stein und Tinter. Verw.: Oberst und Regiments=Commandeur Michelmann, Oberst=Lieutenant von Sperling, Hauptmann Hölzermann (an seinen Wunden gestorben), die Seconde=Lieute=nants Rückforth und Dechend (an ihren Wunden gestorben), von Siegroth, Fischer I., Fleck, Carstädt, Thiel, Zaremba, Schnee, Winkler (an seinen Wunden gestorben), Fritsch II. und von Paczenski und Tenzin, die Portepee=Fähnriche

Thiel (an seinen Wunden gestorben), Schöngarth und Grünwald. Summa: Todt: 14 Offiziere und 132 Mann. Verw.: 18 Offiziere und 604 Mann. Verm.: 61 Mann. — Kurmärkisches Dragoner-Regiment Nr. 14: Verw.: Seconde-Lieutenant von Festenberg-Pakisch. Summa: Todt: 6 Pferde. Verw.: 1 Offizier und 2 Mann, 1 Pferd. — 3. Fuß-Abtheilung des Feld-Artillerie-Regiments Nr. 5: Verw.: Seconde-Lieutenant von Zalrzewski. Summa: Todt: 2 Mann, 9 Pferde. Verw.: 1 Offizier und 24 Mann, 23 Pferde. — Corps-Artillerie: Verw.: Hauptmann Mehle I., Seconde-Lieutenant Deycks, stellvertretender Stabsarzt Dr. Korn. Summa: Todt: 4 Mann, 28 Pferde. Verw.: 3 Offiziere und 32 Mann, 25 Pferde. — Niederschlesisches Pionier-Bataillon Nr. 5: Verw.: Hauptmann Scheibert, Seconde-Lieutenant von Gizycki. Summa: Todt: 4 Mann Verw.: 2 Offiziere und 19 Mann. Verm.: 2 Mann.

Demnach betrug der Gesammtverlust des 5. Armee-Corps in der Schlacht bei Wörth: Todt: 41 Offiziere und 906 Mann. Verw.: 179 Offiziere und 3889 Mann. Verm.: 321 Mann; ferner 71 Pferde todt und 71 Pferde verwundet (mit Pferden der Stäbe und Infanterie).

Der Lohn für diese schweren Opfer mußte in dem erfochtenen großartigen Siege gefunden werden, dessen Bedeutung ein jeder Soldat fühlte; die Freude über diesen glorreichen Tag, an welchem des Feindes beste Truppen unter einem seiner gefeiertsten Generale bis zur Auflösung geschlagen worden waren, fand ihren Ausdruck in der begeistertsten Begrüßung Seiner Königlichen Hoheit des Kronprinzen, des Feldherrn der III. Armee, die am Ausgange der Schlacht zum ersten Male in ihrer Gesammtheit dem Feinde gegenüber gestanden hatte. Gleich nach der Einnahme des Dorfes Fröschwiller waren die Truppen des Armee-Corps sofort gesammelt und zum Empfang Seiner Königlichen Hoheit des Kronprinzen östlich Fröschwiller aufgestellt worden. Seine Königliche Hoheit, welcher alsbald erschien, ritt an jedes Bataillon heran und sprach erhebende Worte der Anerkennung im Namen unseres Allerhöchsten Kriegsherrn für die bewiesene Bravour aus. Bei dem 1. Bataillon des Regiments Nr. 58 ließ sich Seine Königliche Hoheit den Premier-Lieutenant Baron vorstellen, welcher im Gefecht von Weißenburg mit der Fahne in der Hand den Bahnhof gestürmt hatte, und küßte ihn unter herzlichen Worten des Lobes. Als Seine Königliche Hoheit den commandirenden General des 5. Armee-Corps, General-Lieutenant von Kirchbach, bei der 10. Division trafen, stiegen Höchstdieselben sofort vom Pferde, umarmten denselben und dankten ihm aufs tiefste bewegt für den bedeutenden Antheil an den Erfolgen des heutigen Tages und für die brave Haltung seiner Truppen in der Schlacht.

Nach der Begrüßung durch Seine Königliche Hoheit suchten die Truppen ihre Bivouaksplätze auf. Die beiden Divisionen fanden dieselben östlich Fröschwiller nördlich der Chaussee, die Corps-Artillerie östlich ·Wörth. Zur Verpflegung der Truppen waren schon 2 Proviant-Colonnen von Altenstadt her unterwegs.

Das Dorf Fröschwiller bot einen traurigen und wüsten An= blick dar, ein großer Theil der Häuser war zerschossen, die Kirche war in Flammen aufgegangen und brannte noch, sie gewährte mit den bis zur Spitze des Thurmes hinaufzüngelnden Flammen ein schauerlich prächtiges Bild. In den Straßen des Dorfes sah man die Einwohner aus den Kellern hervorkommen und jammernd vor ihrer zerstörten Habe stehen; deutsche Soldaten nach ihren Truppen= theilen suchen; viele unverwundete französische Soldaten aus allen möglichen Schlupfwinkeln hervorkriechen und sich gefangen geben Dazwischen die zahlreichen Verwundeten beider Armeen, von allen Seiten herbeigetragen, so daß die Räume des Schlosses Dürk= heim und die Schule in Fröschwiller sie gar nicht fassen konnten. Viele der französischen Verwundeten warteten vergeblich der ärzt= lichen Hülfe, doch die deutschen Aerzte hatten zunächst vollauf mit den Verwundeten der eigenen Armee zu thun; französische Aerzte waren nur sehr wenige zurückgeblieben. Erst mit dem Abend trat einige Ruhe in diesem aufgeregten Gewirre ein. Auch in Wörth und den im Bereiche des Schlachtfeldes liegenden Dörfern waren ähnliche Bilder zu beobachten.

Für die Verwundeten waren gleich nach Beginn der Schlacht unter Leitung des General-Arztes Dr. Chalons alle 3 Sanitäts= Detachements in Thätigkeit getreten; sie hatten sich zuerst in Tiffen= bach etablirt; doch im weiteren Verlauf der Schlacht waren sie vorgerückt, so daß die Verbandplätze der Detachements am N ch= mittage in und vorwärts Wörth aufgeschlagen waren. In der folgenden Nacht siedelten die beiden ersten Detachements nach Frösch= willer, das 3. nach Elsaßhausen ·über. Bis in die späten Nach= mittagsstunden des 7. August waren die Krankenträger rastlos thätig in dem Aufsuchen der Verwundeten in den Obst= und Hopfen= plantagen und in den Wäldern.

Für die Aufsuchung und Einrichtung von geeigneten Räumen in den umliegenden Orten für Aufnahme der Verwundeten war durch den General-Arzt und den Johanniter Grafen Sehr auch sogleich Sorge getragen worden.

Ein Theil der Verwundeten konnte schon am Nachmittag und Abend des 6. August nach Soultz evacuirt werden, der größere Theil wurde aber den Feld-Lazarethen Nr. 2, 4 und 5 in Wörth, Nr. 3 und 12 in Diffenbach und dem Nr. 1 in Preuschdorf über-wiesen; letzteres war von Altenstadt am Morgen des Schlachttages dem Corps nachgerückt, nachdem es dort die Verwundeten theils nach der Bahnstation Schaidt zum Rücktransport in die Heimath gebracht, theils dem Feld-Lazareth Nr. 11 übergeben hatte. Dem Corps verblieben für den Weitermarsch zunächst nur die Feld-La-zarethe Nr. 6, 7, 8, 9 und 10 und Nr. 1, welches am 8. August sofort wieder disponibel gemacht wurde. Die Feld-Lazarethe Nr. 3, 5 und 12 folgten aber schon am 10. und 13. August dem Corps nach.

Am 7. August war Ruhetag im Bivouac. Die Truppen bestatteten zunächst die Gefallenen; die Munition wurde ergänzt und die Waffen in Stand gesetzt.

Märsche des 5. Armee-Corps bis zum 7. August.

Datum	Corps-Hauptquartier	Entfernung in Meilen	Avantgarde Brigade	9. Division	10. Division	Corps-Artillerie	Train
Aug. 1.	Landau			Cantonnements bei Landau St. in Gobramstein	St. in Offenbach	St. in Burrweiler	Nieder-Hochstädt
2.	Billigheim	2		Bivouac bei Billigheim	Bivouac bei Billigheim		Bivouac bei Impflingen
3.	Ruhe			Ruhe			
4.	Altenstadt	2¼	17. 19.	Gefecht bei Weißenburg Bivouac bei Altenstadt			Bivouac bei Billigheim
5.	Preuschdorf	2½	20.	Bivouac bei Preuschdorf			Bivouac bei Altenstadt
6.	desgl.			Schlacht bei Wörth Bivouac bei Fröschwiller und Wörth			desgl.
7.	Langensulz-bach	1¼		Ruhe			
		Sa. 8.					

Am 7. Auguſt verlegte der General von Kirchbach ſein Haupt=
quartier nach Langenſulzbach. In der folgenden Nacht wurden die
Truppen in ihren Bivouaks wieder von einem ſtrömenden Regen
beläſtigt, der auch den Vormittag des 8. Auguſt über anhielt.
An dieſem Tage trat die Armee den Vormarſch an. Für denſelben
war die württembergiſche Feldbiviſion unter die Befehle des
Generals der Infanterie von Kirchbach geſtellt.

Im freien Felde war ein erheblicher Widerſtand des Feindes
nach den Reſultaten der Schlacht bei Wörth wohl nicht zu erwarten,
doch mußte man gewärtig ſein, durch die kleinen Feſtungen an
den über die Vogeſen führenden Hauptſtraßen gehindert zu werden,
den Intentionen des Ober=Commandos gemäß den weſtlichen Fuß
der Vogeſen möglichſt ſchnell zu erreichen. Wenn dieſes Hinderniß
nicht ſchnell überwunden werden konnte, war man genöthigt, daſſelbe
auf beſchwerlichen Gebirgswegen zu umgehen.

Jedem Corps und den Württembergern war eine beſondere
Straße zugewieſen, letzteren die über Puberg, dem 5. Corps die
über La petite Pierre (Lützelſtein). Das Ober=Commando hatte,
da die Corps im Gebirge auf ſich allein angewieſen werden mußten,
die Marſchbefehle bis zur Saar ausgegeben und den Tag beſtimmt,
an welchen dieſe mit dem Gros zu erreichen ſei.

Die Marſchformation und Eintheilung, in welcher das Armee=
Corps am 4. Auguſt die franzöſiſche Grenze überſchritten, wurde
zunächſt auch für den weiteren Vormarſch im Allgemeinen feſtgehalten.

Die nachſtehenden in den Text eingeſchalteten Ueberſichten
der Märſche des Armee=Corps geben die täglichen Etappen und
die Quartiere der Stäbe, der Diviſionen, der Corps=Artillerie und
Trains. Die Truppentheile mit Ausnahme der Avantgarde bezogen
in der nächſten Umgegend dieſer Stabsquartiere Anfangs Alarm=
quartiere, theilweiſe ſogar Bivouaks, ſpäter weitere Cantonnements.
Die Avantgarde bivouakirte; als aber die Armee durch die weit
vorpouſſirten Cavallerie=Diviſionen geſichert wurde, bezog auch ein
Theil der Avantgarde Alarmquartiere. In den Ortſchaften, in
welchen die Truppen Quartiere bezogen, requirirten ſie auch die
Lebensmittel.

Märsche des 5. Armee-Corps vom 8. bis 12. August.

Datum	Corps-Hauptquartier	Entfernung in Meilen	Avantgarde		9. Division	10. Division	Corps-Artillerie	Trains
			Brig.	Quartier				
Aug. 7.	Bish. Märsche Langenfulzbach	resp. 8						
8.	Uhrwiller	2½	20.	Riffren	Kindwiller	Uhrwiller	Bivouak bei Uhrwiller	Wörth
9.	Wetterswiller	2¼	20.	¼ M. westlich Weitersweiller	Ober-Sulzbach	Weiterswiller	Bivouak bei Nieder-Sulzbach	Zinswiller
10.	Dttwiller	2¼	19.	Weyer	Drulingen	Siewiller	Aswiller	Ingwiller
11.	Sarre-Altroff	2½	19.	Sarre-Altroff	Hilbesheim	Bieur Lirheim	Fleisheim	desgl.
12.	Ruhe	Sa. 17½			Ruhe			Dttwiller

4*

Vom 8. bis 10. August ging unter dem Befehl des General=
Lieutenants von Schmidt dem Armee=Corps als Avantgarde voraus:
die 20. Infanterie=Brigade, Dragoner=Regiment Nr. 14, 5. und
6. vierpfündige Batterie, Pontonier=Compagnie mit leichtem Feld=
brückentrain, 1. Section des Sanitäts=Detachements Nr. 2. Die
Trains wurden am 8. August bis Wörth vorgezogen und ihnen
die 1. Compagnie des Regiments Nr. 58 zur Bedeckung beigegeben.

Auf dem ersten Marsche der über Reichshoffen—Gunders=
hoffen führte, fand man die Straßen noch voll von umgestürzten
Wagen und Armee=Material des Feindes, was seine eilige Flucht
bekundete. In allen Dörfern wurden noch zahlreiche Verwundete
angetroffen. Am 9. August mußte die württembergische Feld=
Division unweit der kleinen Veste Lichtenberg vorbei, in welche sich
zahlreiche Versprengte des Feindes geflüchtet haben sollten. Ihre
Lage in der Nähe einer Hauptgebirgsstraße gebot, dieselbe in unsern
Besitz zu bekommen, weßhalb der Commandeur der württembergischen
Feld=Division General=Lieutenant von Obernitz vom General von
Kirchbach die Genehmigung zur Beschießung der Veste einholte.
Durch das Bombardement der württembergischen Feld=Batterien
bis zum Abend wurden alle Gebäulichkeiten der Veste zerstört,
welche bis zum Grunde ausbrannten; dies nöthigte den befehligenden
französischen Offizier am Abend zu capituliren. Die Besatzung
bestand aus einigen 100 Mann, hauptsächlich Versprengter. Von
der Straße des 5. Armee=Corps aus konnte das Bombardement
der hohen Berg=Veste sehr gut gesehen werden.

Die kleine Festung La petite Pierre lag unmittelbar an der
Hauptstraße des 5. Corps; wurde sie vertheidigt, so konnte sie dem
Corps einen sehr störenden Aufenthalt bereiten. Zur Recognos=
cirung derselben wurde noch am 9. August der Hauptmann von
Struensee vom Generalstabe der 10. Division auf der Hauptstraße
vorgeschickt, während gleichzeitig Offiziere des Stabes des Generals
von Kirchbach über Eckartswiller einen Weg zur Umgehung der
Festung ausfindig machen sollten.

Beide Recognoscirungen, denen schon ein württembergischer
Offizier zuvorgekommen war, meldeten, daß die Festung unbesetzt
sei. Von der ¼ Meile vorwärts Weiterswiller stehenden Avant=
garde wurde sogleich eine Compagnie des Füsilier=Regiments Nr.
37 mit 1 Zug des Dragoner=Regiments Nr. 14 zur Besetzung
der Festung detachirt. 2 Compagnien des Füsilier=Regiments

unter Major Lütgen blieben nach dem Durchmarsch des ganzen Corps noch längere Zeit zur Sicherung der Straße in La petite Pierre zurück.

Die angefangene Pallisadirung dieser Festung zeigte, daß der Feind die Vertheidigung der Festung beabsichtigt hatte, doch war es von der Besatzung, die nur aus Invaliden und einigen Versprengten unter einem Sergeant=Major bestanden haben soll, vor= gezogen worden, bei Zeiten abzurücken, nachdem sie die Geschütze der Festung, 5 bronzene 24pfünder vergraben hatten, die aber sofort aufgefunden wurden.

Bis Weiterswiller war das Armee=Corps in einem noch über= all operationsfähigen Terrain marschirt; am 10. August mußte es den Vogesenpaß von La petite Pierre durchschreiten, der sich west= lich dieses Städtchens öffnet und bei Petersbach wieder in voll= kommen gangbares Terrain führt. An diesem Tage wurden nach dem großen Rendezvous des Armee=Corps westlich La petite Pierre die Truppen der Avantgarde mit Ausnahme des Dragoner=Regi= ments Nr. 14 durch die 19. Infanterie=Brigade, die 5. und 6. schwere Batterie, 1 Sappeur=Compagnie, 2. Section des Sanitäts= Detachements Nr. 2 abgelöst. Das Commando der Avantgarde übernahm der Oberst von Henning auf Schönhoff. Bei Weyer angekommen, traf die Avantgarde in dem ihr angewiesenen Rayon Truppen der II. Armee: das Dragoner=Regiment Nr. 13 und Ulanen=Regiment Nr. 16 ,der 5. Cavallerie=Division. Die Ver= bindung mit der II. Armee war demnach unmittelbar hergestellt.

Am Nachmittag theilte die 22. Division, welche südlich des 5. Corps angekommen war, mit, daß bei Saarbourg etwa 40,000 Mann feindliche |Truppen stehen sollten und bat für den Fall eines Gefechtes am folgenden Tage um Unterstützung. Beim Vor= marsch am 11. August wurde jedoch bei Saarbourg Nichts vom Feinde vorgefunden, die Truppen konnten daher ungestört ihre Cantonnements dicht östlich der Saar beziehen. Die Avantgarde schob Detachements nach Dolving—Ober=Stinzel vor und besetzte Sarre=Altroff.

Am 12. August war in den Cantonnements Ruhe, die den Truppen sehr wohl that nach den ziemlich anstrengenden Märschen im Gebirge und den heftigen Regengüssen, die, mit Ausnahme des Schlachttages von Wörth, seit dem Abmarsch von Billigheim Tag und Nacht vom Himmel geströmt waren.

Am 12. August 7 Uhr Abends traf eine Patrouille der Eskadron des Rittmeisters von Poncet vom Husaren-Regiment Nr. 2 der 4. Cavallerie-Division mit dem goldenen Schlüssel der Stadt Luneville auf einem rothen Sammetkissen in Sarre-Altroff ein. Die Väter dieser Stadt hatten als Zeichen ihrer Fried= fertigkeit nach alter Sitte dem Feinde den Schlüssel überliefert. Der Rittmeister von Poncet übersandte denselben sogleich über Sarre = Altroff Seiner Königlichen Hoheit dem Kronprinzen nach Petersbach. — Die Teten der Cavallerie-Divisionen waren also über 8 Meilen der Armee voraus.

[...] des k. Armee-Corps vom 13. bis 26. August.

Datum	Ort	Meilen		Ort	9. Division	10. Division	Corps-Artillerie	Trains
14.	Maizières	4	19.	Bourbonnay	Cantonnement und Bivouak bei Maizières	Ruhe	bei Maizières	Sarre-Altroff
15.	Einville	3½	19.	Moire	Einville	Vaucemont	Raville	Heming
16.	Dombasle	4½	17.	Manoncourt, Gassie	Rosières aux latines	St. Nicolas	Rosières aux latines	Pudiviller
	Ruhe		17.	Richardménil, la basse Flavigny	Ruhe	Ruhe		
17.	Maizières	4	17.	Thuilley aux Crossilles, Germiny	Frolois	Pont St. Vincent	Frolois	Ruhe
18.	Allain aux Boeufs	1¾	17.	Blenod les Toul	Bulligny	Crezilles	Bagneux	Thaviguy
19.	Vaucouleurs	8¼	17.	Montigny	Vaucouleurs	Chalaines	Vaucouleurs	Thuilley aux Grosilles
20.	Treveray	3½	18.	Sebilliers	Naix	St. Joire	Treveray	Chalaines
21. 22.	Ruhe				Ruhe	Ruhe		
23.	Stainville	2¾	18.	Haironville, Sommelonne	Rupt sur Saulx	Stainville	Nant le Grand	Treveray
24.	Robert-Espagne	8	18.	Gouvernes, Theminon la ville	Robert-Espagne	Tremont	Robert-Espagne	Stainville
25.	Heilz le Maurupt	8½	18.	Rosay, Davray le Grand	Heilz l'Evêque	Heilz le Maurupt	Maurupt	Robert-Espagne
26.	Ruhe	Sa. 48¾		Banault le Thatel	Banault les Dames	desgl.	Sogny-en-l'Angle	Parguy

In den folgenden 3 Märschen schob sich die Armee noch weiter südlich. Das 5. Armee-Corps sollte am 13. August über Dianne-Capelle, Azoudange—Mézières erreichen, die Avantgarde nach Bourdonnay vorgeschoben. Es war dies ein Marsch von 4 Meilen, der noch vielfachen Aufenthalt erfuhr. Ein Theil des Corps mußte Saarburg passiren und kam hierbei mit den Trains des 11. Armee-Corps in Berührung, dann waren die Brücken über den Saar-Canal bei und südlich Dianne Capelle von den Franzosen zerstört worden. Das 11. Corps hatte zwar schon eine leichte Brücke hergestellt, die aber ein rasches Defiliren der Truppen nicht gestattete. So kam es, daß die Truppen des Corps erst gegen 6 Uhr Abends an ihrem Bestimmungsort eintrafen. Die beiden Sappeur-Compagnien blieben am Saar-Canal zurück, um dauerhafte Brücken über denselben herzustellen.

Am Abend des 13. August ging von der 4. Cavallerie-Division die Mittheilung ein, daß der Rittmeister von Poncet vom 2. Leibhusaren-Regiment Nr. 2 Nancy unbesetzt gefunden und daß der Feind — die Reste der Armee des Marschalls Mac Mahon — sich auf Chalons zurückzuziehen scheine.

Am 15. August erreichte das Corps das Thal der Meurthe; an diesem Tage wurde die bisherige Avantgarde abgelöst. Die neue Avantgarde — Commandeur Oberst Flöther, 17. Infanterie-Brigade, Dragoner-Regiment Nr. 4, 1. und 2. leichte Batterie, Pontonier-Compagnie mit leichtem Feldbrücken-Train, ¹/₂ Sanitäts-Detachement Nr. 1 wurde über die Meurthe vorgeschoben und zwar dem Armee-Befehl gemäß in 2 Detachements nach Manoncourt und Saffais; die Cavallerie recognoscirte bis zur Mosel.

Die Corps-Artillerie, welche bisher zum Theil bivouakirt hatte, wurde, da jetzt größere Quartier-Rayons belegt werden konnten, zur gleichmäßigeren und besseren Unterbringung auf die beiden Divisionen vertheilt. Der Stab der Corps-Artillerie und die 2. Fuß-Abtheilung wurden der 9. Division, die reitende Abtheilung der 10. Division zugewiesen. Während des Marsches blieb die Corps-Artillerie in ihrem bisherigen Verhältniß im Gros d. h. hinter dem Rest der Division, welche die Avantgarde gegeben und vor der geschlossenen Division.

Am 15. August hatte das 11. Armee-Corps die Mosel südlich vom 5. Corps bei Bayon mit seinem Gros erreicht, nördlich war die Cavallerie-Brigade des 2. bayerischen Corps in Nancy angekommen, die württembergische Felddivision, das 1. bayerische und das 6. preußische Corps folgten auf ca. 1 Tagemarsch. Vom Ober= Commando wurden an diesem Tage einige Nachrichten über die feindliche Armee mitgetheilt und zwar: Unter dem Ober=Befehl des Marschalls Bazaine stände bei Metz die Garde, das 2., 3. und 4. Corps. Mac Mahon, dem jetzt das 1., 5. und 7. Corps unter= stellt sein solle, zöge sich auf Chalons zurück, wo schon eine Di= vision des 6. Armee=Corps angekommen wäre, während die andere sich noch zu Paris befände; ferner sollten die in Rom dislocirten französischen Truppen über Lyon nach Paris dirigirt worden sein. Gleichzeitig wurde die frohe Kunde mitgetheilt, daß die Armee des Generals von Steinmetz, des früheren commandirenden Generals des 5. Armee=Corps, in der Gegend von Metz am 14. August einen Sieg erfochten habe.

Für den 16. August befahl das Ober=Commando, die Avant= garde bis an die Mosel nach Richardmenil und La Basse=Flavigny vorzuschieben. Unter ihrem Schutze sollten die etwa zerstörten Moselbrücken wieder hergestellt werden. Bei La Basse=Flavigny wurde durch den Hauptmann Pirscher, 2. Ingenieur = Officier des General=Commandos, eine vom Feinde zerstörte Brücke bis zum 17. Abends wieder gangbar gemacht; bis zu dieser Zeit blieb eine mittelst des leichten Feldbrücken=Trains in der Nähe geschlagene Brücke bestehen.

Auf eine gegen Toul vorpoussirte Cavallerie=Patrouille wurde aus der Festung geschossen. In Rosières, wo ein kaiserliches Ge= stüt bestanden, und in Luneville, einer großen französischen Ca= vallerie=Garnison, wurden bedeutende Hafermassen aufgefunden, aus welchen sich die Truppen für die nächsten Tage reichlich ver= sehen konnten. Am 16. August zogen die Truppen ihre große Bagage aus der Marsch=Colonne der Trains heran.

Am Abend dieses Tages passirte Seine Königliche Hoheit der Kronprinz die Kantonnements des 5. Armee=Corps, von Luneville herkommend, um das Hauptquartier nach Nancy zu verlegen.

Tage voll der peinlichsten Erwartung folgten. Bei Metz sollte die Entscheidung zwischen den beiderseitigen Hauptarmeen fallen, man erfuhr, daß am 16. August unsere Truppen glücklich gefochten hatten, daß am 18. August eine blutige Schlacht geschlagen wor= den, und daß sich unsere Armee anschickte, am 19. August den letzten entscheidenden Schlag gegen den Feind zu führen. In

Treveray, den 21. August, ging endlich die bedeutungsvolle Nach=
richt ein, daß des Feindes Hauptarmee sich am 19. August in
den Schutz der Festung Metz zurückgezogen habe, und von allen
Seiten eingeschlossen sei. Das blutige Ringen der I. und II.
Armee hatte also einen glänzenden Erfolg gehabt. Alle deutschen
Armeen hatten nunmehr entscheidende Schläge gegen die feindlichen
Heere geführt.

Am 20. August war in der Avantgarde die 17. Brigade und
die beiden leichten Batterien durch die 18. Infanterie=Brigade und
die 1. und 2. schwere Batterie abgelöst und dem General=Major
von Voigts=Rhetz die Führung derselben übertragen worden. In
und bei Treveray hatte das Corps am 21. und 22. August Ruhe=
tag; an letzterem Tage wurde der General der Infanterie von
Kirchbach zur Conferenz bei Seiner Königlichen Hoheit dem Kron=
prinzen in das Armee=Hauptquartier nach Vaucouleurs berufen.

Am 24. August waren das 4. württembergische Reiter=Regi=
ment, welches am vorhergehenden Tage zur Avantgarde getreten,
und 1 Bataillon des Infanterie=Regiments Nr. 47 über Somme=
sonne auf Cheminon la ville detachirt; sie fanden den Wald überall
verhauen und die Wege in demselben stark verbarrikadirt. Nach
Aussage des Maires von Cheminon war diese Maßregel von den
Gemeinden nach den Anordnungen des französischen Ingenieur=
Corps ausgeführt worden.

Die in der Nähe gelegene kleine Festung Vitry=le=Français
capitulirte am 24. August sofort bei dem Erscheinen der 4. Ca=
vallerie=Division vor ihren Thoren. Am 25. August betrat das
Armee=Corps die Ebene der Champagne. Die württembergische
Reserve=Cavallerie=Brigade wurde an diesem Tage zur Recognos=
cirung auf Chalons s/M. vorgesendet, sie blieb in der Gegend des
Kreuzpunktes der Paris—Metzer und der alten Römerstraße
stehen.

Am 26. August hatte das Armee=Corps Ruhetag. Es wurden
nur in Ausführung des Armee=Befehls die Avantgarde von Nosay
und Vavray le Grand nach Vanault les Dames verlegt und einige
Quartierwechsel vorgenommen. An diesem Tage waren von allen
Corps der III. Armee die Avantgarden gegen Chalons s/M. und
Rheims vorgeschoben worden.

Die Dislocation der III. Armee am 26. August war im All=
gemeinen folgende:

Armee-Hauptquartier Revigny auf Baches.
Das 2. bayerische Corps stand bei Charmont.
 = 1. = = = = Sommeiller und füdlich.
 = 5. Armee= = = = Heilß le Maurupt.
 = 11. = = = = Heilß l'Evêque.
 = 6. = = = = Thiéblemont.

Nach der Schlacht bei Wörth hatte das 5. Armee=Corps in
18 Tagen vom 8. bis 25. August 40 deutsche Meilen zurückgelegt
incl. 4 Ruhetage, und auf diesem Marsche die Vogesen bei La
petite Pierre, die Abschnitte der Saar nördlich Saarburg, der
Mosel südlich Nancy, der Maas bei Vaucouleurs überschritten
und bei Heilß le Maurupt am 25. August die Ebene der Cham=
pagne betreten; anfänglich in südwestlicher, dann in westlicher,
zuletzt in nordwestlicher Richtung marschirend.

Der Feind, die französische erste Armee, hatte sich nach seiner
Niederlage bei Wörth so schnell zurückgezogen und auf jede Ver=
theidigung der Vogesenpässe und der Flußbarrieren verzichtet, daß
die ihm mit großer Schnelligkeit folgenden Cavallerie=Divisionen
ihn nur selten spüren konnten.

Wenn sich die französische erste Armee nach der Schlacht
bei Wörth hätte in Ordnung zurückziehen können, so wäre
ihr bei dem weiteren Widerstand gegen die III. Armee eine
große Unterstützung durch eine Volksbewaffnung erwachsen.
Diese Volksbewaffnung war schon durch die französische Regie=
rung vorbereitet worden; sie hatte an jede Gemeinde eine
größere Anzahl Gewehre, meist à tabatière, und auch Munition
austheilen lassen. Sobald dies in Erfahrung gebracht worden
war, wurde in allen Marschquartieren der Truppen auf höheren
Befehl nach Waffen gesucht. Diese wurden natürlich überall ver=
heimlicht, aber doch in größerer oder kleinerer Anzahl aufgefunden
und manchmal in den seltensten Verstecken, in Betten, Glocken=
stühlen, Mistbeeten u. s. w. Die aufgefundenen Waffen wurden
sogleich vernichtet; sie hätten sonst leicht der Bevölkerung dienen
können, unsere rückwärtigen Verbindungen noch unsicherer zu
machen, als wie es später durch das Franktireurwesen geschah.
Diese Maßregel wurde auch auf allen spätern Märschen bis Paris
zur Ausführung gebracht.

Rechts=Abmarsch.

Mit dem 26. August trat eine bedeutende Wendung in dem weiteren Verlauf des Krieges ein. Durch die 4. Cavallerie= Division war in den letzten Tagen festgestellt worden, daß die feind= liche Armee, welche sich mittlerweile unter dem Oberbefehl des Mar= schalls Mac Mahon aus dem 5., 7., den Trümmern des 1. französischen Armee=Corps und zahlreichen Marsch=Regimentern bei Chalons f. M. formirt hatte, aus dem Lager daselbst über Reims nach Norden abmarschirt war. Im Lager von Chalons wurden nur Maro= deure angetroffen; die Magazingebäude standen in hellen Flammen.

Dieser Bewegung der einzigen noch im freien Felde stehen= den Armee des Feindes mußten unsere Heere folgen, um die je= denfalls vorliegende Absicht des Feindes, unter Umgehung des rechten Flügels der deutschen Armee Metz zu entsetzen, zu ver= eiteln.

Von Seiner Majestät dem Könige war der Vormarsch der Maas=Armee (Garde=, 4. und 12. Armee=Corps) in der Richtung auf Damvillers, der der beiden bayerischen Armee=Corps, welche unter den directen Allerhöchsten Befehl traten, nach Norden über Clermont befohlen worden. Die übrigen Corps der III. Armee (5. Armee=Corps, württembergische Felddivision, 11. und 6. Armee= Corps) traten auf Befehl Seiner Königlichen Hoheit des Kron= prinzen am 27. August ebenfalls den Marsch nach Norden über St. Menehould an. Diese Corps konnten zunächst nur auf einer einzigen Straße marschiren.

Der Rechtsabmarsch stellte hohe Anforderungen an die Marsch= fähigkeit der Truppen, wie sie im bisherigen Verlauf des Krieges noch nicht vorgekommen waren.

Märsche des 5. Armee-Corps vom 27. August bis 2. September.

Datum	Corps-Hauptquartier	Entfernung in Meilen	Avantgarde		9. Division	10. Division	Corps-Artillerie	Train
			Brig.	Quartier				
Aug. 26.	Hellz le Maurupt	Trspt. 48$^3/_4$	18.		Ruhe			
27.	Sivry sur Ante	4	18.	St. Menehould	Daucourt	Braux	Chatrice	Ruhe bei Pargny
28.	Berzieux	3$^1/_4$	18.	Cernay en Dormois	Massiges	Ville sur Tourbe	Massiges	Verrières
29.	Grand-Pré	3$^1/_2$	18.	Béffu	Bivouak bei Grand-Pré			Ruhe
30.	la Besace	4	18. 20.	Avantgarden-Gefecht bei Stonne Bivouak bei la Besace				Grand Pré
31.	Connage	2	20.	Chehery	Omicourt	Bulson	Bulson	Tannay
Sept. 1.	St. Menges	3$^1/_4$	20.	Bivouak Bois de la Garenne	Schlacht bei Sedan St. Menges	Illy	Bivouak St. Menges	Ruhe
2.	Ruhe	Sa. 68$^3/_4$		Ruhe				Donchery

Die Befehle des Ober-Commandos für den 27. August wurden folgendermaßen ausgeführt:

Die Avantgarde, General-Major von Voigts-Rhetz, trat den Marsch von Vanault le Chatel um 6 Uhr Morgens an und rückte auf dem Chemin de la Serre (westlich der großen Straße) auf St. Menehould, besetzte diesen Ort, sowie Verrières, Argers und Dampierre sur Auve, sicherte sich durch Cavallerie-Detachements in Valmy und Gizaucourt und schob Cavallerie über St. Menehould hinaus.

Das Detachement des General-Majors von Sandrart — Rest der 9. Division und von der Corps-Artillerie die 2. Fuß-Abtheilung — sammelte sich vor Possesse und trat von da aus den Marsch um 6½ Uhr an, in folgende Kantonnements: Chatrice, Daucourt*), Elize und Voillemont.

Das Detachement General-Lieutenant von Schmidt — 10. Division und von der Corps-Artillerie die reitende Abtheilung — sammelte sich bei St. Jean-devant-Possesse und trat von da aus den Marsch um 8 Uhr an, in folgende Kantonnements: Braux, Rapsécourt, Dampierre-le-Chateau, Villers. — Corps-Hauptquartier Sivry sur Ante.

Die württembergische Felddivision rückte nach Vieil-Dampierre und den Orten östlich der Straße, ihre Reserve-Cavallerie-Brigade wurde näher an St. Menehould herangezogen, nach Auve.

Die 1. Staffel der Munitions-Colonne rückte nach Vieil-Dampierre. Die 2. Staffel derselben und die Trains, nebst der großen Bagage sämmtlicher Truppen blieben in Pargny.

Allarmplätze: Avantgarde: St. Menehould; Detachement General-Major von Sandrart: Daucourt; Detachement General-Lieutenant von Schmidt: auf der großen Straße östlich Braux; württembergische Felddivision bei Sivry sur Ante.

Das 11. Corps kam nach Givry-en-Argonne; das 6. Corps nach Possesse; das Armee-Hauptquartier blieb in Revigny-aux-Vaches.

Der Marsch war 4 Meilen lang, die starke Hitze und der staubige Kalkboden, das kahle Terrain machten ihn sehr beschwerlich.

Der 28. August: Vormarsch auf der Straße nach Vouziers. Die Avantgarde: General-Major von Voigts-Rhetz sammelte sich

---

*) Die gesperrt gedruckten Orte sind die Divisionsstabs-Quartiere.

nördlich St. Menehould und marschirte um 5 Uhr ab. Detache=
ment General=Major von Sandrart sammelte sich südlich St.
Menehould und marschirte um 5³/₄ Uhr ab. Detachement General=
Lieutenant von Schmidt sammelte sich bei Elize und folgte dann
dem Detachement Sandrart. Die württembergische Feldbivision
folgte dem Detachement von Schmidt. Anfänglich sollte das
Armee=Corps nach Antry, die württembergische Feldbivision nach
Bauconville marschiren, doch traf auf dem großen Rendezvous
vor Berzieux der Befehl ein, an der Tourbe Halt zu machen.
Dem zu Folge rückte die Avantgarde nach Cernay=en=Dormois
und Rouvroy, Cavallerie nach allen Seiten weit vorschiebend.
Das Detachement General=Major Sandrart nach Massiges und
Minancourt. Das Detachement General=Lieutenant von Schmidt
Ville sur Tourbe, Malmy und württembergische Feldbivision nach
Virginy und Berzieux, Trains Verrières.

Allarmplätze: Cernay=en=Dormois, Massiges, Ville=sur=
Tourbe und Ferme=Montremoy (nördlich Berzieux).

Das 11. Armee=Corps kam nach Courtemont, das Armee=
Hauptquartier und das 6. Armee=Corps nach St. Menehould.

Schon von diesem Tage ab wurde jeden Augenblick ein Zu=
sammenstoß mit dem Feinde erwartet, da dessen Nähe nicht allein
aus den Erzählungen der Einwohner geschlossen werden konnte,
sondern es gingen auch von der Avantgarde, die in Verbindung
mit der Cavallerie=Division Sr. Hoheit des Herzogs Wilhelm von
Mecklenburg getreten war, Meldungen ein, daß diese bei Bou=
ziers auf starke Kräfte des Feindes gestoßen sei.

An diesem Tage wurden die Truppen wieder durch einen
heftigen Regen belästigt, der unter den Füßen der Marschirenden
selbst die gute Chaussee aufweichte. Zur Completirung der eisernen
Portionen wurden 200 Wagen der Fuhrpark=Colonne vorgezogen,
welche Nachmittags 6 Uhr bei den Truppen eintrafen.

Für den 29. August war das Vorrücken des 5. Corps bis
in die Gegend von Monthois befohlen. Am Morgen dieses Tages
erhielt das Corps jedoch die Weisung, nach Grand=Pré zu mar=
schiren, da der Feind die Gegend von Vouziers verlassen und sich
weiter nordöstlich abgezogen hatte. Die Avantgarde trat um 7
Uhr an und marschirte über Mouron, Termes, Grand=Pré auf
die Höhe von Bessu, während das Gros mit einer kleinen Avant=

garde über Bouconville, Montchentin, Senuc auf Grand-Pré marschirte. Das 11. Armee-Corps rückte nach Monthois, das 1. bayerische Corps nach Sommerance, das 2. bayerische Corps nach St. Juvin, die 5. Cavallerie-Division auf Attigny, die 4. und 6. Cavallerie-Division Vouziers, 2. Cavallerie-Division Secault. — Armee-Hauptquartier Senuc.

Die Avantgarde setzte Vorposten bei Bessu gegen Buzancy aus und stellte die Verbindung mit den Bayern bei St. Juvin her. Der Rest der 9. Division bezog Bivouak dicht nördlich Grand-Pré; die Corps-Artillerie, die 10. Division und die württembergische Felddivision südlich und südwestlich dieser Stadt. Das General-Commando kantonnirte in Grand-Pré. Die 1. Staffel der Munitions-Colonne und die kleine Bagage blieb bei Bouconville, die übrigen Munitions-Colonnen und die Trains bei St. Menehould, nur die nöthigsten Verpflegungswagen wurden vorgeholt.

Das große Hauptquartier Sr. Majestät nahm an diesem Tage ebenfalls Quartier in Grand Pré, es war hier das erste Mal im Feldzug, daß das 5. Armee-Corps mit Sr. Majestät zusammentraf. — Des Königs Majestät begrüßte den General der Infanterie von Kirchbach auf das Allergnädigste, sich mit großer Anerkennung der bisherigen Leistungen des 5. Armee-Corps erinnernd.

Zur Besetzung von Grand-Pré wurde das Füsilier-Bataillon des Königs-Grenadier-Regiments Nr. 7 (Hauptmann von der Mülbe) beordert, welches beim Einrücken in die Stadt die Ehre hatte vor Sr. Majestät zu defiliren. Dies Bataillon blieb bis nach der Schlacht von Sedan zur Deckung des großen Hauptquartiers commandirt. Zum weiteren Schutze des großen Hauptquartiers bivouakirte das Füsilier-Regiment Nr. 37 bei Petit-Talmats und sicherte Grand-Pré im Westen und Norden. Während des Aussetzens der Vorposten wurde in nordöstlicher Richtung ein Gefecht beobachtet. Die sofort ausgesandten Recognoszirungen stellten fest, daß das Garde-Corps östlich Buzancy auf den Feind gestoßen sei.

Für den 30. August hatte Seine Majestät den Angriff der feindlichen Stellung zwischen Le Chesne und Beaumont befohlen. Dem 5. Armee-Corps war aufgegeben über Briquenay, Authe auf St. Pierremont und Oches zu marschiren und von da aus je nach Umständen in das Gefecht einzugreifen.

Die württembergische Felddivision sollte über Chatillon und Le Chesne, das 11. Armee=Corps über Vouziers auf Le Chesne vorgehen; die beiden bayerischen Corps auf Sommauthe, die 5. Cavallerie=Division über Quatre=Champs nach Chatillon; die 2. Cavallerie=Division nach Buzancy; die 6. Cavallerie=Division nach Semuy; das 6. Armee=Corps nach Vouziers zur Deckung der linken Flanke der Armee gegen das heranmarschirende Corps Vinoy.

Avantgarden=Gefecht bei Stonne.

Das 5. Armee=Corps brach um 6 Uhr Morgens auf in nach= stehender Formation:

Avantgarde: General=Major von Voigts=Rhetz, — Infan= terie=Regiment Nr. 47, 1. und 2. Bataillon Regiments Nr. 7, Dragoner=Regiment Nr. 4, 4. württembergisches Reiter=Regiment, 1. und 2. schwere Batterie, ¼ Sanitäts=Detachement. Gros: Rest der 9. Division General=Major von Sandrart, Pontonier= Compagnie mit leichtem Feldbrücken=Train, ¼ Sanitäts=Detache= ment, Feld=Lazareth Nr. 5.; Corps=Artillerie Oberst Köhler, 10. Division General=Lieutenant von Schmidt.

Bei Germont machte das Corps das große Rendezvous. Die Avantgarde schob zur Sicherung Patrouillen des württembergischen Reiter=Regiments nach allen Richtungen vor.

Als eben der Weitermarsch angetreten war, meldeten die Pa= trouillen beträchtliche feindliche Colonnen zwischen dem Bois du Fay und dem Dorfe Stonne auf den diesseitigen Abhängen des dort sehr bergigen Terrains. Der Commandeur der Avantgarde, General=Major von Voigts=Rhetz, schickte das württembergische Reiter=Regiment sogleich zur Recognoszirung der feindlichen Auf= stellung und der Orte Oches, La Berlière und St. Pierremont vor. Von diesem Regiment ging bald die Nachricht ein, daß Pierremont nicht besetzt sei, daß 2 Schwadronen des 1. Garde= Ulanen=Regiments auf der Höhe von Oches hielten, ferner daß bedeutende feindliche Colonnen die Höhen von Stonne gegen La Berlière herabmarschirten.

Unter dem Schutze des Dragoner=Regiments Nr. 4 trabten sofort die Batterien der Avantgarde vor und fuhren auf dem Westabhang der Höhe vor Oches auf. Feindliche Tirailleurs waren diesseits La Berlière; französische Küraffiere machten eben

Anstalt aus Oches gegen die auffahrende Artillerie vorzugehen, doch zogen sie sich bei dem Erscheinen der Dragoner zurück. Die Infanterie der Avantgarde war schnell gefolgt; das 1. Bataillon des Infanterie-Regiments Nr. 47 wurde mit dem Dragoner-Regiment links rückwärts der Artillerie-Stellung in eine Mulde placirt; die beiden andern Bataillone dieses Infanterie-Regiments besetzten die Höhe südlich Oches, die beiden Bataillone des Königs-Grenadier-Regiments blieben in Reserve.

Etwa nach 12 Uhr fiel der 1. Kanonenschuß auf ca. 3000 Schritt gegen die feindliche Infanterie — etwa 2 Divisionen — westlich La Berlière. Die 3. Granate traf. Der Feind bewegte sich darauf nach rückwärts, bis auf 4500 Schritt von Granaten verfolgt. Eine feindliche Batterie westlich La Berlière erwiderte während dem das diesseitige Feuer, doch ohne Erfolg. Unterdessen waren die beiden leichten Batterien der 9. Division herangezogen und verlängerten die Artillerie-Aufstellung der Avantgarde nach links. Diese 4 Batterien schossen einmal durch, und bewirkten auch den Rückzug der feindlichen Batterie. Die feindliche Infanterie hatte, wie gleich darauf durch Patrouillen festgestellt wurde, einige Todte und Verwundete zurückgelassen.

Das Gro rü cte im beschleunigten Marsche heran. Die reitende Abtheilung und das Dragoner-Regiment Nr. 14 waren zur eventuellen Unterstützung der Avantgarde vorausgeschickt. Der Rest der 9. Division formirte sich nach seiner Ankunft hinter dem Ostrande der Höhe, südöstlich Verrières, auf welcher der General der Infanterie von Kirchbach seinen Standpunkt genommen hatte. Gegen 1½ Uhr traf die Tete der 10. Division mit der Corps-Artillerie in der Höhe der 9. Division ein. Die Corps-Artillerie blieb westlich St. Pierremont. Die 10. Division wurde hinter die Höhen nördlich dieses Ortes dirigirt.

Das Reiter-Regiment und Patrouillen des Dragoner-Regiments Nr. 4 hatten unterdessen den Feind fortwährend beunruhigt und seine Tirailleurs zurückgejagt, von welchen sogar einige als Gefangene eingebracht wurden; durch diese erfuhr man, daß das (7.) Corps des Generals Douay bei Stonne stände. Die Avantgarden-Cavallerie, welche sich dem Bois du Fay näherte, wurde auf eine sehr große Distance von Mitrailleusen begrüßt, die aber nur 3 Pferde des württembergischen Reiter-Regiments außer Gefecht setzten.

Schon während des ganzen Vormarsches war im Osten Ka=
nonendonner gehört worden, welcher sich immer mehr verstärkte.
Von der Höhe südöstlich Verrières, später von der Höhe nördlich
Pierremont, wo der commandirende General nach einander seinen
Standpunkt nahm, konnte festgestellt werden, daß das Feuer in
der Gegend von Beaumont und auch bei den bayerischen Corps,
welche über Sommauthe vorgegangen waren, sein mußte. Das
Feuer bei den verbündeten Corps war im Avanciren.
Gegenüber dem 5. Corps hatten sich bei dem Feinde verschie=
dene Bewegungen nach allen Richtungen gezeigt. Die Absicht,
welche denselben zu Grunde lag, konnte nicht erkannt werden. Der
Feind zog sich bald gegen Osten nach Stonne, bald gegen Westen
nach dem Wald, bald hinter, bald vor die Höhe von Stonne.
Um ½3 Uhr befahl der commandirende General der Avant=
garde durch Oches durchzugehen. Auf der Höhe östlich La Ver=
lière angekommen, feuerte die Avantgarden=Artillerie einige Schüsse
in die Gründe südlich Stonne, wo sich marschirende feindliche In=
fanterie gezeigt hatte, die aber bald verschwand. Während die
Avantgarde die befohlene Bewegung ausführte, avancirte auch die
10. Division. Um 3½ Uhr stand dieselbe mit der 20. Brigade
im Thal am nördlichen Ende des Mont du Cygne, mit der 19.
Brigade am südlichen Ende desselben; den Mont du Cygne mit
einem Bataillon besetzt haltend. Bei diesem Vorgehen wurden
wieder einige Gefangene gemacht.
Das Feuer im Osten bei den verbündeten Corps war noch
im steten Avanciren. Um ½3 Uhr erschien nördlich Verrières
die 4. Cavallerie=Division. Etwa um 3 Uhr kamen auch die Teten
des 11. Armee=Corps bei Verrières zum Vorschein, dasselbe mar=
schirte bei diesem Dorfe auf. Inzwischen war Seine Königliche
Hoheit der Kronprinz auf der Höhe nördlich St. Pierremont an=
gekommen. Höchstderselbe befahl, daß die formidable Stellung bei
Stonne nicht angegriffen werden sollte.
Nach 4½ Uhr gingen die Meldungen ein, daß Stonne ge=
räumt sei, auch wurde vom Mont Damion, wohin ein Theil der
Infanterie der Avantgarde gegangen war, bemerkt, daß der Feind
gegen Norden sich zurückgezogen habe. Das Regiment Nr. 47
war auf Befehl des General=Major von Sandrart nach Stonne
vorgegangen und stieß dort bereits auf die Teten der Avantgarde
des 11. Armee=Corps. Das Dorf wurde unbesetzt gefunden.

5*

Um 5¼ Uhr befahl der commandirende General, daß das Armee-Corps gegen La Besace vorgehen, dieses eventuell nehmen und daselbst Bivouak beziehen solle. Als Avantgarde unter dem General-Major von Walther wurde die 20. Infanterie-Brigade, das Dragoner-Regiment Nr. 14, die 5. und 6. leichte Batterie, 1 Sappeur-Compagnie und ½ Sanitäts-Detachement voraus-geschickt. La Besace wurde vom Feinde frei gefunden. Die bayerischen Corps waren kurz vorher siegreich in der Richtung auf Raucourt und Artaise durch dieses Dorf gegangen. Während das Armee-Corps gegen dieses Dorf vorging, wurde im Osten ein er-neutes heftiges Gefecht gehört, welches, wie sich später heraus-stellte, durch das 4. Armee-Corps engagirt worden war. Das 5. Armee-Corps bezog bei La Besace und zu beiden Seiten der großen Straße südlich des Dorfes Bivouaks, in welchen es erst bei tiefer Dunkelheit anlangte. Verluste hatte das 5. Armee-Corps an diesem Tage nicht.

Der 30. August war ein außerordentlich anstrengender Tag für das Armee-Corps gewesen. Um 6 Uhr des Morgens aus den Bivouaks bei Grand-Pré abmarschirt, von 12 bis 6 Uhr in steter Gefechtsbereitschaft, konnten die Truppen erst gegen 10 Uhr Abends im Bivouak an die Befriedigung des Magens denken. Stroh war gar nicht, Holz und Wasser nur sehr spärlich zu erlangen. Der Weg von Grand-Pré bis La Besace beträgt 4 Meilen, der Marsch selbst war durch die große Sonnenhitze noch beschwerlicher gemacht worden.

Am 31. August hatte das Armee-Corps nur einen kleinen Marsch von 2 Meilen zu machen; es mußte aber bei Chemery, so lange die Vortruppen der III. Armee an der Maas im Gefecht standen, sich in Bereitschaft halten, so daß seine letzten Truppen erst gegen 6 Uhr Abends in die Kantonnements resp. Bivouaks bei Connage, Omicourt, Chehery und Bulson einrücken konnten. Die Bagage und die Trains wurden bis Tannay herangezogen.

Schlacht bei Sedan.

Durch die siegreichen Schlachten und Gefechte am 30. und 31. August war die französische Armee unter Marschall Mac Mahon in ihrem Marsche zum Entsatze von Metz aufgehalten und auf Sedan zurückgeworfen worden. Am 31. August Abends bedrohte die Maas-Armee unter dem Kronprinzen von Sachsen von Osten her die feindliche Armee; südlich Sedan stand die III. Armee mit gesichertem Maas-Uebergange bei Donchery; 1½ Meile nördlich lag das neutrale belgische Gebiet. Die Verbindung zwischen Sedan und Mézières war durch die Stellung der Württemberger bei Boutaucourt und des 11. Armee-Corps bei Donchery ernstlich bedroht, doch erschien es immer noch möglich, daß die französische Armee sich während der Nacht oder am frühen Morgen des 1. September der drohenden Umarmung entziehen konnte.

Einer solchen Eventualität entsprechend erhielt das 11. und 5. Armee-Corps am Abend des 31. August den Befehl, die Maas am nächsten Tage mit Tagesanbruch zu überschreiten. Dieser Befehl ging bei dem 5. Armee-Corps am 31. August um 11 Uhr des Abends ein mit der Weisung, über die vom 11. Armee-Corps zwischen Donchery und Vrigne—Meuse gebaute Brücke auf Vivier au Court zu marschiren und sich daselbst links vom 11. Armee-Corps aufzustellen. Der commandirende General befahl in Folge dessen, daß den 1. September Nachts 2 Uhr die Avantgarde bei Chevenges, der Rest der 10. Division, die Corps-Artillerie, die 9. Division bei Chehery zum Vormarsch über Chevenges, Villers sur Bar bereit stehen sollte. Die kleine Bagage mit Ausnahme der Medizinkarren und der Munitionswagen der Infanterie sollten bei Connage zurückgelassen werden.

Von Hause aus wurde gleich in Aussicht genommen, mit dem leichten Feldbrücken-Train des 5. Armee-Corps noch eine Brücke über die Maas zu schlagen; da voraussichtlich die vom 11. Armee-Corps gebaute Brücke bei Tagesanbruch noch von diesem Corps benutzt werden würde. Der Ingenieur-Offizier des General-Commandos, Hauptmann Pirscher, und der Lieutenant von Reibnitz, 3. Generalstabs-Offizier, wurden sofort zur Recognoscirung des Weges und des Flusses vorausgesendet und der Chef des General-

stabes, Oberst von der Esch, begab sich zu gleicher Zeit zum stell=
vertretenden commandirenden General des 11. Armee=Corps, Ge=
neral=Lieutenant von Gersdorf, nach Chevenges, um betreffs des
Fluß=Ueberganges und des Weitermarsches Verabredung zu treffen.
Hierbei stellte sich die Nothwendigkeit heraus, für das 5. Armee=
Corps eine eigene Brücke zu schlagen, wenn dasselbe den Ueber=
gang über die Maas mit Tagesanbruch sicher gestellt sehen wollte.
Zum weiteren Vormarsch jenseits der Maas sollte alsdann das
11. Armee=Corps den Weg von Doncherp auf Tenbrecourt, das
5. Armee=Corps den über Brigne Meuse auf Vivier an Court
benutzen.

Mit größter Pünktlichkeit versammelten sich die Truppen des
5. Armee=Corps auf den befohlenen Rendezvous=Plätzen. In
Folge des Armee=Befehls für den 1. September mußten die
Truppentheile des Armee=Corps, sobald der Befehl bei ihnen ein=
ging, allarmirt werden, so daß sie mit leerem Magen abrückten.
Ein allerdings ungünstiger Umstand, für den sich im Laufe des
Tages keine Abhülfe darbot, der aber erwähnt zu werden verdient
in Anbetracht der bedeutenden Anstrengungen der letzten Tage und
derjenigen, welche die Truppen noch am 1. September zu über=
winden hatten, die schließlich doch mit dem großartigsten Erfolge
belohnt wurden.

Der Vormarsch wurde um ½3 Uhr angetreten. General der
Infanterie von Kirchbach befand sich bei der Avantgarde. In aller
Stille und ohne Störung vollzog sich der nächtliche Marsch. Nach
4 Uhr Morgens langte die Avantgarde noch bei völliger Dunkel=
heit an der Maas mit ihrer Tete an. Das Gros folgte unmittel=
bar und marschirte nördlich Villers sur Bar in Rendezvous=Stellung
auf. Der leichte Feldbrücken=Train, der hinter dem 1. Bataillon
der Avantgarde marschirte, wurde sofort vorgezogen, um unter
Leitung des Hauptmann Pirscher den Brückenschlag ins Werk zu
setzen. Die Dunkelheit fing an zu schwinden, dichter Nebel lagerte
noch im Thale der Maas.

Die Brücke wurde etwa 50 Schritte westlich der des 11.
Armee=Corps gebaut. Um ¾5 Uhr wurde sie begonnen, nach 40
Minuten war sie fertig, so daß um ½6 Uhr die Tete der Avant=
garde die Maas überschreiten könnte. Die Brücke, zum größten
Theil auf Böcken ruhend, nur in der Mitte des Flusses von zwei
Pontons getragen, bestand aus 8 Strecken. Während des Baues

der Brücke wurden jenseits am Eisenbahndamme Rampen zum Ueberschreiten desselben hergestellt.

Ohne Unterbrechung wurde der Fluß=Uebergang des Armee= Corps fortgesetzt; zum Theil auch über die Brücke des 11. Armee= Corps, sobald dieselbe momentan nicht von den Truppen desselben benutzt wurde. Die 1. Eskadron des Dragoner=Regiments Nr. 14, zur Avantgarde gehörig, wurde über Vivier au Court auf Issan= court vorgeschickt, um von da aus durch Beobachtungen den Ueber= gang zu sichern und die belgische Grenze zu recognosciren. Es wurde nirgends ein Feind vorgefunden. Schon während des Brückenbaues wurde im Osten zeitweise heftiges Kanonen= und Mitrailleusenfeuer gehört und vermuthet, daß die Maas=Armee und auch die bayerischen Armee=Corps bereits stark engagirt waren.

Als die Avantgarde mit ihrer Tete in Vivier au Court gegen ¹/₂8 Uhr eingetroffen war, wurde dem General der Infanterie von Kirchbach durch den Major von Hahnke der Befehl von Seiner Königlichen Hoheit dem Kronprinzen überbracht, mit dem 5. Armee= Corps über Brigne aux bois dem 11. Armee=Corps zu folgen und sich hinter demselben, links debordirend, zu formiren. Das Armee= Corps setzte demzufolge seinen Marsch über Tendrecourt und Brigne aux bois fort. Das 11. Armee=Corps hatte den Auftrag erhalten, auf St. Menges zu marschiren und von da aus in das Gefecht einzugreifen. Dadurch wurde dem Feinde der Abmarsch nach Westen vollständig verlegt.

Die letzte Eventualität für den Feind, sich in nördlicher Rich= tung auf belgisches Gebiet zu retten, konnte mit Sicherheit nur verhindert werden, wenn es sobald als möglich gelang, in Com= munikation mit der Maas=Armee zu treten. Dies berücksichtigend wurde zunächst durch den commandirenden General das Dorf Fleigneux als Directionspunkt für den weitern Vormarsch des Armee=Corps angenommen, wodurch dasselbe auch in das durch das Ober=Commando bestimmte Verhältniß zum 11. Armee=Corps gelangte.

Von Brigne aux bois aus ließ der General von Kirchbach durch die Cavallerie der Avantgarde die belgische Grenze recognos= ciren, ob in dieser Richtung feindliche Truppen=Abtheilungen sich zurückzögen und ob jene Grenze durch belgische Truppen beobachtet wäre. Der General von Walther, Commandeur der Avantgarde, detachirte zu diesem Zwecke den Rittmeister von Berken mit 3 Zügen seiner Eskadron und 1 Zug der 2. Eskadron unter Lieutenant von der Berswordt. — Diese Cavallerie ging über La Claire, unter Zurücklassung einiger Verbindungsposten, in der Richtung auf das belgische Dorf Sugny vor, sie fand daselbst keine von Belgien zur Grenzbeobachtung getroffenen Maaßregeln. Ausgesandte Patrouillen meldeten bald die Annäherung flüchtiger Abtheilungen des Feindes, Cavallerie und Infanterie, zu ca. 20 bis 30 Mann, dieselben wurden angegriffen, in die Flucht geschlagen oder zu Gefangenen gemacht; die Infanteristen warfen sich theilweise in den dichten Wald und fügten durch ihr Feuer den Dragonern manchen Verlust bei, so wurde der Lieutenant von der Berswordt schwer verwundet.

Die 1. Eskadron unter Rittmeister von Massow hatte über Bosseval und Le Mazy recognoscirt und in dieser Richtung keine Flüchtlinge gefunden; auf dem Wege über La Claire zum Regiment erfuhr sie durch Dragoner des Rittmeisters von Berken, die bereits Gefangene zurückbrachten, daß noch viele kleine Abtheilungen des Feindes durch den Wald über die Grenze zu entkommen suchten. Der Rittmeister von Massow ging deshalb sofort zur Unterstützung des Rittmeisters von Berken vor. Es gelang seiner Eskadron einen Munitions- und Equipagetransport zu erbeuten, Cavalleristen und Infanteristen zu fangen, sogar auch den général de division Brahaut mit 8 Offizieren seines Stabes. Auch diese Eskadron hatte durch Infanteriefeuer Verluste, darunter Seconde-Lieutenant Klör. Von den Dragonern wurden als Gefangene eingebracht: General Brahaut, 16 Offiziere, 89 Mann, ca. 140 Beutepferde und ca. 40 Munitions- und Equipagewagen. Die vielen kleinen feindlichen Infanterietrupps machten für die Cavallerie ein längeres Verweilen in dem dichten Walde unthunlich, sie brachte deshalb sich, die gemachten Gefangenen und die Beute in Sicherheit, indem sie sich auf La Claire zurückzog, wo sie gegen 3 Uhr Nachmittags eintraf.

Das 11. Armee-Corps war bald, nachdem seine Avantgarde sich bei St. Menges entwickelt hatte, in ein heftiges Gefecht in der Richtung auf Floing gerathen, was das Streben aller Truppen nach dem Gefechtsfelde zu gelangen, noch mehr erhöhte. Deshalb

war es um so ungünstiger, daß die Marsch-Colonnen des 5. und
11. Armee-Corps (21. Division), letztere von Montimont herkom=
mend, an dem rothen Hause, da, wo der Weg von Vrigne aux
Bois nach St. Menges den nach Norden vorspringenden Bogen
der Maas berührt, aus verschiedenen Richtungen zusammenstießen.
Der General von Kirchbach ließ das 5. Armee-Corps von hier aus
eine kurze Strecke die Straße benutzen, um sogleich die Höhe der
Ferme du Champ de la Grange zu ersteigen, während das 11.
Armee-Corps eine Strecke über die Wiesenufer der Maas mar=
schirte. Der Vormarsch auf die Höhe konnte nicht ganz ungesehen
ausgeführt werden, der Feind beschoß ihn sehr bald mit Granaten,
doch ohne allen Erfolg. Dem 5. Armee-Corps voraus hatten
einige Bataillone des 11. Armee-Corps ebenfalls die Höhe erstiegen
und waren längs des nördlich an der belgischen Grenze gelegenen
Waldes in östlicher Richtung fortmarschirt.

Nachdem die Avantgarde auf der Höhe der Ferme du champ
angekommen war, befahl der General der Infanterie von Kirchbach
die Artillerie der 10. Division und die Corps-Artillerie gegen die
von den feindlichen Batterien besetzten Höhen, welche von Artillerie
des 11. Armee-Corps bereits bekämpft wurden, in Position zu
stellen. Von Letzterer standen Batterien dicht bei St. Menges.

Das Terrain in der Umgegend von Sedan besteht aus lang=
gestreckten Höhenzügen mit steilen hohen Abhängen; diese Berg=
rücken, welche sich aus verschiedenen Richtungen gegen die Maas
hinziehen, sind durch breite, tiefe Thäler getrennt, so daß relative
Höhenunterschiede von 300 Fuß vorhanden sind. Die Berge un=
mittelbar um Sedan, welche im Osten durch das bedeutende Thal
von Givonne von dem übrigen Terrain getrennt werden, sind mit
dem Bois de la Garenne und einzelnen Waldparzellen besetzt und
dominiren die nördlich vorgelegenen Höhen.

Auf diesen Bergen um Sedan stand die französische Armee
unter dem Marschall Mac Mahon. Von Natur war diese Stellung
schon eine wahre Festung, im Osten das Thal von Givonne, im
Süden und Westen die Maas und gegen Norden die das Vor=
terrain beherrschenden Höhen, welche mit der den Franzosen eigenen
Geschicklichkeit durch etagenförmig angelegte Schützengräben u. s. w.
verstärkt waren. Das befestigte Sedan bildete gewissermaßen ein
Reduit zu dieser Stellung.

Die Höhen zwischen Floing und Illy vertheidigte vornehm=
lich das 7. französische Corps (Douay) mit den Divisionen Dumont
auf dem rechten Flügel, der Division Conseil du Mesnil und der
Division Liébert bei Floing. Das 7. Corps wurde im Laufe der
Schlacht durch die Division be l'Ababie des 5. Corps (Wimpfen)
unterstützt.

Die ersten Batterien des 5. Armee=Corps, welche in Position
kamen, waren die der Avantgarde, 6. schwere und 6. leichte Bat=
terie; dieselben waren dem vordersten Avantgarden=Bataillon vom
Füsilier=Regiment Nr. 37 auf St. Menges gefolgt und eilten
unter persönlicher Führung des Oberst Gaede, von der feindlichen
Artillerie heftig beschossen, durch dieses Dorf, um auf der östlich
desselben gelegenen Höhe eine Aufstellung zu nehmen. Sie eröff=
neten das Feuer auf 3000 Schritt. Da diese Entfernung für eine
gute Wirkung zu groß und auch die Beobachtung der Schüsse eine
zu beschränkte war, so wurde von diesen Batterien eine neue Stellung
genommen auf dem rechten Flügel der weiter vorwärts auffahren=
den Corps=Artillerie.

Während dem erstiegen die übrigen Truppen des 5. Armee=
Corps die Höhe der Ferme du Champ de la Grange. Auf der
Höhe angekommen, waren sogleich die Corps=Artillerie, bald darauf
auch die beiden anderen Batterien der 10. Division vorgezogen
worden, sie trabten, soviel als möglich der feindlichen Einsicht ent=
zogen, auf Fleigneux, um von da aus südlich des Dorfes durch
den Obersten Gaede in Position geführt zu werden. Um eine
geeignete Stellung für die Entwickelung der Artillerie=Masse des
Corps zu ermitteln, war der Oberst=Lieutenant Köhler, Comman=
deur der Corps=Artillerie, vorausgeeilt.

Die Infanterie des Corps hatte der vorauseilenden Artillerie
nicht so schnell folgen können, um deren Aufmarsch zu sichern;
deshalb veranlaßte der Oberst=Lieutenant Köhler einige aus Illy
zurückgehende Compagnien des Infanterie=Regiments Nr. 82 die
Waldparcellen östlich Illy zu besetzen, durch welche kleine feindliche
Trupps sich nach Belgien flüchteten. Auf der Höhe jenseits Gi=
vonne eröffneten soeben die ersten Batterien des Garde=Corps ihr
Feuer, freilich ohne daß sich sogleich erkennen ließ, ob es preußische
oder französische Batterien seien, doch noch vor dem Erscheinen der
Corps=Artillerie wurde die Ueberzeugung gewonnen, daß es Bat=

terien des Garde=Corps waren. Der eiserne Zirkel um das feind=
liche Heer war also im Begriff sich zu schließen.

Die Corps=Artillerie (2. Fuß=Abtheilung und die 2. und 3.
reitende Batterie) placirte sich mehrere 100 Schritt vorwärts der
ersten Stellung der Batterien der Avantgarde, welche sich dann
mit der Corps=Artillerie allignirten. Später langten auch die
beiden übrigen Batterien der 10. Division an, die 5. leichte und
5. schwere, von denen erstere zwischen den Batterien der Avant=
garde und der Corps=Artillerie, letztere auf dem äußersten linken
Flügel Stellung nahm. Diese 10 Batterien unter Leitung des
Obersten Gaede waren gegen 11 Uhr vollständig entwickelt und
hatten, je nachdem sie in die Position gelangten, batterieweise ihr
Feuer begonnen. Die Batterien der Avantgarde mochten kurz
nach 10 Uhr, die rechte Flügel=Batterie der Corps=Artillerie etwa
gegen 10¹/₂ Uhr das Feuer begonnen haben. Diese 60 Geschütze
des 5. Corps bildeten mit der rechts daneben entwickelten Artillerie
des 11. Corps eine formidable Batterie; der rechte Flügel derselben
stand auf der Höhe südlich St. Menges, der linke an einem Wäld=
chen nordöstlich Illy, eine Strecke von fast 4000 Schritt. Die
linke Flügel=Batterie des 11. Corps (die reitende Batterie Nor=
mann) war von den übrigen Batterien ihres Regiments durch
das tiefe sich von Fleigneur nach Floing ausdehnende Thal getrennt.

Der General der Infanterie von Kirchbach hatte unterdessen
befohlen, daß 2 Bataillone des Füsilier=Regiments Nr. 37 unter
Oberst von Heinemann den Schutz der Artillerie auf dem linken
Flügel übernehmen sollten; diese Bataillone wurden jedoch nach
einiger Zeit zur 20. Brigade wieder zurückgezogen, da, wie schon
erwähnt, Compagnien des Infanterie=Regiments Nr. 82 diesen
Schutz übernommen hatten und auch noch das Husaren=Regiment
Nr. 13, das Dragoner=Regiment Nr. 4, 2 Eskadronen des Dra=
goner=Regiments Nr. 14 sich auf dem linken Flügel auf der freien
Höhe nordöstlich Illy aufstellten. Das beim Anmarsch des Corps
nach St. Menges vorgegangene Avantgarden=Bataillon vom Regiment
Nr. 37 war bereits zur 20. Infanterie=Brigade herangezogen worden.

Das Debouchiren der Batterien des Corps aus Fleigneur
und ihr Aufmarsch waren von der feindlichen Artillerie, welche
nördlich des Bois de la Garenne stand, ohne bedeutenden Erfolg
heftig beschossen worden. Kurz nachdem der diesseitige Aufmarsch
beendet war und alle Batterien im Allgemeinen auf 2300 Schritt

von der feindlichen Aufstellung im Feuer standen, verstummte das Feuer des Gegners. Mehrere feindliche Protzen und Munitions= wagen waren in die Luft gegangen. Was von den Geschützen nicht zertrümmert war, rettete sich in den Wald.

In der feindlichen Aufstellung wurden während der Schlacht gegenüber der Artillerie vielfache Bewegungen bemerkt, sowohl in der Richtung von als auch nach Givonne; die feindliche Infanterie und Cavallerie erhielten, sowie sie sichtbar wurden, sofort von der großen Batterie ein solch starkes Feuer, daß dieselben sich schleunigst in den Schutz des Waldes und der Höhen zurückzogen. Feindliche Batterien, welche aus dem Bois de la Garenne debouchirten und auf dem Abhange nach Illy Aufstellung nahmen, wurden nach kurzer Zeit demontirt oder zum Rückzuge gezwungen. Eine Mi= trailleusen=Batterie an der Westecke des Bois, 4000 Schritt von der diesseitigen Batterie entfernt, wurde wiederholentlich zum Schweigen gebracht.

Mehrere Male bildete sich aus den verschiedenen Bewegungen der feindlichen Bataillone eine Formation zum Angriff gegen die Artillerie=Stellung des 5. und 11. Armee=Corps, der Versuch gegen dieselben vorzugehen war in der Vorwärtsbewegung der feindlichen Infanterie mit vorausgeschickten Schützenschwärmen, zu 5 bis 6 Bataillonen in einem Treffen, mit aller Bestimmtheit zu erkennen; doch scheiterte jeder derartige Versuch an dem vorzüglichen dies= seitigen Artilleriefeuer.

Gegen ¹/₂2 Uhr erfolgte ein feindlicher Vorstoß aus dem Bois de la Garenne gegen Givonne. Eine feindliche Batterie, die ihn unterstützte, wurde unter dem Kreuzfeuer der Batterie des 5. und Garde=Corps sofort zum Schweigen gebracht und die feind= liche Infanterie in den Wald zurückgetrieben. Die Stellung der Batterien des 5. Corps war eine sehr günstige, dieselben konnten eine Offensive des Gegners über Illy verhindern, eine solche über Givonne wirksamst unter Feuer nehmen und auch unsere Angriffe über Floing energisch unterstützen.

Während die Artillerie in dieser Weise gegen alle Waffen des Feindes mit großem Erfolge wirkte, marschirte die Infanterie des Corps heran und griff in den Kampf ein.

Die 20. Infanterie=Brigade, welche bisher Avantgarde gewe= sen war, wurde mit der 19. Infanterie=Brigade hinter dem rech=

ten Flügel der diesseitigen Artilleriestellung in der Schlucht südlich Fleig=
neux unter dem Befehl des General=Lieutenant von Schmidt concentrirt.
Von der 19. Brigade war schon gegen 10 Uhr beim An=
marsch derselben auf Befehl des Generals der Infanterie von Kirch=
bach das 1. und 2. Bataillon des Infanterie=Regiments Nr. 46
unter Oberst von Eberhardt nach St. Menges detachirt worden
zur Besetzung des Dorfes und eventuellen Vertheidigung der dor=
tigen großen Straße von Sedan.

Das 11. Armee=Corps hatte bei Floing einen harten Kampf
gegen den immer mehr anwachsenden Feind zu bestehen. Deshalb
schickte der General=Lieutenant von Gersdorf, welcher sich nicht stark
genug glaubte, um einem Vorstoß des Feindes, den derselbe mit
großen Kräften vorzubereiten schien, zu begegnen, gegen 12 Uhr
an den General von Kirchbach die Bitte um Unterstützung. Die=
ser stellte dem 11. Armee=Corps sofort das 1. und 2. Bataillon
des Infanterie=Regiments Nr. 46 zur Disposition und gleich da=
rauf auch das an der Tete der 17. Infanterie=Brigade heranmar=
schirende 1. schlesische Jäger=Bataillon Nr. 5, welches er unter
den Befehl des Oberst von Eberhardt stellte. Als bald darauf
nochmals durch den General=Lieutenant von Gersdorf um Unter=
stützung gebeten wurde und der commandirende General die Wich=
tigkeit der über Floing und St. Menges führenden Straße voll=
kommen erkannte, wurde von ihm auch die 17. Infanterie=Brigade
unter Oberst Flöther als letzte Reserve für das 11. Armee=Corps
durch St. Menges vorgesendet mit dem ausdrücklichen Befehl, nur
im äußersten Nothfall zur Abwehr eines übermächtigen Feindes
in das Gefecht einzugreifen.

Das 1. und 2. Bataillon des Infanterie=Regiments Nr. 46
hatten von dem General Hausmann, welcher nach der schweren
Verwundung des General=Lieutenants von Gersdorf für den Au=
genblick die Leitung des Gefechts bei dem 11. Armee=Corps in
die Hand genommen hatte, den Auftrag erhalten, den Angriff der
Infanterie des 11. Armee=Corps auf das Dorf Floing zu unter=
stützen und alsdann die dahinterliegenden Höhen zu nehmen. Das
Jäger=Bataillon Nr. 5 folgte circa ¼ Stunde später.

Die 17. Infanterie=Brigade unter Oberst Flöther wurde auf
der Höhe südlich St. Menges hinter einer ummauerten Plantage
gedeckt in Reserve gehalten. Den Rest der 9. Division (18. Bri=
gade und 1. Fuß=Abtheilung) behielt der commandirende General

auf der Höhe der Ferme du Champ als Reserve für das 5. und 11. Armee-Corps, über welche beide derselbe nach der Verwundung des General von Gersdorf den Befehl übernahm.

Der Vormarsch der beiden Bataillone des Infanterie-Regiments Nr. 46 mußte des heftigen Granatfeuers wegen durch das offene Terrain zwischen St. Menges und Floing im Laufschritt und in Compagnien auseinandergezogen ausgeführt werden. Während das Bataillon Gallwitz gegen den westlichen Theil des Dorfes vorging, war das Bataillon Malisczewski gegen die Mitte desselben und die 8. Compagnie (Premier-Lieutenant Kruska) gegen den Kirchhof am Ostende von Floing durch den Oberst von Eberhardt dirigirt worden. Die Compagnien dieses Bataillons doublirten zum größten Theil in die gegen das stark besetzte Dorf im Gefecht stehende Infanterie des 11. Armee-Corps ein. Von allen Seiten mit Energie angegriffen, gab nun der Feind sehr bald die nördliche Lisiere auf; sofort drang unsere Infanterie in das Dorf und warf ihn tambour battant mit Hurrah ganz hinaus. Das Jäger-Bataillon Nr. 5 erhielt, als das Dorf genommen war, vom Oberst von Eberhardt die Weisung, auf dem linken Flügel des Regiments Nr. 46 in das Feuergefecht gegen die Höhe südlich Floing einzugreifen.

Zu wiederholten Malen versuchte der Feind im späteren Verlauf des Gefechts mit starker Infanterie bei dem Kirchhof wieder in das Dorf einzudringen. Diese Versuche wurden jedoch vom Premier-Lieutenant Kruska, dessen Compagnie sich auch Mannschaften des Infanterie-Regiments Nr. 83, des Jäger-Bataillons Nr. 5 und Nr. 11 und ein Zug der 7. Compagnie des Regiments Nr. 46 angeschlossen hatten, abgewiesen.

Während dem erstiegen die übrigen Compagnien, das 1. und 2. Bataillon des Infanterie-Regiments Nr. 46 im hartnäckigsten Feuergefecht den an die Südostlisiere von Floing stoßenden Bergabhang. Dieser war in seiner unteren Hälfte außerordentlich steil und bestand hauptsächlich aus unregelmäßigen, gemauerten Terrassen; die obere Hälfte stieg flach zum höchsten Punkte an; auf ihr standen einige Häuser.

Es war gegen ³/₄1 Uhr, als die 46er aus dem Dorfe gegen die Höhe avancirten, das Bataillon Gallwitz rechts ausgreifend, die 1. und 4. Compagnie vorgezogen; links das Bataillon Malisczewski bei der Kirche vorbei direkt gegen die Höhe, mit der

5. Compagnie an der Tete — die 8. Compagnie focht noch im Kirchhof —. Das Jäger=Bataillon Nr. 5 unter Hauptmann Boe= diker folgte, 3., 1. und 2. Compagnie vorn, die 4. in Reserve. Unter heftigem Feuergefecht die feindlichen Schützen zurück= drängend, hatten die 5. und 7. Compagnie kaum den oberen Rand des steilen Abhanges und die Compagnien des 1. Bataillons vom Südende des Dorfes aus den Fuß des Steilabfalls erreicht, als plötzlich feindliche Cavallerie hervorbrach. Aus der Schlucht süd= lich des angegriffenen Bergrückens jagten 2 Eskadrons Lanciers heran, die eine über die Höhe gegen die 5. und 7. Compagnie, die andere gegen das 1. Bataillon. Die Attaque brandete gegen die heftig feuernde Schützenlinie, in der sich auch Tirailleure des 11. Corps befanden, an, bog aus, jagte die Schützenlinie entlang und stürzte theilweise den Steilabhang hinunter, theilweise durch das Dorf Floing. Hier waren eben die 2. und 3. Compagnie des Jäger=Bataillons Nr. 5 in der Nähe der Kirche angekommen, dieselben warfen sich in die Gehöfte und Nebenstraßen und be= schossen auf das Vernichtendste die vorbeirasenden feindlichen Ca= valleristen. Ein Theil der flüchtigen Lanciers mußte noch durch das Feuer der Vertheidiger des Kirchhofes hindurch. —

Die Compagnien setzten darauf ihr Vordringen fort. Das Jäger=Bataillon Nr. 5 debouchirte nun aus dem Dorf, zur Un= terstützung der Infanterie in die Gefechtslinie avancirend und be= theiligten sich die 3., 1. und 2. Compagnie, denen sich Mannschaf= ten des 82. und 83. Regiments angeschlossen, den Feind aus der zweiten Position auf der Höhe zu vertreiben.

Als die Infanterie auf allen Punkten die Höhe erklommen, sich die Compagnien wieder formirt hatten und im Begriff waren, den letzten feindlichen Schützengraben zu besetzen und die weichen= den Gegner mit ihren Schüssen zu verfolgen, galloppirten franzö= sische Küraffier=Schwadronen, nur auf Schimmelhengsten beritten, heran und attaquirten mit Entschlossenheit die 2., 3. und 5. Com= pagnie des 46. Regiments; letztere, schon geschlossen, empfing sie mit runden Salven, die beiden anderen, noch theilweise aufgelöst, mit Schnellfeuer auf kurze Distance. Vor diesem vernichtenden Feuer sank das vordere Glied der Küraffiere in sich zusammen, die übrigen jagten, furchtbar gelichtet, zurück; einige Reiter stürz= ten durch die Infanterielinie hindurch. —

Die Schwierigkeit des Terrains, der Widerstand des Feindes

und die Cavallerie=Attaquen verhinderten ein stetiges Avanciren aller Compagnien.

Nach der Küraffier=Attaque waren die 3., 1. und 2. Com= pagnie des Jäger=Bataillons Nr. 5 sogleich über die Linie der Infanterie=Compagnien hinaus avancirt, wobei die 3. Jäger=Com= pagnie sich zwischen dem 1. und 2. Bataillon des Infanterie=Re= giments Nr. 46 durchgezogen hatte. Diese Jäger=Compagnie wurde auch sogleich das Object einer Attaque zweier Eskadrons Chas- seurs à cheval, sie überritten theilweise deren Schützen, prallten gegen die Soutiens an, vor deren Feuer sie rechts ausbogen und stießen von rechts rückwärts auf die 2. Jäger=Compagnie, die aber Quarree formirt hatte und sie mit einem wohlgezielten Schnellfeuer abwies. Die 3. Jäger=Compagnie hatte gleich darauf Gelegenheit ein Halbbataillon des 32. Infanterie=Regiments auf dem rechten Flügel durch Schützenfeuer auf 4—500 Schritt bei dem Abschla= gen einer Cavallerie=Attaque zu unterstützen.

Die Compagnien formirte sich wieder, nachdem die Chasseurs à cheval abgeschlagen waren, und wollten eben das Avanciren fortsetzen, als mehrere Eskadrons Husaren gegen die 1. Compagnie Regiments Nr. 46, die 3. Jäger=Compagnie und die 5. Compagnie Regiments Nr. 46 ansprengten, doch ihre Attaque war schon im Anreiten etwas lahm; die Compagnien ließen sie aber dennoch nahe herankommen, ehe sie ihre Salven und Schnellfeuer abgaben. Die Husaren kehrten theilweise um, theilweise bogen sie nach rechts aus und kamen in den Rücken der 1. und 2. Compagnie des Jä= ger=Bataillons Nr. 5. Diese mußten Kehrt machen, um die Hu= saren mit Feuer empfangen zu können.

Diesen Moment benutzten 2 Eskadrons Chasseurs à cheval um gegen die Front der 1. Jäger=Compagnie zu attaquiren; das Feuer der Tirailleurlinie dieser Compagnie genügte, sie in die Flucht zu jagen.

Es war dies die letzte feindliche Cavallerie=Attaque. Die Angriffe der französischen Reiterei, die in Intervallen von ¼ Stunde bis 20 Minuten auf einander folgten, waren vornehmlich von der 5. Compagnie des Infanterie = Regiments Nr. 46 (Hauptmann Steinbrunn), der 1., 2. und 3. Compagnie des Jäger=Bataillons Nr. 5 (Hauptleute von Schwemler, von Strantz, Nolte) glänzend abgewiesen worden. Diese Attaquen hatten aber das Avanciren der Compagnie nur verzögern können. Die Aufgabe der französö=

fischen Schwabronen scheint gewesen zu sein, der eigenen Infanterie die Möglichkeit zu geben, sich zum größten Theil gegen den aus der Schlucht Fleigneux-Floing von Norden herkommenden Angriff der übrigen 4 Bataillone der 19. Infanterie-Brigade wenden zu können. Dieser Angriff war gegen 1 Uhr, als unsere Infanterie von Floing her den Bergabhang emporstieg, vom General von Kirchbach befohlen worden.

Nach den Cavallerie-Attaquen stand den über Floing vorgegangenen Compagnien nur wenig feindliche Infanterie gegenüber. Dieselbe hatte unter dem Schutz der letzten Cavallerie-Attaque den Versuch gemacht, längs des nördlichen Höhenrandes wieder vorzugehen und auch den Kirchhof von Floing anzugreifen. Letzterer wurde aber vom Premier-Lieutenant Kruska energisch vertheidigt. Auf der Höhe gelang es dem Feinde momentan, die Schützenlinie der 2. Jäger-Compagnie zurückzudrängen; als jedoch das Soutien vorrückte und auf das Signal dieser Compagnie „das Ganze avanciren" auch die übrige Gefechtslinie vorstürzte, wich der Feind.

Während dieses Infanterie-Gefechtes war der rechte Flügel langsam avancirt. Zu dieser Zeit konnten auf den Höhenrändern östlich Floing schon die Wirkungen des Angriffs der 19. Infanterie-Brigade bemerkt werden. Mehrere feindliche Bataillone zogen hinter einem am nördlichen Rande liegenden Gehöfte nach dem Bois de la Garenne ab. Dieselben wurden in ihrer linken Flanke aufs heftigste beschossen. Der Hauptmann Steinbrunn und Premier-Lieutenant von Stückrabt vom Infanterie-Regiment Nr. 83 hatten hierbei Gelegenheit, mit Salven gegen jene Infanterie mit großem Erfolge zu wirken.

Jenes Gehöft am nördlichen Rande des Höhenrückens, wohin sich der von der 2. Jäger-Compagnie und den Neben-Compagnien geworfene Feind zurückgezogen, wurde sogleich vom Hauptmann von Stranz angegriffen. Mit aufgepflanztem Hirschfänger ging die 2. Compagnie des Jäger-Bataillons Nr. 5 im Verein mit 2 Zügen des Jäger-Bataillons Nr. 11 unter Premier-Lieutenant Graf von Roedern und Abtheilungen des 83. Infanterie-Regiments zum Sturm gegen das Gehöft vor, umfaßten es und drangen in dasselbe ein. 3 Offiziere und 200 Mann wurden hier gefangen genommen. Gleichzeitig nahm die 1. Compagnie des Jäger-Bataillons Nr. 5 (Hauptmann von Schweinler), rechts unterstützt von Compagnien des Bataillons

Maliszczewski, den an jenes verschanzte Gehöft anschließenden Schützengraben mit Sturm.

Der nun auf allen Punkten nach dem Bois de la Garenne und nach Sedan zurückweichende Feind, der sich in den einzelnen Waldpartien wieder festsetzte, wurde nun mit heftigem Tirailleur= feuer verfolgt.

Der Angriff der 19. Infanterie=Brigade von Norden her war vom General der Infanterie von Kirchbach gegen 1 Uhr befohlen worden, um den Angriff über Floing zu unterstützen und den wiederholten Versuchen der feindlichen Infanterie, gegen unsere Artillerie=Position vorzugehen, auch mit Infanterie entgegenzutreten. Die 19. Infanterie=Brigade (4 Bataillone) unter Oberst von Henning formirte sich in 2 Treffen: 1. Treffen Füsilier=Bataillon und 1. Bataillon Grenadier=Regiments Nr. 6; 2. Treffen Füsilier= Bataillon Infanterie=Regiments Nr. 46 und 2. Bataillon Grena= dier=Regiments Nr. 6. Das 1. Treffen zog sich während des Vormarsches in Compagnie=Colonnen auseinander. Der Vormarsch ging zunächst in der vom Dorfe Fleigneux nach Südwest sich hin= ziehenden breiten Schlucht fort und kam sehr bald in ein heftiges Artillerie=, Mitrailleusen= und Gewehrfeuer, welches von den Höhen nördlich Sedan den gegen Süden gerichteten Theil der Schlucht mit großer Sicherheit beherrschte und der Brigade schon empfind= liche Verluste zufügte. Die Schlucht wurde zum größten Theil im Laufschritt paffirt. Die Verluste vermehrten sich noch, als die Bataillone in dem sich zwischen Illy und Floing ausdehnenden Thal den breiten Bach und die große Straße überschreiten muß= ten. Der Führer des Regiments Nr. 6, Oberst=Lieutenant von Webern, die stellvertretenden Bataillons=Commandeure, Hauptleute von Thadden und von Gößnitz, Major Campe des Regiments Nr. 46, viele Offiziere und Mannschaften wurden hier schon ver= wundet oder fielen unter dem mörderischen Feuer des Feindes. Von diesem Bache aus gingen die Bataillone nach einem kurzen Feuergefecht zum Angriff auf die gegenüberliegende mit Gebüsch und einem Gehöft gekrönte steile Anhöhe vor. Das 2. Treffen setzte sich, dem Befehl des Brigade=Commandeurs gemäß, auf den rechten Flügel des 1. Treffens, so daß das Füsilier=Bataillon des Regiments Nr. 46 vom Nordwesten her die Höhe erstieg, links neben ihm das 2., demnächst das Füsilier= und 1. Bataillon des

Regiments Nr. 6. Dieser Angriff wurde durch das sichere Feuer von einem Theil der großen Batterie unterstützt.

Im ersten Anlauf wurde der Fuß des Berges, der dicht jenseits der großen Straße von einer hohen Terrasse gebildet wird, genommen. Das 1. Bataillon des Regiments Nr. 6 wurde hier durch den Brigade=Commandeur Oberst von Henning als Reserve zurückgehalten. Das Füsilier=Bataillon Nr. 46 unter Führung seines verwundeten Bataillons=Commandeurs, Major Campe, das 2. und Füsilier=Bataillon Grenadier=Regiments Nr. 6, geführt vom Major Bauer, gingen nun vor, um die Franzosen aus ihren beiden Stellungen, welche sie auf dem Abhang des Berges stark besetzt hatten und unter Beistand einer Mitrailleusen=Batterie vertheidigten, zu vertreiben.

Durch Angriffe in den Flanken und in der Front suchte der Feind verschiedene Male den Sturm aufzuhalten, trotzdem drangen die preußischen Grenadiere und Füsiliere von Terrasse zu Terrasse, von Hecke zu Hecke, wenn auch mühsam, den steilen Abhang hinauf und durch einen Hagel aller Arten von Projektilen hindurch; ihre Führer gaben ihnen glänzende Beispiele der Bravour. Die Verluste waren unendlich groß, viele erlagen den Kugeln und auch den Anstrengungen. Major Bauer wurde auch verwundet und war schließlich genöthigt, die Truppe zu verlassen; sämmtliche Stabsoffiziere, Hauptleute und der größte Theil der Offiziere waren außer Gefecht gesetzt worden; die Bataillone des 6. Regiments wurden nunmehr durch die Premier=Lieutenants Kaempf, von Chapuis und v. Elpons geführt.

Von der 2. Position, welche den Franzosen abgenommen wurde, entspann sich gegen den Kamm der Höhe ein lang anhaltendes Feuergefecht.

Zur Unterstützung der vorn kämpfenden Bataillone wurde durch Oberst von Henning das 1. Bataillon Regiments Nr. 6, unter Premier=Lieutenant von Elpons, auf den linken Flügel vorbeordert, auch dieses mußte im heftigsten Feuer den Abhang ersteigen, ehe es in die vordere Gefechtslinie anlangte.

Auf dem rechten Flügel dirigirte der Major Campe die 10. Compagnie seines Bataillons (Seconde=Lieutenant Larisch) derart, daß sie die linke Flanke der französischen Infanterie zu umfassen suchen und sich in Besitz des dicht unter der Kuppe gelegenen grauen Hauses setzen sollte, welches schon vom Obersten von Hen=

ning dem Bataillon als point de vue bezeichnet worden war. Wie diese Compagnie gegen das Haus stürmte, ging auch fast gleichzeitig die übrige Linie im allgemeinen Anlauf gegen den Kamm der Höhe vor und warf den Feind von demselben herunter. In dem grauen Hause wurden von der 10. Compagnie des Regiments Nr. 46 3 Offiziere und 40 Mann zu Gefangenen gemacht. Wesentlich wurde dieser Angriff unterstützt durch das gut geleitete Feuer der Avantgarden-Batterien Schmedes (6. schwere) und Caspari (6. leichte), welche auf dem rechten Flügel der großen Artillerie-Aufstellung des Armee-Corps standen.

In der Front geworfen und in der Flanke durch den über Floing immer mehr vorschreitenden Angriff ernstlich bedroht, gab der Feind der 19. Infanterie-Brigade gegenüber die Höhe ganz auf und zog sich auf die südlich gelegenen Höhen zurück. Auf der eroberten Höhe formirten sich die Bataillone der 19. Infanterie-Brigade wieder und verfolgten den abziehenden Feind zunächst mit Gewehrfeuer.

Nachdem die 19. Infanterie-Brigade die Höhe genommen und der Feind ziemlich gleichzeitig durch das 1. und 2. Bataillon des Infanterie-Regiments Nr. 46 und das Jäger-Bataillon Nr. 5 im Verein mit Truppen des 11. Armee-Corps von den Höhen östlich Floing nach dem Bois de la Garenne und in der Richtung auf Sedan zurückgeworfen war, wich der Feind auf allen Punkten, er suchte nur durch Festhalten der Lisiere des Bois de la Garenne und der vorliegenden Waldparzellen nördlich Sedan und durch einzelne Vorstöße im Walde seinen Rückzug nach der Festung gegen die heftige Verfolgung der diesseitigen Infanterie zu sichern. Er unterstützte dies durch das Feuer einer vor dem Bois de la Garenne aufgefahrenen Batterie.

Nach der Erstürmung der Position an dem mehrfach genannten Gehöft auf der Höhe östlich Floing war die ganze Linie dem Feinde gefolgt. Die 2. Jäger-Compagnie warf ihn aus einigen kleinen Waldparzellen und kam jener feindlichen Batterie so nahe, daß sie wirksam unter Feuer genommen und schließlich zum Abzug gezwungen werden konnte; das linke Flügelgeschütz mußte der Feind jedoch stehen lassen, es wurde sofort von der Compagnie in Besitz genommen.

Auch südlich hatte der Feind jenseits einer Schlucht an einer Waldecke 2 Geschütze aufgefahren, welche den Abzug ihrer Infan-

terie mit Granaten und Kartätschen unterstützten und unserer In=
fanterie vielen Schaden thaten. Diese Geschütze wurden auf circa
700 Schritt von der 5. Compagnie des Infanterie=Regiments
Nr. 46 und der des Premier=Lieutenants von Stückrabt vom In=
fanterie=Regiment Nr. 83 unter Feuer genommen und dadurch die
Bedienungsmannschaften und Pferde theils verjagt, theils außer
Gefecht gesetzt. 1 Geschütz, welches nicht fortgeschafft werden
konnte, wurde später an dem Platz, wo es gefeuert, vorgefunden.
Das Gefecht hatte während dem eine südöstliche Richtung ange=
nommen.

Die Verfolgung des überall weichenden Feindes übernahmen
nun die Compagnien des Jäger=Bataillons Nr. 5, dessen 4. Com=
pagnie der Bataillons=Führer Hauptmann Boediker bereits vorge=
zogen hatte. Die Majore von Gallwitz und von Maliscewski
sammelten ihre Compagnien, um sie alsdann rechts von den Jä=
gern wieder vorzuführen.

Zur Unterstützung des weiteren Kampfes ließ der General=
Lieutenant von Schachtmeier ein Bataillon der 17. Infanterie=
Brigade, das Füsilier=Bataillon des Infanterie=Regiments Nr. 59
vorgehen, welchem noch Gelegenheit geboten wurde, erfolgreich in
das Gefecht einzugreifen. Das Jäger=Bataillon Nr. 5 wandte sich
nun gegen das Bois de la Garenne und dessen westliche Aus=
läufer, links unterstützt von Compagnien des 11. Corps (94. In=
fanterie=Regiment).

Die feindliche Infanterie setzte sich jedoch an dem Waldrande
wieder und empfing die avancirende 3. und 1. Jäger=Compagnie
mit einem solchen Feuer, daß sie zurückwichen und in einem Graben
Deckung suchen mußten. Ihre zweimaligen Versuche, gegen die
feindliche Stellung vorzugehen, wurden abgewiesen, bis endlich
Abtheilungen des Regiments Nr. 82, des hessischen Jäger=Ba=
taillons Nr. 11 und auch das Bataillon Maliscewski zu ihrer
Unterstützung vorgingen und nach einem längeren Feuergefecht den
Feind zum Weichen zwangen. Das letztgenannte Bataillon, die 5.
Compagnie an der Tete, hatte sich hierbei rechts gezogen und be=
drohte durch diese Bewegung des Feindes Rückzug nach Sedan,
ebenso wie das Bataillon Gallwitz, welches rechts vom 2. Ba=
taillon mit Hurrah durch eine vorliegende tiefe Schlucht und durch
ein Wäldchen auf die jenseitige Höhe, die 2., 3. und 4 Compagnie
im 1. Treffen, vorgedrungen war. Die jenseitige Waldblisiere wurde

besetzt neben Abtheilungen des 11. Armee-Corps, die gleichzeitig vorgegangen waren. Von dieser Lisiere aus konnte der abziehende Feind heftig beschossen und seine Angriffsversuche abgewiesen werden.

Hier wurde auch die letzte Kraft des Feindes gebrochen, welcher sich nun der von allen Seiten auf ihn eindringenden diesseitigen Infanterie zum größten Theil ergab. Auch Seitens der Jäger, die ebenfalls durch den Wald vorgedrungen waren, wurden viele Gefangene gemacht.

Die 2. Compagnie des Jäger-Bataillons war durch den westlichen Theil des Bois be la Garenne vorgedrungen und stieß auf ein feindliches Kavallerie-Regiment, welches von der Waldlisiere aus sofort beschossen wurde. Die feindlichen Offiziere gaben jedoch sogleich durch Tücherschwenken zu erkennen, daß sie sich ergeben wollten. Das Feuer wurde eingestellt und das ganze Regiment gefangen genommen.

Während des Angriffs der 19. Infanterie-Brigade und des Regiments Nr. 46 waren auf Befehl des commandirenden Generals von der Artillerie der 9. Division die 1. schwere und die 1. leichte Batterie in die Stellung der Artillerie des 11. Armee-Corps auf deren linken Flügel vorbeordert worden, da die letztere zum großen Theil ihre Munition vollständig verschossen hatte. Die beiden Batterien hatten noch Gelegenheit, gegen die feindliche Infanterie auf der Höhe östlich Floing und diejenige, welche der 19. Infanterie-Brigade gegenüber stand, erfolgreich mitzuwirken.

Nachdem der Angriff der diesseitigen Infanterie über Floing und der der 19. Infanterie-Brigade von Norden her mit Erfolg durchgeführt und auch die feindliche Artillerie durch unsere große Batterie zum Schweigen gebracht worden war, schien der Moment gekommen, den letzten Widerstand des Feindes zu brechen. Der General der Infanterie von Kirchbach befahl deshalb gegen ¾ 4 Uhr Nachmittags den General-Lieutenants von Schachtmeyer und von Schmidt gegen die Höhen des Bois be la Garenne zu avanciren.

Die 17. Infanterie-Brigade ging aus ihrer Reserve-Stellung über Floing in der Richtung auf Cazal vor, die 20. Infanterie-Brigade richtete ihren Vormarsch auf den linken Flügel der 19. Infanterie-Brigade, die sich alsdann dem weiteren Vorgehen der 20. Infanterie-Brigade anschloß. Der vorgehenden Infanterie folgten aus der großen Artillerie-Stellung zunächst die beiden rei tenden Batterien, bald darauf auch die 2. Fuß=Abtheilung der Corps=Artillerie, welche aber nicht mehr zum Schuſſe kamen. Der Feind leiſtete keinen beſonderen Widerſtand mehr, ſeine Kraft war bereits gebrochen. Es kam nur noch zu einem unbedeutenden Schützengefecht, das am rechten Flügel vor den Thoren von Sedan um 5 Uhr ſein Ende erreichte. Zwiſchen den Bergen und in den Wäldern wurden von allen Bataillonen und Compagnien der avancirenden Infanterie des Armee=Corps zahlreiche Gefangene gemacht, die nach Tauſenden zählten, Kriegsmaterial aller Art wurde aufgefunden.

Nachdem der General der Infanterie von Kirchbach den Befehl zum allgemeinen Vorgehen für das 5. und 11. Armee=Corps er= theilt hatte, um den Feind auf der ganzen Linie zurückzuwerfen, verließ er die Höhe der Ferme du Champ de la Grange und begab ſich auf die Höhe von Floing, um welche der heißeſte Kampf ge= wüthet hatte. Auf dieſer Höhe konnte man recht erkennen, welche Bravour, welche großartige Aufopferung von den Offizieren und Soldaten entwickelt werden mußte, um einen ſolchen Feind aus ſolchen formidablen Stellungen zu werfen.

Aber auch die vielen Todten und Verwundten des Feindes gaben Zeugniß, mit welcher Zähigkeit der Vertheidiger Widerſtand geleiſtet hatte.

Der Verluſt des 5. Armee=Corps betrug:

1. **Weſtpreußiſches Grenadier=Regiment Nr. 6:** Todt: die Vice=Feldwebel Fehlan, Hanspach, Bräuer und Hatſcher, Portepee=Fähnrich von Zettwitz. Verw.: Regimentsführer Oberſt=Lieutenant von Webern, Major Bauer, die Hauptleute von Thabden, von Gößnitz, (an ſeinen Wunden geſtorben) und von Thẞla, die Premier=Lieutenants von Normann und Fleſſing (letzterer an ſeinen Wunden geſtorben), die Seconde=Lieutenants Rect, Schmidt, Richtſteig und Schmerſahl, Vice=Feldwebel Otto, · Oberſtabs= arzt Dr. Herzfeld. Summa: Todt: 5 Offiziere und 89 Mann. Verw.: 13 Offiziere und 369 Mann. Verm.: 3 Mann. — 1. Niederſchleſiſches Infanterie=Regiment Nr. 46: Todt: die Premier=Lieutenants von Röber und Breslau, die Seconde=Lieutenants Kaulfuß und Kreutzinger, Vice=Feldwebel Flieger. Verw.: Major Campe, die Seconde=Lieutenants Erbe, Röbenbeck, Heinemann, Lehmann und Tegtmeyer (letzterer an ſeinen Wunden geſtorben), die Vice=Feldwebel Hartmann und Schulz, Portepee= Fähnrich Wiedner, Stabsarzt Dr. Schiftan (an ſeinen Wunden geſtorben). Summa: ›Todt: 5 Offiziere und 55 Mann. Verw.: 10 Offiziere und 169 Mann. Verm.: 5 Mann. — Weſtphäliſches Füſilier=Regiment Nr. 37: Verw.: Seconde=Lieutenant von Stäbel und 1 Mann. — 3.

Niederschlesisches Infanterie-Regiment Nr. 50: Verw.: 3 Mann. 4. Posensches Infanterie-Regiment Nr. 59: Todt: 1 Mann. Verw.: 13 Mann. — 1. Schlesisches Jäger-Bataillon Nr. 5: Todt: die Seconde-Lieutenants von Witzleben und von Zitzewitz, Ober-Jäger von Uchtritz. Verw.: Hauptmann Nolte, die Seconde-Lieutenants Lemp (an seinen Wunden gestorben), von Spieß und Pavel, Portepee-Fähnrich von Rothkirch. Summa: Todt: 3 Offiziere und 34 Mann. Verw.: 5 Offiziere und 139 Mann. — 1. Schlesisches Dragoner-Regiment Nr. 4: Verw.: Stellv. Regiments-Arzt Dr. Winkler und 3 Mann. — Kurmär-kisches Dragoner-Regiment Nr. 14: Verw.: die Seconde-Lieutenants von der Berswordt und Klör. Summa: Todt: 3 Mann, 17 Pferde. Verw.: 2 Offiziere und 14 Mann, 6 Pferde. Verm.: 14 Mann, 11 Pferde. — 3. Fuß-Abtheilung: Todt: 15 Pferde. Verw.: 21 Mann, 15 Pferde. — Corps-Artillerie: Verw.: Hauptmann Knaak, Premier-Lieutenant Scholz, die Seconde-Lieutenants Liebig und Schemmann. Summa: Todt: 1 Mann, 13 Pferde. Verw.: 4 Offiziere und 11 Mann, 27 Pferde. — Sanitäts-Detachement Nr. 1: Verw.: 2 Mann. — Sanitäts-Detachement Nr. 2: Verw.: 4 Mann.

Der Gesammt-Verlust des 5. Armee-Corps betrug in der Schlacht bei Sedan: Todt: 13 Offiziere und 183 Mann. Verw.: 36 Offiziere und 747 Mann. Verm.: 22 Mann; ferner 51 Pferde todt, 49 Pferde verw. und 11 Pferde vermißt (incl. Pferde der höheren Stäbe und der Infanterie).

Während der Schlacht hatten alle 3 Sanitäts-Detachements des Corps Verbandsplätze etablirt. Das 1. Detachement hatte einen solchen in St. Menges etablirt, das 2. in einer Gerberei St. Albert, zwischen St. Menges und Fleigneux; dasselbe versuchte den Ver-bandsplatz nach Fleigneux zu verlegen, wo große Räumlichkeiten vorhanden waren, doch wurde dies Dorf von feindlicher Artillerie beschossen, trotz der Genfer Fahne auf dem Kirchthurm. Das 3. Sanitäts-Detachement war auch Anfangs in St. Menges etablirt, doch folgte es gegen 5 Uhr dem allgemeinen Vorrücken und ver-legte den Verbandplatz nach dem Bois de la Garenne. Bis zum Abend des nächsten Tages waren die Sanitäts-Detachements mit dem Aufsuchen und Versorgen der Verwundeten beschäftigt. Am 2. September etablirten sich 5 Feld-Lazarethe des Corps, und zwar in St. Menges das 6. und 7. mit 537 Verwundeten, das 1. in Fleigneux mit 252 Verwundeten, das 9. in Floing mit 223, das 8. in Illy mit 600 Verwundeten. Jenachdem die Evacuation der Verwundeten, welche durch Belgien erfolgte, fortschritt, wurden die Feld-Lazarethe wieder frei. Mit Ausnahme des 6. Feld-La-zareths konnten dieselben schon vor Mitte September dem Armee-Corps nachmarschiren, welches sie auch theilweise noch vor seiner

Ankunft bei Versailles erreichten. Das 6. Feld=Lazareth mußte bis zum 17. Oktober in St. Menges verbleiben.

Als die Schlacht vor den Thoren von Sedan zum Stehen gekommen war und sich außerhalb dieser Festung Truppen des Feindes nicht mehr befanden, sondern nur aufgelöste feindliche Abtheilungen, welche in dem bedeckten Terrain umherirrten und an Widerstand nicht mehr dachten, sondern sich sofort ergaben, ertheilte der General der Infanterie von Kirchbach für das 5. und 11. Armee=Corps den Befehl, Bivouaks zu beziehen und zwar:

„Das 11. Armee=Corps bezieht Bivouaks nach Anordnung des General=Lieutenants von Schachtmeyer in der Schlucht nord= östlich Floing, Vorposten gegen Sedan vorgeschoben.

„Die Truppen des 5. Armee=Corps, welche dem 11. Armee= Corps während der Schlacht zur Disposition gestellt waren, treten sogleich in den Verband des 5. Armee=Corps wieder zurück.

„Das 5. Armee=Corps: die Avantgarde (20. Infanterie=Bri= gade) bivouakirt bei Illy, Vorposten gegen Sedan; Verbindung rechts mit dem 11. Armee=Corps, links mit dem Garde=Corps, 9. Division und Corps=Artillerie bei St. Menges, 10. Division bei Fleigneux, Corps=Hauptquartier St. Menges.

„Die kleine Bagage der Truppen kann herangezogen werden.

„Die Truppen haben ihre Bivouaks derart zu wählen, daß sie bei einem etwaigen Allarm sofort die von ihnen zu vertheidi= genden Stellungen einnehmen können.

Die Schlacht war gewonnen. — Auf den Wällen der natür= lichen Festung, welche das französische Heer vertheidigt hatte, standen die siegreichen Truppen der Deutschen. Die Franzosen, von denen Tausende zur Ehre ihrer Waffen gefallen waren, Tau= sende sich ihrem siegreichen Gegner nach hartnäckigem Widerstande ergeben mußten, waren schließlich in regelloser Flucht, von allen Seiten durch den Sieger gedrängt, in die kleine Festung und Stadt Sedan geworfen worden, welche das aufgelöste Heer kaum fassen konnte. Noch am 2. September irrten Massen französischer Sol= daten außerhalb der Festung umher.

Trotz einer auf dem Walle der Festung, gegenüber den Vor= posten des 5. Armee=Corps aufgezogenen weißen Fahne wurde dennoch am Morgen des 2. September von den französischen Sol=

daten auf die unserigen geschossen. Der Vorposten=Commandeur, General von Walther, schickte deshalb seinen Adjutanten, den Lieu= tenant Lauterbach, nach Sedan hinein, um bei dem den diesseitigen Vorposten gegenüber commandirenden Offizier das Einziehen der weißen Fahne oder das Einstellen des Feuers zu bewirken, widrigen Falls diesseits ebenfalls geschossen werden müßte. Die franzö= sischen Offiziere thaten nun ihr Möglichstes, dieser gerechten For= derung zu entsprechen und das Schießen ihrer Soldaten zu in= hibiren; aber eine französische Armee gab es nicht mehr, denn jede Bande der Ordnung und Disciplin war verschwunden. In einem solchen Zustande, zusammengedrängt auf einen kleinen Raum, rings umgeben von einem siegreichen Feind, bedroht von seinen auf den Höhen aufgefahrenen Geschützen, wäre ein weiterer Widerstand gleich= bedeutend mit gänzlicher Vernichtung gewesen. Die französische Armee, die letzte, welche Frankreich zur Zeit im freien Felde besaß, mußte sich mit ihrem Kaiser auf Gnade und Ungnade dem könig= lichen Feldherrn der Deutschen ergeben.

Der 2. September wurde benutzt zur Aufräumung des Schlacht= feldes. Die Todten wurden beerdigt und das erbeutete Kriegs= material gesammelt. Im Bereiche des 5. Armee=Corps wurden gesammelt 33 Geschütze, 2 Mitrailleusen, 62 Fahrzeuge und noch bedeutendes Material anderer Art. Die Verpflegung war für den 1. September aus den eisernen Portionen entnommen worden, für den 2. aus den Proviant=Colonnen, welche am Abend vorher herangeholt worden waren.

Noch am Abend des 2. September hatte das Armee=Corps die Ehre, von Seiner Majestät dem König in den Bivouaks be= grüßt zu werden und anerkennende und dankende Worte für die bewiesene Bravour zu hören.

Mit dem 3. September wurde der Vormarſch gegen des Feindes Hauptſtadt angetreten. Die deutſchen Truppen, welche rund um Sedan ſtanden, mußten wieder in eine breite Front aus= einander gezogen werden. Die III. Armee ſchob ſich zunächſt nach Süden, um der Maas=Armee Raum zu geben zum direkten Vor= marſch auf Paris. Das 1. bayeriſche Corps und das 11. Corps blieben in Sedan zurück.

Da von regulären feindlichen Truppen nur noch das Corps Vinoy im Felde ſtand und ſich dieſes eiligſt auf Paris zurückzog, ſo bedurfte es zur Sicherung des Marſches außer den voraus= eilenden Cavallerie=Diviſionen nur kleiner Avantgarden, auch konnten ſämmtliche Truppen ſtets in Quartiere untergebracht werden.

Märsche des 5. Armee-Corps vom 3. bis 19. September. (Paris.)

Datum	Corps-Hauptquartier	Entfernung in Meilen	Avantgarde		9. Division	10. Division	Corps-Artillerie	Train
			Truppenth.					
Sept. 2.	St. Monges	Trsp. 68¾		Ruhe				
3.	Flize	2½	Rgt. 7. Rgt. 59.	St. Marceau Balaives	Boulzicourt	Dom-le-Mesnil	Chalandry	Ruhe bei Donchery
4.	Saulces aux bois	4¼	Rgt. 59.	Bouzelles	Saulces aux bois	Faissault	Nouvion-Porcien	Villers le Tourneur
5.	Juniville	3¾	17. Brig.	La Neuville	Juniville	Tagnon	Neuflize	Rethel
6.	Ruhe			Ruhe				
7.	Sillery	4¼	17. Brig.	Mailly	Verzy	Verzenay	Prosnes	Beine
8.	Epernay	3¾	Rgt. 6.	Piery	Ay	Epernay	Epernay	Tauxières
9.	Orbais	3¼	Rgt. 6.	Margny	Montmort	Orbais	Le Breuil	Ablois

	Standort	Meilen	Truppe						
10.	Ruhe					Ruhe			
11.	Montmirail	2¼	Rgt. 46.	Biffort	Montmirail	Ariongeß	Baugchamps	Janvilliers	
12.	Vieille-Maisons	1¾	Rgt. 46.	Cablonières	Villeneuve fur Belot	Berbelot	Montdauphin	Baugchamps	
13.	La Ferté Gaucher	2¼	Rgt. 46.	Doue	Jouy-fur-Morin	Rebais	La Ferté Gaucher	St. Barthélemy	
14.	Ruhe					Ruhe			
15.	Farmontiers	3¼	17. Brig.	Mortcerf Ligeaux	La Celle	Crecy	Faremontiers	Chailly en Brie	
16.	Tournan	2⅜	17. Brig.	Greß	Tournan	Fontenay	Fabières	Ormeaux	
17.	Villeneuve St. Georges	3¾	17. Brig.	Limeil	Villeneuve St. Georges	Villecresnes	Montgéron	Brie-Comte-Robert	
18.	Palaiseau	2½	Rgt. 47.	Petit Bicêtre	Bièbre Massy	Palaiseau	Palaiseau	Draveil	
19.	le Chesnay (Versailles)	3 / Ga. 112	17. Brig. / 20. „	Bas Chaville Beauregard	Montreuil	Chesnay	Versailles	Ruhe. Am 20. nach Jouy	

Am 3. September, dem 1. Marschtage nach der Schlacht von Sedan, überschritt das 5. Armee-Corps bei Dom le Mesnil wieder die Maas auf den von den Württembergern geschlagenen Pontonbrücken. Die mittelst des leichten Feldbrücken-Trains des 5. Corps erbaute Pontonbrücke bei Donchery war schon am Morgen abgebrochen worden. Das Corps rückte in die Gegend von Flize, eine Meile von der französischen Festung Mezières. Zur Sicherung gegen dieselbe wurde das 2. Bataillon des Königs-Grenadier-Regiments nach St. Marceau und das Infanterie-Regiment Nr. 46 nach Claire und Chalandry gelegt.

Der Weitermarsch des Corps erfolgte zunächst in südwestlicher Richtung. Das 6. Corps bildete die Avantgarde der III. Armee; die württembergische Feld-Division marschirte nördlich, das 2. bayerische Corps südlich des 5. Armee-Corps. In diesem Verhältniß war es nur nothwendig die kleinen Avantgarden gegen Westen, also nach der rechten Flanke gegen Paris, vorzuschieben. Am 5. September passirte die 9. Division auf dem Marsch nach Juniville die Stadt Rethel, wo ihr die Ehre zu Theil wurde, vor Seiner Majestät zu defiliren.

Am 8. traf das Corps bei Epernay ein. In dieser Stadt sollten einige Tage vor der Schlacht von Sedan Einwohner auf eine preußische Ulanen-Patrouille unter Lieutenant Graf Schmettow geschossen und diesen Offizier und mehrere seiner Leute verwundet fortgeführt haben. Dem 5. Armee-Corps war aufgegeben, über diesen Vorfall eine genaue Untersuchung anzustellen, die Schuldigen zu ermitteln und die Stadt mit einer Contribution zu bestrafen. Das 4. Dragoner-Regiment wurde früh am Morgen vorausgeschickt, um die Stadt zu umstellen und jeden Verkehr derselben nach außerhalb abzuschneiden. Bei Ankunft der 10. Division übernahmen 2 Eskadrons des Dragoner-Regiments Nr. 14 diese Einschließung. Die Untersuchung stellte den Verbleib des verwundeten Offiziers und seiner Leute nicht fest, doch ergab sie, daß die Ulanen-Patrouille am Bahnhof auf ein Detachement französischer Pioniere gestoßen sei, welche auf sie gefeuert hatten, auch daß Ulanen in der Stadt selbst durch Schüsse aus den Häusern verwundet worden waren. Die der reichen Stadt auferlegte geringe Contribution von 200,000 Francs wurde gezahlt.

Am 13. September erreichte das Corps bei la Ferté Gaucher die große Straße Nancy — Vitry le Français — Paris, welche es schon einmal bei Stainville auf dem Vormarsch gegen Chalons berührt hatte.

Am 17. September traf das Corps bei Villeneuve St. Georges an der Seine ein. Für diesen Tag war dem 5. Corps aufge=geben, bei diesem Orte eine Brücke zu schlagen, damit die 2. Ca=vallerie=Division (Graf Stollberg), welche bereits am 16. Septem=ber mit ihren Vortruppen die Seine erreicht hatte, noch am selben Tage den Fluß überschreiten könnte. Das 5. Armee=Corps sollte erst am 18. September über die Seine gehen.

Eine von dem 2. Ingenieur=Offizier des General=Comman=dos, Hauptmann Pirscher, noch am 16. September ausgeführte Recognoscirung der Seine hatte ergeben, das dicht bei Villeneuve St. Georges ein geeigneter Punkt zum Brückenschlage vorhanden, daß aber hierzu der Ponton=Train erforderlich sei, wegen der Breite und Tiefe des Flusses. Der Ponton=Train war deshalb schon am Abend des 16. September von Fontenay nach Tournan herange=zogen worden, um am folgenden Tage mit dem Detachement Sandrart an der Tete zu marschiren.

Gefecht bei Valenton und Bonneuil und Brückenschlag bei Villeneuve St. Georges.

Zur Ausführung des dem 5. Armee=Corps für den 17. Sep=tember gegebenen Auftrages wurde unter der Berücksichtigung, daß die Festungswerke von Paris nur 1½ Meile von Villeneuve St. Georges entfernt liegen, vom General der Infanterie von Kirch=bach befohlen:

„Truppentheilung des Corps für den 17. September:

Avantgarde: Oberst von Bothmer, 17. Infanterie=Brigade, 2. und 4. Eskadron des Dragoner=Regiments Nr. 4, 1. und 2. schwere Batterie, ½ Sanitäts=Detachement Nr. 1.

Detachement des Generals von Sandrart: 18. Brigade, Jäger=Bataillon Nr. 5, 1. und 3. Eskadron Dragoner=Regiments Nr. 4, 1. und 2. leichte Batterie, 1. Sappeur=Compagnie, Pon=tonier=Compagnie mit leichtem Feldbrücken=Train, Ponton=Co=lonne, ½ Sanitäts=Detachement Nr. 1 und Feld=Lazareth Nr. 5, 2. Fuß=Abtheilung der Corps=Artillerie.

Detachement des Generals von Schmidt: 10. Division und die beiden reitenden Batterien der Corps=Artillerie.

1) Die Avantgarde (Oberst von Bothmer) sammelt sich
früh 6 Uhr auf der großen Straße vorwärts Chevry; 1 Ba=
taillon, 1 Esladron bleiben in Ozouer la Ferrières zur Sicherung
der rechten Flanke bis zur Ankunft von Truppen des 6. Armee=
Corps.

Die Avantgarde rückt um ½7 Uhr über Servon auf Limeil;
Boissy St. Leger ist zur Sicherung gegen Paris mit 1 Bataillon
bis zum Eintreffen von Truppen der 10. Division zu besetzen.

Von Tourne=bride Ferme ist die Pontonier=Compagnie mit
dem leichten Feldbrücken=Train nach Villeneuve St. Georges zum
Detachement Sandrart zu instradiren.

Bei Limeil hat die Avantgarde Aufstellung zum Schutz des
Brückenschlages bei Villeneuve St. Georges zu nehmen und Vor=
posten von der Seine bis zum Park von Chateau Brevannes im
Anschluß an die Vorposten der 10. Division auszusetzen.

2) Das Detachement des Generals von Sandrart con=
centrirt sich bei Gretz und tritt um ½7 Uhr den Marsch an über
Brie=Comte=Robert, Mandres nach Villeneuve St. Georges unter
dem Schutze einer kleinen Avantgarde.

3) Das Detachement des General=Lieutenants von
Schmidt steht früh ½7 Uhr östlich Tournan, tritt um 7 Uhr
den Marsch an und rückt über Brie=Comte=Robert nach Villecres=
nes, woselbst es in Bereitschaft verbleibt. 1 Bataillon ist sogleich
nach Boissy St. Leger zu detachiren, zur Ablösung des dortigen
Detachements der Avantgarde. Von Boissy St. Leger sind Vor=
posten gegen Paris vorzuschieben.

4) Die sämmtliche Bagage, Munitions=Colonnen und die
Trains sammeln sich bei Brie=Comte=Robert.

5) Ich marschire mit dem Detachement des Generals von
Sandrart.   (gez.) v. Kirchbach.

Die Avantgarde (Oberst von Bothmer), welche in Ozouer la
Ferrières das 1. Bataillon des Regiments Nr. 58 und die 4. Es=
ladron des Dragoner=Regiments Nr. 4 zurückgelassen hatte, war
auf ihrem Marsche vielfach durch Verhaue und Zerstörungen der
Straßen aufgehalten worden. Von Tourne=bride Ferme detachirte
sie dem Befehl entsprechend das Füsilier=Bataillon Regiments
Nr. 58 nach Boissy St. Leger; sie selbst traf, mit ihrer Vorhut
über Chateau la Grange marschirend, um 12 Uhr Mittags bei
Limeil ein. Von hier aus wurden Cavallerie=Patrouillen gegen

die Linie Choisy le Roi—Bonneuil vorgeschoben, um unter deren Schutz die Vorposten auszusetzen, während das Gros südlich Limeil bivouakiren sollte. Zu den Vorposten bestimmte der Oberst von Bothmer das 2. Bataillon des Infanterie-Regiments Nr. 58 (Major Böttcher) und das 1. Bataillon des Infanterie-Regiments Nr. 59 (Hauptmann Dobschütz) unter dem Oberst von Rex.

Als nach 1 Uhr Mittags von Valenton aus das erstgenannte Bataillon auf La Tour Ferme und von letzterem Bataillon die 2. und 3. Compagnie auf Mesly zum Aussetzen der Feldwachen vorgingen, erhielten die vorgeschickten Dragoner-Patrouillen bei Mesly einzelne Gewehrschüsse. Bald darauf (gegen 2 Uhr) stieß auch das 2. Bataillon Regiments Nr. 58 jenseits La Tour Ferme auf größere feindliche Abtheilungen, mit denen sich ein heftiges Feuergefecht entspann. Da das Detachement von Dzouer la Ferrières soeben bei Valenton eintraf, so konnte der Oberst von Bothmer die 1. und 4. Compagnie des Infanterie-Regiments Nr. 59 zur Unterstützung vorgehen lassen. Gleichzeitig wurde die 1. schwere Batterie (Hauptmann Matschke) bis nördlich Valenton vorgezogen; dieselbe fuhr gegen eine am Mont Mesly stehende feindliche Batterie auf und nöthigte sie nach wenigen Schüssen zum Abfahren. Während dem wurden die Dragoner-Patrouillen von feindlichen Husaren zurückgedrängt, doch zogen sich letztere sofort zurück, als der Oberst von Bothmer die 2. Eskadron des Dragoner-Regiments Nr. 4 gegen sie vorgehen ließ.

Als auch auf dem Mont Mesly einige feindliche Bataillone erschienen, wurde ein halbes 1. Bataillon des Regiments Nr. 58 (Hauptmann Wernecke, 2. und 4. Compagnie) in nordöstlicher Richtung vorbeordert; es sollte mit dem rechten Flügel des 1. Bataillons des Regiments Nr. 59 Verbindung halten. Die 1. und 3. Compagnie des Regiments Nr. 58 wurden am nördlichen Ausgange von Valenton zurückgehalten. Das Gros der Avantgarde — 2. und Füsilier-Bataillon des Regiments Nr. 59, 2. schwere Batterie und die 4. Eskadron des Dragoner-Regiments Nr. 4 — nahm am südöstlichen Ausgang von Limeil an der Straße nach Villeneuve Stellung.

Um 3 Uhr Nachmittags war das Gefecht gegen die Linie Mesly—Bonneuil im vollen Gange; das heftige Chassepotfeuer, das von den Weinbergen zwischen genannten Orten ausging, ließ auf mehr als drei Bataillone schließen. Zu dieser Zeit eröffnete von

Bonneuil aus 1 Mitrailleusen- und 1 Kanonen-Batterie ihr Feuer auf den Park von Chateau de Brevannes und die gegen Mesly vorgehenden Truppen. Die 2. schwere Batterie wurde nun auch vorgezogen, neben die 1. schwere, doch kam sie nicht zum Schuß, weil der Feind den Rückzug antrat und die Entfernungen zu groß wurden; letztgenannte Batterie hatte das Feuer eingestellt. Die im Gefecht engagirten 10 Compagnien folgten dem Feinde auf Mesly und den Mont Mesly, und zwar so, daß das Bataillon von Dobschütz in nördlicher Richtung vorging, während das Bataillon Böttcher rechts und das Halbbataillon Wernecke links schwenkte, um den Feind auf dem Mont Mesly zu umfassen. Der Gegner gab jedoch seine Position schleunigst auf.

Eine weitere Verfolgung war unthunlich und zwecklos, da dieselbe in den wirksamen Bereich der Geschütze des Fort Charenton, die schon vorher am Gefecht Theil genommen, gekommen wäre. Ein Offensivstoß von 3 feindlichen Bataillonen 4 Uhr Nachmittags von Creteil her gegen den Mont Mesly wurde durch das Schnell-feuer des 1. Bataillons des Regiments Nr. 59 abgeschlagen; dieselben flüchteten in ungeordneten Haufen über Creteil zurück. Auf der Höhe des Mont Mesly befahl der Oberst von Bothmer das Sammeln der Bataillone, um zum Ausstellen der Vorposten nach Valenton zurück zu marschiren. Dragoner-Patrouillen beobachteten unterdessen den Feind.

Das Füsilier-Bataillon des Infanterie-Regiments Nr. 58 traf 8 Uhr Abends von Boissy St. Leger, welches es bis zur An-kunft von Truppen der 10. Division, dem Befehle gemäß besetzt gehalten hatte, bei Valenton ein. 6 Gefangene wurden gemacht.

Der Avantgarde hatten etwa 8 Bataillone der Depot-Truppen und Marschformationen, auch Franctireurs-Abtheilungen, 2 Bat-terien, 6 Mitrailleusen, 1 Eskadron Husaren gegenübergestanden.

Der Verlust der Avantgarde in dem Gefecht bei Valenton betrug:

3. Posensches Infanterie-Regiment Nr. 58: Verw.: Premier-Lieutenant Schröder, Seconde-Lieutenant Jänicke. Summa: Todt: 5 Mann. Verw.: 2 Offizier und 22 Mann. — 4. Posensches Infanterie-Regi-ment: Verw.: Seconde-Lieutenant Reppich. Summa: Todt: 1 Mann. Verw.: 1 Offiziere und 15 Mann. Verm.: 1 Mann. — 1. Schlesisches Dragoner-Regiment Nr. 4: Todt: Seconde-Lieutenant von Hanstein. Summa: Todt: 1 Offizier, 3 Mann und 2 Pferde. Verw.: 7 Mann.

Verm.: 4 Mann, 3 Pferde. Demnach betrug der Gesammtverlust des 5. Armee-Corps in dem Gefecht bei Valenton: Todt: 1 Offizier und 9 Mann. Verw.: 3 Offiziere und 45 Mann. Verm.: 5 Mann, 5 Pferde.

Die Verwundeten waren von der 1. Section des 1. Sanitäts-Detachements schon während des Gefechtes nach Valenton in eine geräumige Villa untergebracht worden, von wo sie am folgenden Tage nach Villeneuve St. Georges übergeführt wurden, wo sich das 5. Feldlazareth etablirt hatte.

Auf die Meldung, daß die Avantgarde auf den Feind ge-stoßen sei, die bei dem commandirenden General gegen 2¹/₄ Uhr Nachmittags einging, wurde dem General-Lieutenant von Schmidt der Befehl übersandt, nach Umständen in das Gefecht der Avant-garde einzugreifen. Der General von Schmidt sendete sofort das Dragoner-Regiment Nr. 14 und die beiden reitenden Batterien der Corps-Artillerie nach Limeil, um daselbst als erste Unter-stützung bereit zu stehen. Diese Truppen konnten nicht mehr zur Thätigkeit kommen, da das Gefecht bei ihrer Ankunft bereits zu Ende ging. Auf Befehl des commandirenden Generals war auch die 2. Fuß-Abtheilung der Corps-Artillerie von Villeneuve auf Limeil dirigirt worden zur event. Unterstützung der Avantgarde Auch sie kam nicht zur Thätigkeit.

Während des Gefechtes der Avantgarde wurde der Brücken-schlag ohne besondere Störung bei Villeneuve ausgeführt.

Das Detachement Sandrart, hinter dessen 1. Infanterie-Ba-taillon der Ponton-Train, demnächst die Artillerie marschirte, traf mit seiner Tete um 12¹/₂ Uhr in Villeneuve ein; mit ihr der Ge-neral der Infanterie von Kirchbach. Derselbe billigte nach einer Besichtigung des Terrains die vom Ingenieur-Hauptmann Pirscher ausgewählte Brückenstelle, 400 Schritt oberhalb der von den Fran-zosen gesprengten Kettenbrücke.

Mittelst des schon bereitstehenden leichten Feldbrücken-Trains wurde sofort unweit der ausgewählten Brückenstelle ein Landstoß und eine Maschine gebaut zum Uebersetzen der Vortruppen. Hierzu wurden auch noch Pontons der Ponton-Colonne, nachdem dieselben am Flußufer angekommen, benutzt. Es wurde auf diese Weise das ganze 1. Bataillon des Infanterie-Regiments Nr. 47 und ein De-tachement des Dragoner-Regiments Nr. 4 übergesetzt. Ihnen voraus war der Lieutenant von Jvernois vom Dragoner-Regiment Nr. 14, Ordonanz-Offizier des General-Commandos, zu Pferde

7 *

durch den Fluß geschwommen; er war mit den ersten in Pontons übergesetzten Infanterie-Patrouillen jenseits auf einige Franctireurs gestoßen, die hinter dem Eisenbahndamme lagen; dieselben zogen sich feuernd zurück; ihre weitfliegenden Geschosse tödteten aber dies-seits 1 Pferd und verwundeten 1 Mann und 2 Pferde der Ponton-Colonne. Der Lieutenant von Ivernois brachte einen dieser Franc-tireurs de la Seine gefangen ein. Zur Recognoscirung der deutschen Truppenbewegungen hatte aber der Feind noch 4 Luft-ballons in der Gegend von Bicêtre steigen lassen; ihre Beobach-tungen mußten durch das sonnenklare Wetter an diesem Tage sehr begünstigt sein.

Zum weiteren Schutze des Brückenschlags waren das Füsilier-Bataillon des Regiments Nr. 47 und das Jäger-Bataillon Nr. 5 herangezogen worden, das 2. Bataillon des Regiments Nr. 47 besetzte Villeneuve; die beiden leichten Batterien der 1. Fuß-Ab-theilung nahmen ca. 200 Schritt oberhalb der Brückenstelle auf einer vom Fluß zurücktretenden Terrasse Position.

Die Brücke selbst wurde um 2 Uhr begonnen und war um 3½ Uhr vollständig beendet. Es waren außer den auf Böcken ruhenden Landstößen 28 Pontons eingebaut. Der Fluß hatte an der Brückenstelle 16 Fuß Tiefe. Um 4 Uhr ging die 2. Cavallerie-Division über die Seine. Das Infanterie-Regiment Nr. 47 über-nahm die Sicherung der Brücke auf dem linken Seine-Ufer, das Jäger-Bataillon Nr. 5 bivouakirte auf dem rechten Ufer an der Brücke. Die übrigen Truppen des Armee-Corps rückten nach be-endetem Brückenschlag und da auch inzwischen die Nachricht von der siegreichen Beendigung des Gefechtes der Avantgarde einge-gangen war, in enge Kantonnements zwischen Villeneuve St. Georges und Villecresnes.

Für den 18. September hatte das Armee-Corps den Auftrag, die Seine unter Zurücklassung der Trains und Bagagen, welche bei Brie-Comte-Robert vereinigt wurden, zu überschreiten und bis in die Gegend von Palaiseau zu marschiren. Der Disposition des commandirenden Generals gemäß sammelten sich um 7 Uhr Mor-gens in der Gegend von Orly an der großen Straße Paris—Lyon an dem tombeau du maréchal Devaux und bei la vieille poste, die 18. Infanterie-Brigade, das Jäger-Bataillon Nr. 5, 2 Batterien, 1. und 3. Eskadron des Dragoner-Regiments Nr. 4

und ¹/₂ Sanitäts-Detachement unter Befehl des General-Majors von Sandrart, welcher den Auftrag hatte, den Uebergang des Corps über die Seine und den Abmarsch desselben nach Westen gegen Paris zu decken. Dies Detachement rückte um 8 Uhr über Paray an die große Straße Paris—Orleans, woselbst sie zwischen Wissous und Massy gegen Croix de Bernis Stellung nahmen, welches nach den bereits eingegangenen Meldungen der 1. Esca-dron vom Feinde besetzt war. Als Vorhut war der Oberst von Flotow mit dem Infanterie-Regiment Nr. 47, der 1. und halben 3. Escadron und der 1. leichten Batterie vorgeschoben.

Die 10. Division mit der gesammten Corps-Artillerie und dem leichten Feldbrücken-Train begann um 7 Uhr den Fluß zu passiren und marschirte, eine kleine Avantgarde vorpoussirend, über Athis, Longjumeau nach Palaiseau, woselbst sie Kantonnements und Bivouaks bezog.

Nachdem Truppen des 6. Armee-Corps bei Valenton einge-troffen, rückte der Oberst von Bothmer mit seinen Truppen aus dieser Gegend ab, überschritt dicht hinter der 10. Division die Brücke und folgte dem General von Sandrart über Athis und Paray nach Massy. Von der 10. Division blieb das 2. Bataillon des Grenadier-Regiments Nr. 6 zur Sicherung der Brücke zurück, bis das 6. Armee-Corps dieselben erreichte.

Bei Wissous erhielt der General von Sandrart die Meldung von der 1. Escadron, daß Croix de Bernis vom Feinde verlassen, aber die Straße nach Malabry versperrt sei. Von den über Bièvre vorgeschickten Cavallerie-Patrouillen unter Lieutenant von Wienskowsky ging die Nachricht ein, daß dort die Wege vielfach verbarrikadirt seien und daß bei Igny ein Zug Chasseurs mit der Herstellung von Hindernissen beschäftigt gewesen, aber von den Dragonern vertrieben worden wäre. Bei Bièvre hatte der Lieute-nant von Wienskowski starke feindliche Colonnen auf dem Rück-marsch gesehen.

Gegen 10 Uhr rückte der General von Sandrart über Massy nach Bièvre ab.

Vom Commandeur der Vorhut, Oberst von Flotow, war zur Sicherung der rechten Flanke außer der 1. Escadron auf der großen Straße nach Versailles noch die 7. Compagnie des Regi-ments Nr. 47 detachirt, um das Bois de Verrières abzusuchen.

Gefecht bei Dame-Rose.

Die Vorhut kam um 12½ Uhr Mittags nördlich Biévre bei Abbaye aux Bois an und war im Begriff, von hier aus Vorposten gegen Paris auszusetzen, als die gegen Petit Bicêtre vorgeschickten Abtheilungen von dort Feuer erhielten. Der Oberst von Flotow ließ sein 2. Bataillon — die 5. und 8. Compagnie vorgezogen — gegen Petit Bicêtre avanciren, gefolgt vom 1. Bataillon; das Füsilier-Bataillon wurde links gegen Villacoublay dirigirt, aus welchem gegen die an der Tete marschirende 12. Compagnie von Civilisten gefeuert wurde. Eine halbe 3. Eskadron unter Ritt-meister von Beöczy ritt über Mont Clain zur Deckung der linken Flanke vor.

Die Bataillone erreichten ohne Widerstand die große Straße nach Versailles. Einige feindliche Infanterie-Patrouillen zogen sich nach Norden zurück. Nach Ueberschreitung der Straße erhielt die 8. Compagnie aus dem Gehölz von La Garenne Feuer von ein-zelnen Schützen, welche sich über Pointe de Verrières nach Grange-Dame-Rose zurückzogen. Dieselben verfolgend, kam die 8. Com-pagnie in sehr lebhaftes Infanteriefeuer einer in dem Gehöft Dame-Rose etablirten Zuaven-Compagnie. Zur Unterstützung der 8. Compagnie erhielt die 5. Compagnie Befehl, von Petit Bicêtre über Pte de Verrières auf Dame-Rose vorzugehen; stärkere feindliche Cavallerie-Massen wurden hierbei in der rechten Flanke der Compagnie bei Trivaux Ferme bemerkt, welche jedoch zu weit standen, um beschossen zu werden. Die 5. Compagnie besetzte mit 2 Zügen Pte de Verrières und ließ ihre Tirailleurs durch den Wald gegen Dame-Rose vorgehen. Die anderen beiden Com-pagnien des 2. Bataillons folgten der 5. bis La Garenne.

Das Füsilier-Bataillon war zu dieser Zeit mit der 12. und 9. Compagnie im ersten Treffen, über Villacoublay gegen Dame-Rose vorgegangen und griff von dieser Seite her letztgenanntes Gehöft an. Um 2½ Uhr vertrieben die 8. und 12. Compagnie (Hauptleute von Drigalski und von Waldaw), welche am nächsten an Dame-Rose herangekommen waren, die an der Mauer postirten feindlichen Schützen trotz ihres sehr heftigen Feuers und setzten sich unmittelbar darauf in den Besitz des Gehöftes selbst, indem

die hohe Mauer von zwei Seiten überstiegen und die noch im Ge=
höft befindlichen Gegner, 1 Offizier und 59 Mann des 1. Zuaven=
Regiments, zu Gefangenen gemacht wurden. Auf dem freien Platz
in der Mitte des Gehöftes standen Zelte für eine Compagnie; die
Zuaven waren eben im Begriff gewesen, abzukochen. Die 9. Com=
pagnie (Lieutenant von Berger) hatte den Wald westlich von Dame=
Rose abgesucht und hierbei 11 Gefangene gemacht.

Während dieses Gefechtes hatte das 1. Bataillon Stellung
in Bicêstre genommen und einen halben Zug gegen Pte de
Trivaux vorgeschickt, welcher nach kurzem Gefecht sich in Besitz
dieses vom Feinde schwach besetzten Gehöftes setzte. Dasselbe wurde
jedoch wieder aufgegeben, als größere Infanterie=Colonnen und
1 Batterie aus dem Walde von Meudon gegen Trivaux vorgingen.
Die feindliche Batterie feuerte in der Richtung auf Villacoublay,
jedoch ohne Erfolg. Die feindliche Infanterie avancirte über
Trivaux Ferme nicht hinaus.

Der zur Deckung der linken Flanke vorgeschickte Rittmeister
von Beöczy hatte den Lieutenant von Wienskowsky mit 5 Dra=
gonern nach Velizy vorpoussirt. Aus diesem Dorf erhielt die
Patrouille Feuer, sie drang dennoch in den Ort ein; in demselben
ritt sie ca. 30 feindliche Infanteristen über den Haufen, 4 von
diesen blieben auf dem Platz, die anderen flohen. Gleichzeitig er=
beutete der Rittmeister von Beöczy einen von Plessis=Piquet nach
Velizy fahrenden Wagen=Transport, nachdem dessen Bedeckung
von ca. 30 Mann in die Flucht gejagt worden war. Gegen 3
Uhr war das Gefecht zu Ende und als sich der Feind gänzlich
zurückgezogen hatte, vereinigte der Oberst von Flotow sein Regi=
ment bei Petit=Bicêstre und stellte Vorposten aus.

Das 1. Bataillon (Hauptmann Masuch) besetzte mit der 2.
und 3. Compagnie die zur Vertheidigung eingerichteten Häuser
von Bicêstre, die 4. Compagnie bildete das Soutien in der Schlucht
nach Bièvre. Die 1. Compagnie beim Etang du Loup pendu
stellte die Verbindung mit dem bei Mont Clain stehenden Ba=
taillon des Königs=Grenadier=Regiments her; sie hatte eine Feld=
wache bis Villacoublay vorgeschoben. Die Doppelposten derselben
hatten Anschluß an die von der 2. und 3. Compagnie bis Pavé
blanc Signal vorgeschobenen Posten; das Füsilier=Bataillon (Haupt=
mann von Vietinghoff) mit 1 Zug Dragoner wurde nach Malabry de=
tachirt, seine Vorposten traten in Verbindung mit denen des 1.

Bataillons und denen der 17. Infanterie=Brigade, welche bei
Verrières stand. Das 2. Bataillon (Hauptmann von Sydow)
bivouakirte im Grunde südlich Bicêstre, mit 1¼ Eskadron des
Dragoner=Regiments Nr. 4 und der 1. leichten Batterie. Der
Verlust des Infanterie=Regiments Nr. 47 an diesem Tage betrug
nur 4 Mann verwundet.

In dem kleinen Gefecht bei Dame=Rose hatte der Feind be=
deutende Kräfte aller Waffen ziemlich nahe unserer Stellung ge=
zeigt so daß am folgenden Tage ein Angriff, um die Ausführung
der Einschließung von Paris zu stören, wohl zu erwarten war.

Die Einschließung von Paris auf dem rechten Seine= und
Marne=Ufer sollte die Maas=Armee, auf dem linken Seine= und
Marne=Ufer die |III. Armee ausführen. Nach den Befehlen des
Ober=Commandos der III. Armee hatte das 5. Armee=Corps am
19. September auf der Strecke vom Park Meudon bis Bougival
an der Seine die Einschließung zu bewerkstelligen, im Anschluß
rechts an das 2. bayerische Armee=Corps (von Hartmann), links an
das 4. Armee=Corps (von Alvensleben I.) der Maas=Armee.

Gefecht bei Petit=Bicêstre (Plessis=Piquet).

Für den 19. September befahl der commandirende General:
1. „Die 9. Division hat sich früh 7 Uhr bei Bièvre concentrirt,
   marschirt über l'Hôtel Dieu auf Versailles, unter besonderer
   Deckung der rechten Flanke während des Vormarsches, und
   nimmt östlich dieser Stadt zwischen Bas=Viroflay und Grand=
   Montreuil Stellung, Front gegen Nordost. Die Vortruppen
   besetzen die Strecke vom Park von Meudon bis incl. Marnes
   und stellen nach rechts die Verbindung mit dem 2. bayerischen
   Corps her.

2. Die 10. Infanterie=Division und die Corps=Artillerie brechen
   um 6 Uhr früh von Palaiseau auf und rücken über Saclay
   Les Loges, Buc, Versailles, um nördlich dieser Stadt bei
   Chesnay Stellung zu nehmen. Die Vortruppen besetzen das
   Terrain von Marnes excl. bis Bougival am linken Seine=

Ufer. In der Gegend von Croissy ist die Verbindung mit dem 4. Armee=Corps aufzusuchen."

In Ausführung dieses Befehls hatte der General von Sand= rart dem Commandeur der 18. Infanterie=Brigade, General=Major von Voigts=Rhetz, das Commando der den Marsch des Corps gegen Paris deckenden Truppen übertragen. Während der Nacht zum 19. September wurde bei den feind= lichen Vorposten, die ca. 600 Schritt von den diesseitigen entfernt standen, ununterbrochenes Marschiren, Rasseln von Fahrzeugen, lautes Commandiren, Fällen von Bäumen gehört; auch unterhielten die französischen Vorposten während der ganzen Nacht ein heftiges Gewehrfeuer, natürlich ohne Wirkung.

Gegen Morgen (5 Uhr) gingen von der 2. Cavallerie=Division, welche bei Saclay stand, starke Patrouillen über unsere Vorposten zur Recognoscirung vor, welcher aber sehr bald durch das Feuer der feindlichen Vorposten ein Ziel gesetzt wurde.

Bald darauf bemerkte der Führer des 1. Bataillons des In= fanterie=Regiments Nr. 47, Hauptmann Masuch), von dem Dache eines Hauses in Petit=Bicêtre, daß etwa 6 feindliche Bataillone mit 3—4 Batterien von Meudon herkommend sich bei Pte de Trivaux gegen die diesseitige Vorposten=Stellung zu entwickeln be= gannen. Während die Meldung hierüber an den Vorposten= Commandeur, Oberst von Flotow, noch unterwegs war, eröffneten die feindlichen Batterien ein solch heftiges Feuer gegen die 3 Ge= höfte von Petit=Bicêstre, daß nach kurzer Zeit eins derselben, die Gensdarmerie impériale, fast ganz zusammengeschossen war, und die 3. Compagnie hinter ihr keinen Schutz mehr finden konnte; sie mußte sich in den Chausseegraben legen. Auch die Schlucht nach Bièvre wurde unter Feuer genommen. Zu dieser Zeit sammelte sich gerade die 9. Division.

Das heftige Kanonenfeuer hatte den General=Major von Voigts=Rhetz veranlaßt, sogleich die 1½ Escadron Dragoner der Vorhut und die Patrouillen der 2. Cavallerie=Division über Villa= coublay zur Sicherung der linken Flanke vorzuschicken und die 1. leichte Batterie (Hauptmann Michaelis) vorzuziehen, welche dicht westlich Petit=Bicêstre Stellung nahm. Sowie diese Batterie auf der Höhe erschien, wurde sie derart mit Granaten und auch Ge= wehrfeuer überschüttet, daß binnen kurzer Zeit 3 Geschütze für einige Zeit gefechtsunfähig gemacht, der Batterie-Chef und mehr als 10 Mann schwer verwundet, etwa 12 Pferde getödtet und mehrere verwundet wurden.

Das Bataillon Masuch des Regiments Nr. 47 hatte Bicêstre und die Chaussee zu beiden Seiten besetzt, das 2. Bataillon war in Folge Befehls des Generals von Voigts-Rhetz im Vormarsch auf den linken Flügel des 1. Bataillons, doch bevor dasselbe eintreffen konnte, hatte der Feind (etwa ¹/₂7 Uhr) den Infanterie-Angriff von Pte de Verrières und Trivaux über La Garenne und Pavé blanc Signal begonnen, indem er die Vorposten zurückdrängte. Von La Garenne aus hatte die feindliche Infanterie die 1. leichte Batterie zum Abfahren genöthigt. Das feindliche Artilleriefeuer hatte sich darauf mit der gleichen Heftigkeit gegen die Infanterie gewandt.

Ueber Pavé blanc Signal gingen etwa 3 Bataillone des Feindes vor und wandten sich theilweise nach der Chaussee bei Malabry, aus welchem Ort das Füsilier-Bataillon (Hauptmann von Vietinghoff) bereits zum Rendezvous abmarschirt war. Es konnte daher dem Feinde gelingen, ungefährdet in der eigenen linken Flanke die große Versailler Straße zu erreichen. Es wurden mehr als 6 Compagnien gezählt, welche eine nach der anderen in der Nähe des Rondels jener Straße das Bois de Verrières erreichten. So wie eine Compagnie des Feindes die Straße nach Malabry überschritt, ließ der Lieutenant von Tresckow seine Compagnie aufspringen und ein kurzes aber wirksames Schnellfeuer gegen dieselbe abgeben. Trotzdem daß diese Compagnie auf das Ernstlichste in Flanke und Rücken bedroht war, hielt sie doch ihren Posten fest. Zu ihrer Unterstützung ließ der Hauptmann Masuch die 4. Compagnie (Hauptmann von Zawadzki) in den Wald vorgehen; die anderen beiden Compagnien des 1. Bataillons waren bereits stark in der Front engagirt. In diesem kritischen Moment erschien der bayerische Generalstabs-Offizier, Hauptmann Girl, und verhieß baldige Hülfe.

Der General-Major von Voigts-Rhetz hatte, da der Feind gleich bei Eröffnung des Gefechtes bedeutende Kräfte, namentlich an Artillerie entwickelte, sogleich durch seinen Adjutanten Lieutenant von Sandes an den General von Sandrart die Bitte um Unterstützung zunächst mit Artillerie abgeschickt. Lieutenant von Sandes traf aber schon nördlich Bièvre die 6. bayerische Brigade,

deren Commandeur Oberst Diehl er sogleich bat, in das Gefecht
einzugreifen. Oberst Diehl sendete unverzüglich 1 Batterie vor,
um links von Petit Bicêtre aufzufahren; auch dirigirte er gleichzeitig das an der Tete seiner Brigade marschirende Jäger-Bataillon
durch den Wald auf den rechten Flügel, wo das Gefecht mit einer
furchtbaren Heftigkeit und unsererseits gegen. sehr überlegene Kräfte
geführt wurde. Unterdessen hatten schon die Füsilier-Compagnien
des Regiments Nr. 47 in das Gefecht eingegriffen, konnten aber
troß aller Anstrengungen den in den Wald eingedrungenen Feind
nicht zum Weichen zwingen. Die Unterstützung der bayerischen
Jäger kam hier zu rechter Zeit. Das bayerische Jäger-Bataillon
unter dem Oberst-Lieutenant Freiherr von Horn griff sehr energisch
und wirksam in das Gefecht ein. Im Verein mit ihm wurde der
Feind aus dem Walde und wieder an der Compagnie des Lieutenants von Tresckow vorbeigetrieben (7½ Uhr), so daß die feindliche Infanterie in dem Feuer dieser Compagnie vollkommen Spieß-
ruthen laufen mußte. Der Feind zog sich über Pavé blanc Signal
nach Plessis-Piquet zurück. Das Gefecht kam hierauf an diesem
Flügel auf längere Zeit zum Stehen.

Der General von Sandrart hatte gleich bei Eröffnung des
feindlichen Kanonenfeuers die 2. leichte Batterie (Hauptmann Gustke)
von Mont Clain aus vorgeschickt, welche gesichert durch das nunmehr in die Gefechtslinie eingerückte 2. Bataillon (Hauptmann von
Sydow) des 47. Regiments westlich Bicêtre auffahren konnte.
Diesem Bataillon war es sehr bald gelungen, die feindliche Infanterie bei Villacoublay und aus La Garenne zu vertreiben. Bald
darauf erschien auch die 1. leichte Batterie wieder, geführt vom
Premier-Lieutenant Franke, nachdem sie ihr Retablissement in der
Schlucht nach Bièvre beendet hatte; einige Augenblicke später ver-
stärkte die vom Oberst Diehl vorgeschickte bayerische Batterie die
Artillerie-Aufstellung auf dem rechten Flügel.

Bei Beginn des Infanterie-Gefechts war auf Befehl des General von Sandrart das Königs-Grenadier-Regiment mit dem
Jäger-Bataillon Nr. 5 auf Villacoublay und Dame-Rose vorgerückt, um des Feindes rechten Flügel zu umfassen; auch die beiden
schweren Divisions-Batterien bei der heranmarschirenden 17. Infanterie-Brigade hatten Befehl erhalten, im Trabe vorzueilen.

Ein Vorstoß feindlicher Infanterie aus dem Bois de Meudon
hatte unterdeß die Batterien aufs Ernstlichste bedroht; dieselben

waren dermaßen mit Gewehrfeuer überschüttet worden, daß sie bedeutende Verluste erlitten, die bayerische Batterie sogar alle ihre Offiziere verlor. Es gelang, die feindliche Infanterie durch Granatfeuer auf 8 und 600 Schritt, unterstützt von den in La Garenne stehenden Tirailleuren des 47. Regiments in den Wald zurückzuweisen. Mit dieser Infanterie verschwanden auch die feindlichen Batterien bei Trivaux.

Die zweite schwere Batterie (Hauptmann Anders) ließ der General von Sandrart westlich von Villacoublay Position nehmen zur Unterstützung des Angriffs des Königs-Grenadier-Regiments. Die 1. schwere Batterie (Hauptmann Matschke) fuhr auf dem linken Flügel der schon im Feuer stehenden Artillerie auf, welche mit dem rechten Flügel bei Petit Bicêtre, mit dem linken gegen Villacoublay zu stand. Das Commando über die preußischen Batterien übernahm nun der Führer der 1. Fuß-Abtheilung, Hauptmann Schmidt. Diese Batterien beschossen jetzt feindliche Infanterie, welche sich längs der Straße nach Chatillon zurückzog. Nach dem Abzug der feindlichen Infanterie feuerten die Batterien auf 3000 Schritt gegen feindliche Feld-Artillerie bei Moulin de la Tour; letztere wurde unterstützt durch Festungsgeschütze, welche in einer neu angelegten Redoute auf der Höhe südlich Chatillon placirt waren. Von der 1. schweren Batterie warf der linke Flügelzug Granaten in die Gehöfte von Trivaux, um den Angriff der bayerischen Infanterie vorzubereiten; die Gebäude standen nach wenigen Schüssen in Flammen. Das 1. und Füsilier-Bataillon des Regiments Nr. 47, welche sich zum größten Theil verschossen hatten, wurden bei Petit Bicêtre zusammengezogen.

Das Königs-Grenadier-Regiment war unterdessen bis Villacoublay vorgerückt und hatte sich, das 1. und Füsilier-Bataillon im 1. Treffen bis zur Waldlisiere südlich Dame-Rose aufgestellt; das Jäger-Bataillon Nr. 5 folgte in Reserve. Nachdem die 2. schwere Batterie einige Granaten gegen Pte de Verrières und Dame-Rose abgefeuert, gingen das 2. Bataillon des 47. Regiments gegen ersteres, das Füsilier-Bataillon des Königs-Grenadier-Regiments gegen Dame-Rose und das 1. Bataillon letzteren Regiments gegen die Waldlisiere zwischen beiden Gehöften vor; nach einem leichten Tirailleurgefecht wurden diese Objecte genommen.

Die 10. Division und die Corps-Artillerie, welche über Saclay marschirt waren und an dem großen Etang de Saclay in Folge

einer großartigen Sperrung der Brücke über denselben bedeutenden
Aufenthalt gehabt hatten, eilten auf Weisung des commandirenden
Generals auf das Gefecht zu; letzterer traf mit der Corps = Artil=
lerie, welche von Jouy aus im Trabe vorgezogen wurde gegen
¹/₂9 Uhr bei Villacoublay ein, als gerade das Gefecht im Avan=
ciren war und an Heftigkeit abgenommen hatte, so daß ein Ein=
greifen der Corps=Artillerie nicht nothwendig erschien.

Das Königs = Grenadier = Regiment setzte von Dame = Rose
aus in den Bois de Meudon die Verfolgung fort. Das Füsilier=Halb=
Bataillon Nr. 7 (von Hirsch), 9. und 12. Compagnie ging auf das
nordöstlich gelegene Villebon vor, aus dem es Feuer bekommen,
und vertrieb die feindlichen Infanteristen aus demselben. Der
Oberst von Köthen, Commandeur des Königs=Grenadier=Regiments
ordnete hierauf eine Rechtsschwenkung seines 1. Treffens an und
ließ das 2. Bataillon als Reserve dem Füsilier=Bataillon folgen.
Der Wald war des dichten Unterholzes wegen sehr schwierig zu
passiren, die wenigen Wege waren auf große Strecken durch Ver=
haue gesperrt.

Die Schützen des Füsilier=Bataillons und die 1. Compagnie
stießen an einem Teiche westlich der breiten Straße Pavé blanc
Signal—Sèvres unweit der Mitrailleusen=Fabrik auf starke Zuaven=
schwärme, welche aber mit solcher Panik flüchteten, daß sie 170—
180 Gewehre zurückließen; 81 Zuaven wurden hier gefangen genommen. Die mittleren Compagnien des 1. Bataillons (2. und
3.) hatten die Waldlisiere südlich Villebon genommen und den
Feind zurückgedrängt, während die 4. Compagnie auf dem rechten
Flügel sich bei der Wegnahme von Trivaux Ferme durch Mann=
schaften des Infanterie=Regiments Nr. 47 und Bayern betheiligt
hatte.

Auf dem offenen Plateau war es wieder zu einem heftigen
Artilleriekampf gekommen. Die 1. Fuß=Abtheilung war im Verein
mit bayerischen Batterien bis Pte de Trivaux vorgerückt (gegen
10 Uhr), um feindliche Batterien bei Moulin de la Tour, welche
das Feuer wieder eröffnet hatten, zu bekämpfen. Der Oberst Gaede,
Commandeur der Artillerie des Armee=Corps, ließ die erste Fuß=
Abtheilung auf ihrem linken Flügel sogleich durch die beiden rei=
tenden Batterien und die 3. leichte Batterie, welche bis zur Wald=
lisiere noch Raum zur Aufstellung finden konnten, verstärken. Zum

Schutze der Artillerie ließ der General von Kirchbach die 20. Bri=
gade bis La Garenne vorrücken.

Das Infanterie=Gefecht war beim 5. Corps gänzlich zum
Schweigen gekommen, auch wurde das Artilleriefeuer bei demselben
sehr bald gänzlich eingestellt, da die feindlichen Batterien aus dem
Felde geschlagen waren und die gedeckt stehenden schweren Festungs=
geschütze nicht mit Aussicht auf Erfolg bekämpft werden konnten.
Bei Plessis—Piquet dagegen kämpften die inzwischen herange=
kommenen Truppen des 2. bayerischen Corps noch mit aller Energie.
Der General von Kirchbach ließ deßhalb dem Commandeur desselben,
General der Infanterie von Hartmann, mittheilen, daß er mit
seinem ganzen Corps bei Villacoublay zur Unterstützung bereit
stände.

Als gegen 11 Uhr der Kampf des bayerischen Corps schwächer
geworden und eine Unterstützung desselben durch das 5. Corps
nicht mehr nothwendig erschien, so gab, da auch schon das 6. Corps
rechts von den Bayern in die Cernirungslinie eingerückt war, Ge=
neral von Kirchbach den Befehl, die Truppen aus der Gefechts=
linie zurückzuziehen und zur Erfüllung der dem 5. Armee=Corps
gestellten Tagesaufgabe — die Einschließung von Paris auf der
Strecke Meudon—Bougival — abzumarschiren.

Der General=Major von Voigts=Rhetz mit der 18. Infan=
terie=Brigade sollte noch bei Villacoublay zur event. Unterstützung
des 2. bayerischen Corps einige Zeit stehen bleiben. Dem General
der Infanterie von Hartmann wurde von diesen Anordnungen
Mittheilung gemacht. Die 18. Brigade folgte dem Corps um 2
Uhr.

Der diesseitige Verlust betrug:

Königs=Grenadier=Regiment (2. Westpreußisches) Nr. 7: Todt:
6 Mann. Verw.: 19 Mann. — 2. Niederschlesisches Infanterie=
Regiment Nr. 47: Verw.: die Seconde=Lieutenants von Trotha und von
Poncet, Portepee=Fähnrich Haas (an seinen Wunden gestorben). Summa:
Todt: 28 Mann. Verw.: 3 Offiziere und 79 Mann. — 1. Schlesisches
Dragoner=Regiment Nr. 4: Todt: 1 Mann, 2 Pferde. Verw.: 1 Mann.
— 1. Fuß=Abtheilung des Niederschlesischen Feld=Artillerie=
Regiments Nr. 5: Verw.: Hauptmann Michaelis, Premier=Lieutenant
Thoncke, Seconde=Lieutenant Hirte. Summa: Todt: 2 Mann, 29 Pferde.
Verw.: 3 Offiziere und 33 Mann. — Sanitäts=Detachement Nr. 2:
Verw.: 1 Mann. — Corps=Artillerie: Todt: 3 Pferde. Verw.: 2
Mann, 5 Pferde.

Demnach betrug der Gesammt=Verlust des 5. Armee=Corps in dem Gefecht bei Petit Bicêtre: Tobt: 37 Mann. Verw.: 6 Offiziere und 195 Mann; ferner 35 Pferde tobt und 14 Pferde verw. (incl. Infanterie Pferde).

Bald nach Eröffnung des Gefechts war das 1. Sanitäts= Detachement in Thätigkeit getreten, um die Verwundeten nach dem Verbandsplatz in Villacoublay in Sicherheit zu bringen; die= selben wurden nach dem Gefecht nach Versailles in das dort so= fort im Schloß errichtete Lazareth übergeführt. Nach Beendigung des Gefechts erschienen auch aus Versailles internationale Am= bulancen.

Es muß hier noch eine von den Franzosen begangene Scheuß= lichkeit erzählt werden. — Am 23. September wurde im Park von Meudon ein Soldat des Königs=Grenabier=Regiments mit einem Knebel im Munde, an einem Baum gebunden und mit einge= schlagenem Schädel und Brustkasten aufgefunden. Diese grauen= hafte That ist jedenfalls von den Zuaven verübt, welche am Ende des Gefechtes vor dem Königs=Grenadier=Regiment aus dem Walde von Meudon in größter Panik geflüchtet waren und, wie man später hörte, erst an den verschlossenen Thoren von Paris, wo man ihnen Kanonen und Gensdarmen entgegenstellte, zum Stehen gekommen waren.

Ausführung der Einschließung von Paris.

Von Villacoublay hatten die Truppen bis Bougival noch über 2 Meilen zu marschiren. Der Weitermarsch mußte mit einem Umweg über Jouy und Buc erfolgen, da die große Straße von l'Hôtel Dieu ab nach Westen auf eine große Strecke durch Ver= haue und tiefe Durchstiche völlig gesperrt war. Wie hier hatten die Franzosen auf allen Wegen der Umgegend von Paris gleiche Hindernisse angebracht und hierbei die schönsten alten Bäume nicht geschont.

Die schon am Morgen gegen Versailles vorgeschickten Recog= noscirungen hatten bereits gemeldet, daß die Stadt von circa 3000 Nationalgarden besetzt sei und daß der Commandant und der Maire der Stadt die Thore derselben nur auf Grund einer Ca= pitulation öffnen wollten. Dem entgegengekommenen Comman= danten der Nationalgarde erklärte der commandirende General von Kirchbach), daß die Capitulations=Bedingungen dem Ober=Commando übersandt werden würden, er aber sofort selbst mit Anwendung von Gewalt die offene Stadt passiren und besetzt halten würde. Auch der Maire von Sèvres erschien zu Pferde, aber mit der dringenden Bitte um Besetzung des ihm anvertrauten Ortes.

Der Ein= und Durchmarsch der preußischen Truppen erfuhr auch nicht das mindeste Hinderniß in Versailles. An der Porte de Sceaux von Versailles empfing der Magistrat den an der Tete seiner Truppen reitenden commandirenden General. Der Durchmarsch der Truppen mit klingendem Spiel verursachte natürlich einen bedeutenden Conflux von Menschen, bei denen man im Allgemeinen keineswegs Betrübniß über dies Ereigniß erkennen konnte. — Vielfach ließ sich trotz des Einmarsches unserer Truppen in Versailles in den hier und dort angeknüpften Unterhaltungen mit den Einwohnern erkennen, daß diese theilweise in dem Wahn lebten, das Gefecht bei Petit Bicêtre hätte für die französischen Truppen einen vollstandig siegreichen Ausgang gehabt und die deutschen Truppen wären genöthigt, über Versailles ihren Rückzug zu nehmen.

Der General der Infanterie von Kirchbach ließ auf dem Place d'armes vor dem Schlosse seine Truppen vor sich defiliren. Mit ganz besonderem Staunen wurde die feste, würdige Ruhe des preußischen Vorbeimarsches von den Versaillern betrachtet, als zuletzt die 18. Infanterie=Brigade defilirte, die so eben aus dem Gefechte kam, was den Franzosen nicht unbekannt geblieben war.

Das Detachement Schmidt verließ Versailles wieder durch das Thor nach Chesnay und Bougival, während die 9. Division nach Montreuil und Bas Viroflay rückte.

Bei der Cernirung von Paris mußte man erwarten, überall auf feindliche Patrouillen und Posten zu stoßen, die zur Sicherung der Festung das Vorterrain beobachteten; auch mußten die Truppen mit Vorsicht gegen die Festung avanciren, um nicht in das Feuer der erst während des Kriegs neu angelegten detachirten Werke zu gerathen, über deren Lage das Corps durch das Ober=Commando nur allgemein orientirt werden konnte. Das Vorrücken unter steter Aufrechterhaltung der Verbindungen zwischen den einzelnen Abtheilungen durch die ausgedehnten Waldungen und Parks, zwischen den zahllosen Mauern und Häusern und den überall versperrten Wegen in dem bergigen Terrain östlich und

nördlich Versailles war fast unmöglich und erforderte unter diesen
Umständen große Vorsicht, zumal der Tag begann sich zu
neigen.

Zur Besetzung der dem 5. Corps zugewiesenen Stellung hatte
der commandirende General jeder Division einen Abschnitt zuge=
theilt; den rechten Flügel=Abschnitt von Meudon über Ville
b'Avray bis incl. Marnes der 9. Division, den linken Flügel=Ab=
schnitt von Marnes bis Bougival der 10. Division. Zu den Vor=
posten incl. Replis und Special=Reserve wurde auf jedem Flügel
eine aus allen Waffen gemischte Brigade bestimmt, und zwar die
17. resp. 20. Brigade. Die Haupt=Reserve bestand danach aus 2
gemischten Brigaden (der 18. und 19.) und der Corps=Artillerie,
über welche sich der commandirende General die alleinige Dispo=
sition vorbehielt. Die Haupt=Reserve der 9. Division fand bei
Grand Montreuil östlich Versailles keinen geeigneten Bivouaks=
platz; das Königs=Grenadier=Regiment bivouakirte in einem großen
Garten dieses Ortes an der Straße nach Sèvres, der Rest in der
Avenue de St. Cloud am Ausgange der Stadt, die 2. Fuß=Ab=
theilung der Corps=Artillerie auf dem Place d'armes vor dem
Schloß in Versailles. Die Haupt=Reserve der 10. Division schlug
ihr Bivouak bei Le Chesnay auf, in welchem Ort der comman=
dirende General Quartier nahm.

Das Aussetzen der Vorposten fand seine ganz besonderen
Schwierigkeiten, da das Terrain nirgends einen Abschnitt bietet
und vollständig unübersichtlich ist. Alle möglichen Anlagen des
Luxus und der Cultur bedecken das Terrain und beeinträchtigten
in Verbindung mit den ungangbar gemachten Wegen auch die
Communication. Erst mit Dunkelwerden war die Aufstellung der
Vorposten beendet. Dieselbe fand südlich des Schlosses Meudon,
wo das Jäger=Bataillon Nr. 5 die Sicherung übernahm, ihren
Anschluß an die bayerischen Vorposten und führte über Schloß
Meudon, die Höhen westlich Sèvres quer durch den Park von
St. Cloud bis Villeneuve, über die Höhe westlich der Bergerie
durch den Wald der Vacherie St. Cucufa, das Bois Berenger
über La Jonchère nach dem Ostende von Bougival. Die Spe=
cial=Reserven standen bei Bas Chaville und bei Beauregard.

Durch diese Aufstellung der Truppen wurden die Straßen von
Paris über Meudon, Sèvres, St. Cloud, Bougival nach Versailles
gesichert. Vor der Front des 5. Corps wurden keine feindlichen

Truppen bemerkt, auch verhielten sich die wenigen Einwohner, welche in den Orten im Bereich der Vorposten geblieben waren, still.

Die um das Schloß Meudon im Ausbau begriffenen Befestigungen mußten die französischen Soldaten, in Folge des Gefechtes bei Petit Bicêstre, in größter Ueberstürzung verlassen haben, denn es wurden daselbst nicht allein das Schanzzeug, sondern zahlreiche vollständig gepackte Tornister vorgefunden. Bei Nanterre wurde nur eine kleine Abtheilung Mobilgarden bemerkt.

Die Ermüdung der Truppen, die Dunkelheit und das schwierige Terrain ließ es zu weiter vorgeschobenen Recognoscirungen an diesem Tage nicht mehr kommen. Am andern Tage wurde festgestellt, daß St. Cloud und Rueil besetzt seien. Die Seine-Brücken bei Sèvres und St. Cloud sprengte der Feind noch am Abend des 19. Septembers, die Brücken bei Bougival, Chatou und noch weiter nördlich waren schon früher zerstört worden.

Auf Grund einer genaueren Kenntniß des Terrains wurde am 20. September die Vorposten-Aufstellung verbessert und die Truppeneintheilung geändert. Jede Division theilte ihr Terrain in 2 Abschnitte, von welchen jeder einem Infanterie-Regiment zur Sicherung überwiesen wurde; die Special-Reserven der 9. Division bivouakirten zur Hälfte bei Bas Chaville und an der Straße halbwegs Ville d'Avray—Versailles, zur Hälfte cantonirten sie in Grand Montreuil und Bas Viroflay. Die Special-Reserven der 10. Division wurden in Allarmhäusern in Vaucresson und Bougival untergebracht.

Die Haupt-Reserve der 9. Division bezog Quartier in Versailles größtentheils in den Casernen, die der 10. Division in den Ortschaften zwischen Versailles und Marly. Meudon und den Wald daselbst behielt das Jäger-Bataillon besetzt. Um die Verbindung mit dem 4. Corps herzustellen, wurde bei Les Tanneries nördlich Marly eine Brücke über die Seine geschlagen. Der Schutz dieser Brücke gegen feindliche Unternehmungen zu Lande lag in den Vorposten, zu Wasser in der zerstörten Brücke bei Bougival, von welcher der ganze eiserne Oberbau quer durch den Fluß im Wasser lag. Später wurden noch zu ihrem weiteren Schutz fortificatorische Einrichtungen getroffen.

Die Trains wurden nach Jouy südlich des Bièvre-Baches herangezogen; die große Bagage kehrte zu den Truppen zurück.

Am 21. September wurde auf dem rechten Flügel die Vorpostenlinie bis an die Seine bei Sèvres vorgeschoben. Die Schanze bei Montretout, gegen welche am folgenden Tage recognoscirt wurde, war von etwa 2 feindlichen Infanterie-Compagnien besetzt. Dagegen wurde Park und Schloß St. Cloud vom Feinde frei gefunden, welche am 23. September vom Bataillon Klaß des In=fanterie-Regiments Nr. 58 nach kurzen Feuer-Gefecht mit den jen=seits der Seine stehenden feindlichen Abtheilungen besetzt wurden. Das Bataillon hatte hierbei 8 Verwundete. Am 27. September wurde die unvollendete Schanze bei Montretout vom Feinde ver=lassen gefunden, von den Jäger-Patrouillen besetzt und als vor=geschobener Beobachtungsposten für die Folge beibehalten, mit ihr wurden auch die Garcher=Höhen in den diesseitigen Vorposten=bereich gezogen, welcher von jetzt an keine bedeutenden Verände=rungen mehr erfuhr.

Paris.

Die feindliche Hauptstadt war umstellt. Auf einem Umkreis von über 11 Meilen standen 6½ deutsche Armee=Corps, circa 150,000 Mann stark, um diese Riesenstadt, die vertheidigt war durch eine innere (die Stadtbefestigung) und durch eine äußere Linie (die detachirten Forts), von denen die mächtige Bergfestung auf dem Mont Valerien die Westseite der feindlichen Hauptstadt schützt; diese sollte für das 5. Corps ein allezeit drohender Geg=ner werden.

Die activen, verwendbaren Streitkräfte in Paris waren bei Beginn der Cernirung keine bedeutenden; es waren nur circa 60,000 Mann, das 13. Corps (Vinoy) und mehrere Depottrup=pentheile und Marschregimenter; außer diesen waren noch die Mo=bilgarden von Paris und einiger Provinzen, die aber noch sehr der militärischen Schule bedurften, und mehrere Franktireurban=den vorhanden. Im Laufe der Zeit brachte der Gouverneur von Paris, General Trochu, die Zahl der Truppen durch Neuorgani=sationen zu einer ganz erstaunlichen Höhe. Mit artilleristischem Material war Paris ausreichend dotirt, auch dieses wurde nach und nach durch die Industrie in Paris sehr vermehrt.

8*

Da zur Ueberwindung der feindlichen Festung mit einem directen Angriff sobald nicht begonnen werden konnte, war natürlich die Hoffnung rege, daß eintretender Mangel an Lebensmitteln sehr bald die Thore der mit beinahe 2 Millionen Menschen bevölkerten Stadt den Deutschen öffnen würde. Das Comité de la défense nationale war aber in diesem Punkt sehr vorsorglich gewesen und hatte nach der Schlacht von Sedan aus allen Himmelsgegenden Lebensmittel aller Art herbeischaffen lassen.

Gegenüber dem befestigten Paris mit seinen enormen Hülfsmitteln an Menschen und Material, die alle für die Vertheidigung nutzbar gemacht wurden, war die Cernirungs-Armee eine sehr schwache, es kamen kaum 1½ Mann auf den Schritt der Einschließungslinie. Dies Verhältniß mußte bei dem Anwachsen der activen Pariser Streitkräfte ein immer ungünstigeres werden. Die Feldfortification sollte im ausgedehnten Maaße angewendet werden, diesen ungünstigen Umstand auszugleichen, um selbst großen Ausfällen der Pariser Garnison widerstehen zu können.

Vom Ober-Commando war schon in den Directiven für die Cernirung darauf hingewiesen, durch Hindernißmittel die Vorposten gegen Ueberraschungen zu sichern und die Stellungen des Corps durch fortificatorische Einrichtungen zu verstärken; die Truppen sollten jedoch möglichst außerhalb des Bereichs des wirksamen Feuers der Forts bleiben und jedes nicht durchaus gebotene Engagement vermeiden.

Vom 19. September bis 11. October
(Einrücken der 21. Division in die Cernirungslinie).
Etablirung des 5. Corps *.

Den höheren Directiven gemäß hatten gleich am ersten Tage der Cernirung die Truppen begonnen, die Feldwachen durch zunächst unbedeutende fortificatorische Anlagen gegen Ueberraschungen zu sichern. Diese Anlagen wurden sehr bald zu einer vollständigen Vertheidigungslinie erweitert, welche allerdings in der ersten Zeit bedeutende Abmessungen im Einzelnen nicht zeigte.

---

*) Zur Orientirung über die Stellung des 5. Armee-Corps vor Paris wird auf das „Croquis des vom 5. Armee-Corps in der Einschließungslinie um Paris besetzten und befestigten Terrain-Abschnitts im Maaßstabe 1:20000 von Pirscher, Hauptmann im Ingenieur-Corps" verwiesen.

Aber Ausfälle mit größeren Truppenabtheilungen wurden vorläufig nicht erwartet, zumal die regulären Truppen der Pariser
Besaßung am 19. September eine empfindliche Lection erhalten
hatten.

Eine ganz bedeutende Arbeit, die zur Herstellung von Communicationen zu allererst nothwendig wurde, war das Wegräumen
der Verhaue und Barrikaden, die auf allen Wegen zwischen Versailles und Paris in großer Ausdehnung vorgefunden wurden.

Für die fortificatorischen Anlagen wurden, wo es angängig,
die vom Feinde verlassenen und theilweise nicht vollendeten Werke
benußt. Um das Schloß Meudon hatten die Franzosen ein Werk
beinahe vollendet. Die Kehle desselben sollte noch durch Deckungen auf den Terrassen östlich des als Reduit dienenden Schlosses
gesichert und die Unterkunftsräume und Caponnieren ausgebaut
werden. Diese Schanze wurde nun in ihrer Front geöffnet und
die Deckungen in der Kehle zum Schuß gegen den Ort Meudon
weiter ausgeführt. 1 Compagnie beseßte die Schanze, durch das
Schloß gegen feindliche Einsicht gedeckt. Südlich des Schlosses
wurde die Mitrailleusen-Fabrik als rechter Flügelpunkt zur Vertheidigung eingerichtet.

Auf dem an der Sèvres-Brücke gelegenen Bergkegel wurde
ein nicht vollendetes Werk vorgefunden. Dasselbe wurde gegen
Paris geschlossen und auf der andern Seite geöffnet. Diese Arbeit erforderte außerordentlich viel Vorsicht und Mühe, da sie im
beständigen feindlichen Feuer ausgeführt werden mußte. Diese
Schanze erhielt den Namen „Kronprinzschanze". Zwischen ihr und
den Terrassen des Schlosses Meudon wurde der Raum theils
durch Verhaue, theils durch Crenelirung von Mauern und Häusern längs der Ostlisiere von Bellevue gesichert. Auf der Höhe
südlich Sèvres lag eine rechteckige Redoute, dieselbe wurde als
rückwärtiger Stüßpunkt für unsere Vertheidigung hergerichtet; sie
erhielt den Namen „Jäger-Schanze".

Im Bereich des 5. Corps wurden noch im Park von
St. Cloud östlich Marnes die ersten Anfänge einer Schanze und
auf der Höhe nördlich Montretout ein großes vierseitiges, fast vollendetes Werk vorgefunden. Leßteres (Montretout-Schanze) wurde,
wie schon erwähnt, in die äußersten Vorposten hineingezogen. Alle
diese französischen Werke zeigten ganz bedeutende Profile und wa-

ten theilweise mit gedeckten Unterkunftsräumen, Geschützständen und Caponieren angelegt.

Die weiteren fortificatorischen Arbeiten bestanden in Sperrung der Straßen in Sèvres mittelst Gräben und Barrikaden. Zwischen Sèvres und dem Schloß St. Cloud sicherte der hohe und steile Thalrand und die Seine die Stellung. Das Schloß und der Park von St. Cloud wurden durch Barrikaden gegen die Stadt St. Cloud und gegen Montretout abgeschlossen. An der nördlichen Parkmauer wurden Schafaubagen errichtet. Diese Arbeiten führte die 9. Division aus.

Bei der 10. Division wurde in derselben Weise eine Vertheidigungslinie vom Park von St. Cloud bis Bougival hergestellt. Noch bevor der Park von St. Cloud gänzlich in den Vorpostenbereich gezogen wurde, hatte man die westliche Mauer des Parks durch Crenelirung und vorgelegte Verhaue zur Vertheidigung eingerichtet, und hieran anschließend ebenso die westliche Mauer des Hospice Brezin. Die Straße Baucresson — St. Cloud ward durch eine starke Barrikade zwischen den Mauern gesperrt. Zur Beherrschung der Straße wurde vor dieser Barrikade auf einer Kuppe, eine Flesche und unweit der Nordostecke des Hospice=Gartens, „an der schönen Aussicht" ein Emplacement für 4 Geschütze errichtet. Beide Anlagen erhielten Verbindung unter einander und mit der Barrikade durch Schützengräben und wurden durch Verhaue in der Front gesichert. Hieran anschließend ging die Vertheidigungslinie längs der Ost= und Nordmauer der Fohlenkoppel, welche Crenelirungen erhielt und welcher durch Niederlegen der davorstehenden Bäume ein Schußfeld gegeben wurde. Die von der Fohlenkoppel .nach Buzanval und der Vacherie de St. Cucufa führenden Wege wurden durch Verhaue gesperrt.

Ueber das Plateau von La Celle=St. Cloud lief eine Reihe Schützengräben, die durch Verhaue in der Front geschützt und mit der Fohlenkoppel verbunden waren. Links standen sie in Verbindung mit der zur Vertheidigung eingerichteten Mauer des Metternich'schen Parks.' Bei der Villa dieses Parks erhob sich ein Emplacement für 2 Geschütze, von welchem aus Rueil unter Feuer genommen werden konnte.

Der Ostausgang von Bougival wurde durch eine starke Barrikade geschützt, welche mit Scharten für 2 Geschütze versehen war; dieselben sollten die Straße nach Rueil bestreichen. Der Raum bis zur Seine wurde durch einen Verhau geschlossen, welcher an einem befestigten Hause endigte. Hinter dem Verhau war ein Emplacement für 4 Geschütze angelegt, um die Ebene zwischen Rueil und der Seine unter Artilleriefeuer nehmen zu können. Dieser Vertheidigungslinie wurde durch eine Schanze auf der Seine-Insel ein Abschluß gegeben.

Bei beiden Divisionen wurden zur genauen Beobachtung der Thätigkeit des Gegners am 23. September Observatorien errichtet; bei der 9. Division in Bellevue, bei der 10. Division in einer Villa des Bois Berenger südlich La Jonchère. Noch im September wurden im Schloß St. Cloud, Ville d'Avray und Bougival Telegraphen-Stationen errichtet und so die Vorposten mit Versailles und der großen, durch den ganzen Cernirungsrayon laufenden Telegraphenlinie in Verbindung gesetzt. Nach dem Brande von St. Cloud am 13. October wurde die Station daselbst aufgegeben und nach dem Gefecht bei Malmaison am 21. October wurde die Station Bougival nach La Celle St. Cloud verlegt, so daß in dem Quartier eines jeden Vorposten-Commandeurs sich eine Telegraphen-Station befand.

Bei dem Ausbau der Vertheidigungsstellung wurde auch Bedacht darauf genommen, daß die Feldwachen und Soutiens gegen die Unbilden des Wetters geschützt seien; es wurden Baracken und Hütten gebaut, auch bombensichere Unterkunftsräume wurden für dieselben hergestellt, als unsere Stellung tagtäglich mit einer Masse Granaten überschüttet wurde.

Zur weiteren Sicherung der Stellung wurde eine ganz besondere Aufmerksamkeit auf die Mittel, durch welche Paris sich in Verbindung mit dem Lande setzen konnte, gerichtet. Am 11. October befahl das Ober-Commando, daß aus dem Bereich der Vorposten alle Einwohner ausgewiesen werden sollten, um dem Feinde die Möglichkeit der Spionage zu entziehen. Diese Maßregel kam nicht überall zur strengen Durchführung, namentlich in St. Cloud nicht, weil der nördliche Theil der Stadt nicht in den diesseitigen Bereich gezogen werden konnte und die gewaltsame Ausführung dieser Maßregel durch das feindliche Feuer von jenseits der Seine gehindert wurde.

Am 24. September wurden vom Ober-Commando Nachforschungen nach Telegraphenleitungen unter der Erde und im Wasser angeordnet. Am folgenden Tage wurde auch ein Kabel in dem

nördlichen Seine=Arm bei Bougival entdeckt; dasselbe wurde zer=
stört, nachdem der Versuch, feindliche Correspondenzen aufzufangen,
keinen Erfolg gehabt hatte. Am 26. September wurde durch die
in das Vorterrain geschickten Patrouillen in Bas Meudon eine
Telegraphen=Station aufgefunden, die sofort zerstört wurde, nach=
dem deren Vertheidiger verjagt worden waren.

Ein anderes, für uns unerreichbares Mittel der Pariser,
mit der Außenwelt zu communiciren, waren die Luftballons und
die Brieftauben, die sie auch in der ausgiebigsten Weise benutzten.
Am 25. September wurde ein von Notre=Dame aufsteigender Luft=
ballon beobachtet, aus demselben wurden, als er über unsere Stel=
lung hinwegflog, Papiere herausgeworfen, unter denen sich der
gedruckte interessante Bericht Jules Favre's über seine Zusammen=
künfte mit dem Grafen Bismarck befand. Am 29. September
wurde sogar ein Doppel=Luftballon mit nur einem Schiff gesehen.
Das System der Luftballons bildeten die Franzosen so weit aus,
daß sie, um den Entsatzarmeen Zeichen zu geben, während der Nacht
in verschiedenen Farben erleuchtete Ballons steigen ließen; ein
solcher Luftballon ließ stets auf besondere in nächster Zeit zu er=
wartende Unternehmungen schließen. In gleicher Weise benutzte
der Feind das electrische Licht, auch um die diesseitige Stellung
während der Nacht zu recognosciren. Dieses Licht, meist auf dem
Arc de Triomphe aufgestellt, war von einer solchen Intensivität,
daß im Observatorium in Bellevue jeder Gegenstand deutlich er=
kannt werden konnte. Den 29. September reichte der Lichtkegel
bis nach St. Germain. Außer diesen Communicationsmitteln be=
stand ein geheimes Postsystem und Spionagewesen, dem man spä=
ter auf die Spur kam. Aber noch andere Entdeckungen von In=
teresse wurden gemacht. Im Park von Meudon wurden am 29.
September 50 Fässer Ligroin, eine noch empfindlichere Masse als
Nitroglycerin, und mehrere Fässer Pulver aufgefunden, welche nach
Aussage der Einwohner dazu bestimmt waren, den Wald von
Meudon in Brand zu stecken.

Versailles.

Für die Stadt Versailles war gleich nach der Ankunft des
Corps der General=Major von Voigts=Rhetz zum 1. Comman=
danten, der Major von Rettberg vom Dragoner=Regiment Nr. 4

zum 2. Commandanten und der Premier-Lieutenant von Tresckow vom Infanterie-Regiment Nr. 47 zum Platz-Major ernannt worden. Diese Commandantur hatte namentlich die Beziehungen zur Bevölkerung mit den französischen Communal-Behörden zu regeln, durch sie gingen alle nothwendigen an die Stadt zu richtenden Requisitionen, unter welchen besonders die Quartierangelegenheiten von außerordentlichem Umfange waren. Die Unterbringung der Truppen war von Hause aus geregelt, aber der großartige Verkehr der großen Hauptquartiere Seiner Majestät und Seiner Königlichen Hoheit des Kronprinzen mit ihren militärischen und politischen Verbindungen verursachte einen beständigen Wechsel im Personenstande.

Der Sicherheitsdienst in Versailles erforderte täglich 1 Bataillon und mehrere Cavallerie-Patrouillen. Die Ordnung und Sicherheit in den Straßen wurde durch Feld-Gendarmen und französische Polizei-Beamte aufrecht erhalten. Die Betheiligung der Letzteren an diesem Dienst lag im beiderseitigen Interesse, da andernfalls manche Uebelstände und Conflicte bei der Unkenntniß der deutschen Beamten mit den örtlichen Verhältnissen und der Sprache nur durch das rücksichtsloseste Auftreten hätten beseitigt werden können. Die Nationalgarde, welche bei dem Einrücken unserer Truppen in Versailles die Gewehre hatte abgeben müssen — im Ganzen 2500 — hatten mit Genehmigung Seiner Königlichen Hoheit des Kronprinzen zum Theil die Seitengewehre behalten zur Ausübung des Sicherheitsdienstes.

Besonders wurde der tägliche militärische Verkehr belebt durch das Heranschaffen und die Verausgabung der Verpflegung, welche in Versailles von den großen Hauptquartieren, dem 5. Corps, dem 2. bayerischen Corps, der 21. Division, der Belagerungs-Artillerie empfangen wurde; und durch die militärische und freiwillige Krankenpflege.

In Versailles selbst waren gleich beim Einrücken der Truppen unter Leitung des Generalarztes des 5. Armee-Corps, Dr. Chalons, das Feldlazareth Nr. 2 im großen Schloß und das Nr. 12 im Lycée als stehende Lazarethe etablirt worden. Die übrigen Lazarethe wurden, je nachdem sie von Sedan und den Etappen, auf welchen sie zurückgelassen worden waren, oder je nachdem der Krankenstand mit der Zeit zunahm, verwendet. Anfangs November etablirten sich die Feld-Lazarethe 4 und 5 im Petit

Seminaire resp. in der Garde-Infanterie-Kaserne; im folgenden Monat das 3. Feld-Lazareth im Militair-Hospital. Das ärztliche Personal der übrigen Feld-Lazarethe wurde auf die etablirten vertheilt. Das Feld-Lazareth Nr. 9 wurde am 4. Dezember nach Chartres detachirt als Etappen-Lazareth für die im Westen kämpfenden Truppen Seiner Königlichen Hoheit des Großherzogs von Mecklenburg. Außer diesen Lazarethen, welche nur für Verwundete und ernstere Kranke bestimmt waren, wurden noch in den Kantonnements bei den Truppen Lazarethe für leichtere Kranke errichtet.

Der Gesundheitszustand war im Anfang wesentlich unterstützt durch das herrliche Wetter, welches bis zum 7. October anhielt; dann begann es sehr herbstlich zu werden, viel Regen und kalte Witterung traten ein. Es konnte dies um so schädlicher wirken, als stets ein und dieselben Ortschaften und Quartiere belegt bleiben mußten und ein Theil der Truppen — die Vorposten — in Hütten und Baracken untergebracht wurde, die auch nicht gewechselt werden konnten. Dennoch blieb der Gesundheitszustand des Corps ein günstiger, nur hin und wieder zeigten sich typhöse Krankheiten. Von außerordentlich günstigem Einfluß waren die vielen und anstrengenden fortificatorischen Arbeiten und der Rothwein, welcher in solch bedeutenden Quantitäten in den Häusern der Umgegend von Paris gefunden wurde, daß jeder Mann bis gegen Ende des Jahres aus diesen Vorräthen täglich ½—1 Flasche erhalten konnte.

Mit dem Genfer Kreuz wurde von den Franzosen ein freches Unwesen getrieben. Schon auf dem Marsche konnte man in allen Ortschaften bei Paris dieses Kreuz fast an allen Häusern und bei den meisten Einwohnern bemerken. In Versailles aber bestand dieser Mißbrauch in noch erhöhterem Maaße. Fleischerwagen, Milchwagen, Equipagen, alle möglichen Fuhrwerke, Menschen jeglicher Sorte, die in keiner Beziehung zur freiwilligen Krankenpflege standen, waren mit diesem Zeichen geschmückt, desgleichen auch zahlreiche Häuser, in welchen meistentheils nur 1 Verwundeter lag. Um diesem Unwesen, welches nur den Zweck hatte, sich den Kriegsleistungen zu entziehen, zu steuern, befahl der General von Kirchbach für seinen Corpsbereich am 30. September, daß die Commandantur die Berechtigung, das Genfer Kreuz zu tragen, prüfen und gegen das unberechtigte Tragen desselben einschreiten sollte;

auch wurde angeordnet, daß die in den Häusern der Stadt zerstreut liegenden französischen Kranken und verwundeten Soldaten, soweit es ihr Zustand gestattete, in die Lazarethe zu translociren seien, nur französischen Offizieren wurde es erlaubt, in Privatpflege zu bleiben.

Der 26. September wurde durch eine militärische Feierlichkeit bezeichnet. Die Gnade Seiner Majestät des Königs hatte dem 5. Armee-Corps für seine Leistungen in den bisherigen Gefechten und Schlachten zum wiederholten Male eine größere Anzahl eiserner Kreuze bewilligt, dieselben wollte Seine Königliche Hoheit der Kronprinz in höchster Person selbst den Offizieren und Soldaten, welche sie erhalten sollten, übergeben. Am Vormittag 9 Uhr hatte sich die Hauptreserve der 9. Division — 18. Infanterie-Brigade, 2 Escadrons des Dragoner-Regiments Nr. 4, 2 Batterien der 1. und 4 Batterien der 2. Fußabtheilung, das Sanitäts-Detachement Nr. 1 — auf dem Hofe des Schlosses zu Versailles in Parade aufgestellt und empfing Seine Königliche Hoheit unter präsentirtem Gewehr mit klingendem Spiel und wehenden Fahnen. Nachdem Höchstdieselben die Front der Truppen herunter gegangen, wurden die zu decorirenden Offiziere und Mannschaften nach einander vorgerufen und erhielten aus der Hand Seiner Königlichen Hoheit mit einigen lobenden Worten das stolze Ehrenzeichen des Eisernen Kreuzes. Nach der Decorirung brachte Seine Königliche Hoheit der Kronprinz, auf den Stufen des Reiterstandbildes Ludwig XIV. stehend und indem er die Truppen das Gewehr präsentiren ließ, mit kurzen, kernigen Worten ein Hurrah unserm Königlichen Kriegsherrn, auf welches der General von Sandrart, der die Parade commandirte, mit einem Hurrah auf den Oberfeldherrn der III. Armee antwortete. Es folgte hierauf als Schluß der Feierlichkeit der Vorbeimarsch vor Seiner Königlichen Hoheit dem Kronprinzen und den Neu-Decorirten.

Am 17. October fand in derselben Weise eine Vertheilung eiserner Kreuze an die Hauptreserve der 10. Division — 19. Infanterie-Brigade, 3 Escadrons des Dragoner-Regiments Nr. 4, 3 Batterien der 3. Fußabtheilung, 2 Batterien der reitenden Abtheilung — auf einem Platz im Park des Schlosses Beauregard statt.

Am 5. October kam Seine Majestät der König in Versailles an, um hier sein Hauptquartier in der Präfectur aufzuschlagen.

Seine Majestät hatte auf dem Wege von Ferrières die Truppen der III. Armee passirt und war überall mit Begeisterung begrüßt worden. Ein Gleiches geschah in Versailles, wo die Soldaten auf den Straßen, welche der König passiren mußte, Spalier gebildet hatten. Die 12. Compagnie des Infanterie-Regiments Nr. 58 empfing des Königs Majestät als Ehrenwache am Eingange des Präfectur-Gebäudes.

Das Verhalten des Feindes war während der ersten Zeit der Cernirung gegenüber dem 5. Corps ein durchaus defensives; er beschränkte sich darauf, die Stellung desselben zu beschießen. Ebenso wie seine Angreifer, arbeitete er mit großem Eifer an der Verstär-kung seiner Befestigungen. Eine besondere Thätigkeit entwickelte die feindliche Kanonenboot-Flotille, von welcher am 22. September die beiden ersten Boote bei Bellevue gesehen wurden; dieselben warfen einige Granaten gegen Meudon und Sèvres, ihre Mann-schaften machten einen Landungsversuch, der aber von den Vor-posten zurückgewiesen wurde. Tagtäglich beunruhigten Kanonen-Boote, deren im Ganzen am 26. September 8 beobachtet wurden, die Stellung der 9. Division, besonders nahmen sie die Kronprinz-Schanze zum Ziel. Truppenbewegungen wurden zwar täglich viele bemerkt, dieselben hatten aber meist nur Exercir-Uebungen zum Zweck.

Am 30. September hatte den Abschnitt Meudon — Bellevue das Königs-Grenadier-Regiment Nr. 7, unter dem Oberst von Köthen, besetzt; das 1. Bataillon in ersterem, das 2. Bataillon in letzterem Ort; das Füsilier-Bataillon bildete die Special-Reserve im Verein mit 3 Jäger-Compagnien in Sèvres, die Jäger-Schanze und den nahe gelegenen Fermen. In der Nähe des Straßenknotens Meu-don—Bellevue, Bas Meudon—Chaville stand die 2. Jäger-Compag-nie; dieselbe war schon am 29. September vom General von Sandrart dorthin vorgezogen worden.

Um ¹/₄6 Uhr Morgens begannen 2 Kanonenboote die Vor-postenstellung des rechten Flügels heftig zu beschießen; gleich dar-auf brachen starke feindliche Infanterie-Abtheilungen aus den, nahe der Vorposten-Aufstellung gelegenen Häusern von Bas-Meudon gegen die auf der Hauptstraße errichtete Barrikade, die vom 2. Bataillon des König-Grenadier-Regiments besetzt war, vor. Meh-reren feindlichen Infanteristen war es auch gelungen, durch die mit einander in Communication stehenden Keller der umliegenden Häuser in den Rücken der Barrikaden=Besatzung zu gelangen und diese aus den Häusern zu beschießen, dieselbe mußte sich, von vorn und hinten bedroht, auf das Soutien in Bellevue zurückziehen, wo dem Feinde ein weiteres Vordringen verwehrt wurde. Der Versuch des Feindes, auf Meudon und Chaville vorzudringen, fand an dem Soutien hinter der Eisenbahn Widerstand. Die 2. Jäger=Compagnie (Hauptmann von Strantz) war sofort bei den ersten Schüssen vorgerückt, einen Zug, der in steter Bereitschaft war, zur Unterstützung der Feldwachen vorausschickend; von ihr kam außerdem noch der Tirailleur=Zug zur Verwendung, indem derselbe, geführt vom Lieutenant von Senden, durch die Gärten rechts der Straße nach Meudon vorging und des Feindes Rückzug bedrohte. Die feindliche Infanterie hatte sich sogleich mit großer Geschicklichkeit in den Häusern festgesetzt und aus den Fenstern derselben ein heftiges Feuer eröffnet, welches jedoch nicht verhindern konnte, daß ihr ein Haus nach dem andern abgenommen wurde und sie, von mehreren Seiten angegriffen, zurückweichen mußte. Kurz nach 7 Uhr hatten die Vorposten ihre frühere Stellung wieder eingenommen. Der Gegner war auf etwa 1 Bataillon zu schätzen. Die Kanonen=Boote hatten während dem ihr Granatfeuer unterhalten und setzten es nach Beendigung des Infanterie=Gefechts noch bis gegen 10 Uhr fort.

Das 2. Bataillon des Königs=Grenadier=Regiments Nr. 7 hatte 2 Unteroffiziere, 5 Mann Verwundete, 1 Mann vermißt, das 1. Bataillon 2 Mann durch Granaten verwundet, die 2. Jäger=Compagnie 4 Mann verwundet. Während des Gefechtes waren die Special=Reserven von beiden Divisionen allarmirt worden.

Gegen 4 Uhr Nachmittags desselben Tages wurden 2 feindliche Bataillone mit aufgepflanzten Bajonetten vom Observatorium aus beobachtet, welche bei Billancourt sich sammelten und nach Boulogne marschirten, wo sie hinter den Häusern und dem Gebüsch verschwanden. Diese Truppenbewegung ließ einen Angriff am folgenden Tage möglich erscheinen, es wurden deshalb 2 Bataillone des Regiments Nr. 59 aus der Hauptreserve nach der Jäger=Schanze vorgezogen. Da aber bis 7$\frac{1}{2}$ Uhr des anderen Morgens kein Angriff erfolgte, so rückte eins der beiden Bataillone nach Versailles ab, das andere erst, nachdem es bei Bas Viroflay abgekocht hatte. Für die Folge wurde immer ein Bataillon der

Hauptreserve in Bas Chaville untergebracht, um eine stärkere Un=
terstützung für den exponirten Flügel bei Meudon bereit zu stellen.

Am 1. October erregten in Folge einer Meldung vom Ob=
servatorium 8 Kähne bei Billancourt in der Seine die Aufmerk=
samkeit, dieselben waren aus den Gehöften wieder in das Wasser
gezogen worden. Am Abend des andern Tages, 7¹/₂ Uhr, wurde
auf diesen Kähnen von feindlicher Infanterie ein Landungsversuch
bei Bellevue unternommen, der aber durch das Feuer unserer
Vorposten zurückgewiesen wurde.

Die Wichtigkeit des Observatoriums Bellevue für die Sicher=
heit unserer Stellung und die Beobachtung des Feindes war eine
erhebliche. Den Dienst auf demselben versah der Lieutenant Gro=
nen und ein Unteroffizier vom Pionier=Bataillon Nr. 5 in aus=
gezeichneter Weise. Von diesem Observatorium konnte ein großer
Theil der Süd= und Westfront der Stadt, das Thal der Seine
abwärts bis in die Höhe des Mont Valerien und die Festung
auf diesem Berge sehr gut beobachtet werden.

Der Feind arbeitete unausgesetzt an der Verstärkung seiner
Befestigungen. Zwischen den Forts und der Seine auf der Süd=
front vollendete er die Verbindungs= und Anschlußlinien, welche
aus Batterie=Emplacements und Schützengräben bestanden; im Fort
Issy errichtete er neue Hohlbauten; zwischen der Stadtenceinte und
den Forts legte er die Häuser nieder, nachdem sie ausgebrannt
worden waren; die Ausgänge der südwestlichen Vorstädte wurden
an der Seine verbarrikadirt und diese Barrikaden theilweise mit
Geschützen armirt, so an der Porte de St. Cloud von Boulogne,
zwischen den Brücken von St. Cloud und Sèvres, im Seinebogen
bei Billancourt; für das letztere Geschütz=Emplacement wurden auf
den Inseln Seguin und Billancourt Schußlinien durch das Ge=
büsch gehauen. Auch die Mauern längs der Seine wurden zur
Vertheidigung eingerichtet. Hinter diesen Mauern standen die
französischen Beobachtungsposten. Die Stadtbefestigung erhielt die
artilleristische Armirung gegen den gewaltsamen Angriff. Auf der
Gürtelbahn in Paris wurden die Bogen des großen, über die
Häuser und Straßen hinwegführenden Viaducts am Point du jour
vermauert und so hinter den Wällen eine zweite Vertheidigungs=
linie geschaffen. Auf dieser Gürtelbahn fand ein ziemlich regel=
mäßiger und lebhafter Truppenverkehr nach beiden Richtungen statt.

Auf dem Mont Valerien entwickelte der Feind, wie auch von
der 10. Division beobachtet wurde, an mehreren Werken eine große
Thätigkeit. Es entstand die Lünette von Suresnes dicht vor der
Südfront des Forts, die Wolfsgruben-Schanze vor der nordwest-
lichen Front; innerhalb des Forts sah man an der Aufstellung
von 4 72pfündern auf dem Westbastion und auch an Traversen
arbeiten. Ihrerseits hatten die Franzosen auch ein Observatorium
errichtet und zwar auf der Insel St. Germain bei Billancourt,
und dieses mit der internationalen Flagge geschmückt.

Die Sicherheitsmaßregeln des Feindes vor dem Mont Valerien bestanden bei Tage in dem Vorschieben von Cavallerie.
Etwa ein Zug Chasseurs à cheval stand auf dem Plateaurande
südöstlich Reuil an einem Hause, welches der Feind am 2. October
sprengte; von ihm ausgehend suchten Cavallerie-Patrouillen das
Terrain ab. Während der Nacht waren unbedeutende Infanterie-
Abtheilungen vorgeschoben. Jenseits der Seine gegenüber St.
Cloud, Sèvres und Bellevue standen einige Infanterie-Posten,
ebenso auch vor dem Fort Issy.

Interessant waren die Exerzier- und Gefechtsübungen des
Feindes zur Ausbildung der neu formirten Truppen zu beobachten.
Diese wurden im kleinen und großen Maaßstabe ausgeführt, vielfach sogar in der Vorpostenlinie, wo namentlich Schießübungen
nach der Scheibe vorgenommen wurden. Diese bestanden häufig
nur darin, daß die Infanterie-Abtheilung aufmarschirte und rotten-
weise nach der Scheibe feuerte. Jede Versammlung von Truppen
geschah mit außerordentlich viel Trommeln und Blasen. Als eine
solche Truppenversammlung zum ersten Male am 21. September
im Bois de Bologne beobachtet wurde, erregte dies wie begreiflich
eine große Aufregung in unsern Vorposten.

Am 1. October wurden zum ersten Male die sogenannten
Kartoffelsucher beobachtet. Mehrere 100 Mann kamen, gesichert
durch eine Schützenlinie vom Mont Valerien, um im Vorterrain
die Kartoffelfelder auszunehmen. Mehrere Wagen folgten ihnen.
Diese Thätigkeit des Feindes veranlaßte später einige Male falschen
Allarm in unserer Vorpostenlinie, da während der Morgendäm-
merung oder des Nebels die Bedeutung nicht genau erkannt werden
konnte und starke Infanterie-Abtheilungen mit Artillerie gemeldet
wurden. Im Laufe der Cernirung geschah es auch, daß anscheinend
Frauen ziemlich nahe unserer Vorpostenlinie die Felder durch-

wühlten; einige Schüsse gegen dieselben bewogen sie, eilenden
Schrittes sich in Sicherheit zu bringen und hierbei zur freieren
Bewegung die Weiberröcke emporzuschürzen, so daß die rothen
Hosen der französischen Liniensoldaten zum Vorschein kamen.

Obgleich die Thätigkeit auf dem Observatorium Bellevue und
in der Nähe desselben mit größter Heimlichkeit betrieben, keine
Jalousie gerührt, kein Licht angezündet wurde, so muß es doch vom
Feinde endeckt worden sein, wahrscheinlich durch Spionage, denn
es wurde der beständige Zielpunkt der feindlichen Geschütze, na-
mentlich der auf den Kanonenbooten, so daß der Lieutenant Gronen
am 4. October veranlaßt wurde, sich nach einem andern geeigneten
Punkte für ein Observatorium umzusehen, was auch einem Corps-
Befehl vom vorgehenden Tage entsprach, der einen von Zeit zu
Zeit auszuführenden Wechsel der Bivouaksplätze und Observatorien
anordnete. Grade in der Abwesenheit des Lieutenants Gronen
wurde das Zimmer des Observatoriums durch die Granate eines
Kanonenbootes zertrümmert und außer einigem Schaden an den
Instrumenten die Ordonnanz tödtlich verwundet. Am 8. October
wurde im nördlichen hohen Flügel des Schlosses St. Cloud ein
neues Observatorium errichtet. Auch hier sollte dasselbe nicht lange
bleiben.

Schon seit mehreren Tagen hatte der Feind unsere Stellungen
mit außerordentlicher Heftigkeit beschossen, namentlich die der 9.
Division, und scheint der Grund gewesen zu sein, daß, wie Pariser
Zeitungen äußerten, der General Trochu genaue Mittheilung er-
halten habe, die Preußen errichteten zwischen Sèvres und St.
Cloud für den Winter ein befestigtes Lager.

Am 5. October wurde unsere Stellung von Meudon bis
Chatou so heftig beworfen, daß bei Sèvres, wo das Feuer am
stärksten war, in die Kronprinz-Schanze allein 40 Granaten fielen.
An diesem Tage wurde aber vom ganzen Corps nur 1 Mann
auf Vorposten und zwar durch einen Gewehrschuß verwundet.
Auch während der Nacht zum 6. October bis 3 Uhr hielt dies
heftige Feuer an.

In den folgenden Tagen wurde die Stellung des 5. Corps
auf die gleiche Weise sehr beunruhigt. Am 10. October schlug
eine Granate in den südlichen Flügel des Schlosses St. Cloud ein
und zerstörte das Kaiserliche Schlafgemach, auch fuhren einige

Granaten durch das Nebenzimmer des Observatoriums und ver=
ursachten dort einen kleinen Brand. Am folgenden Tage aber
zertrümmerten die feindlichen Granaten zum 2. Male das Obser=
vatorium des Lieutenant Gronen, während er mit seinen Beobach=
tungen beschäftigt war. Er sowohl, als auch sein Personal und
seine Instrumente blieben seltsamer und glücklicher Weise unver=
letzt. Auf die Errichtung eines anderen Observatoriums war man
sogleich bedacht.

Vom Mont Valerien wurde besonders in der Richtung des
Schlosses St. Cloud und der Laterne geschossen, so daß die Vor=
postenstellung daselbst sehr gefährdet war. Die Laterne schien
für die feindlichen Geschütze ein sehr guter Directionspunkt zu
sein, oder der Gegner glaubte auf derselben ein Observatorium.
Sie war wie ein Leuchtthurm gebaut und bot einen vorzüglichen
Aussichtspunkt über ganz Paris, jedoch wurde sie nie benutzt, da
es vom Feinde ungesehen nicht geschehen konnte. Um die Ursache
des heftigen Feuers in dieser Gegend zu beseitigen, befahl der
commandirende General die Niederlegung der Laterne: in der
Nacht vom 12. zum 13. gegen 3½ Uhr wurde sie ausgeführt.
4 Centner Pulver wurden in dem unteren Raum gehörig
verdämmt, welche entzündet das collossale Mauerwerk des Fußes
auseinanderdrückten, so daß der Thurm in sich zusammenstürzte.
Der starke Wind, der während der Nacht herrschte, verhinderte,
daß die Detonation der Sprengung weit zu hören war, sogar die
Feldwachen an der nördlichen Parkmauer von St. Cloud hatten
Nichts gehört, auch beim Feinde war keine Aufregung entstanden.

Doch am Nachmittag des 13. Oktober begann wieder das
gewöhnliche heftige Geschützfeuer gegen diese Gegend, das Schloß
St. Cloud wurde von mehreren Granaten des Mont Valerien
getroffen, die schließlich in den oberen Stockwerken zündeten. Die
Truppen, welche beim Schloß auf Vorposten standen, das Ba=
taillon Klaß des Infanterie=Regiments Nr. 58 und die 2. Jäger=
Compagnie (Hauptmann von Stranz) versuchten zu löschen, doch
war dies nicht möglich bei dem anhaltendem Granatfeuer, welches
nach Ausbruch des Brandes, wie es schien, ganz besonders das
Schloß zum Ziele hatte, auch waren Löschvorrichtungen nicht vor=
handen. Als das Schloß in seiner ganzen Ausdehnung in Flammen
stand, hörte das Granatfeuer auf; es gelang jetzt einen Theil des
Ameublements, einige Kunstgegenstände und einen Theil der Biblio=

thek zu retten. Auch wurde der Versuch gemacht, aus dem Treppen=
haus ein hoch an der Wand hängendes Bild zu retten, welches
den Empfang der Königin Victoria und der Princeß Royal Vic=
toria von England durch das französische Kaiserpaar in St. Cloud
darstellte; doch war es nicht möglich, in dem schon brennenden
Treppenhause das Bild zu erreichen. Am anderen Morgen war
das Schloß gänzlich ausgebrannt.

Der Untergang des Schlosses, an das sich so viele und be=
deutende historische Erinnerungen knüpften, in welchem Napoleon III.
die Kriegserklärung an Preußen unterzeichnet hatte, erregte
allgemeine Betrübniß, sogar Aerger, zumal bei den Truppen, die
das Schloß mit einer peinlichen Sorgfalt behütet hatten, um es
unversehrt zu erhalten. Kein Mann der Vorposten war in seinen
oberen Räumen untergebracht, nur die Offiziere hatten im Vestibül
des südlichen Flügels ihr Lager aufgeschlagen. Die geretteten
Möbel wurden zur Ausstattung der Unterkunftsräume der Vor=
posten verwendet, die übrigen Gegenstände, darunter auch die
Bibliothek wurden dem Museum und der Mairie in Versailles
übergeben.

Die beiden Corps, das 11. und 1. bayerische, welche nach
dem Abmarsch der III. Armee von Sedan für einige Zeit dort
zurückgeblieben waren, hatten in den ersten Tagen des Oktobers
die Gegend von Paris erreicht. Das 1. bayerische Corps und die
22. Division erhielten den Auftrag die Cernirung von Paris im
Süden und Westen zu decken; die 21. Division wurde aber zur
Verstärkung der Cernirungs=Linie auf dem linken Seine=Ufer ver=
wendet, und zwar sollte sie einen Theil der Stellung des 5. Corps
übernehmen. Die Mittheilung hiervon erhielt das 5. Corps am
8. Oktober mit der Weisung Vorbereitungen zur Räumung der
für die 21. Division und die Trains des 11. Corps bestimmten
Ortschaften zu treffen.

Den Truppen des 11. Corps wurde die Stellung Meudon—
Sèvres zugewiesen, desgleichen auch die Orte hinter dieser Stel=
lung: Sèvres, Chaville, Viroflay, Petit Montreuil, ferner die Ort=
schaften südlich Versailles. Es wurden deßhalb am 9. Oktober
die Dörfer um Jouy und Bièvre von den Trains des 5. Corps
geräumt und diese in die Orte westlich Versailles gelegt, nach St.
Cyr, Bois d'Arcis, Trappes, Montigny, Trour, Bouvier.

Am 11. Oktober rückte die 21. Division in die Cernirungs=

Linie ein. Mit Tagesanbruch wurde die Aenderung in den Vorposten begonnen und in aller Stille durchgeführt, ohne vom
Feinde belästigt zu werden.

Ottober.

Durch das Einrücken der 21. Division in die Cernirungs-
Linie war die Stellung des 5. Corps bis auf 1¹/₄ Meile ver-
kürzt worden; diese Ausdehnung behielt sie bis zur Beendigung
der Cernirung von Paris. .

Das Terrain, in welchem das 5. Corps stand, ist schon früher
kurz charakterisirt worden, — in dieser ungünstigen Beschaffenheit
konnte es auch für ein Gefecht besondere Vortheile nicht bieten.
Die Stellung lag hauptsächlich auf den Bergen, welche die, von .
einem nach Norden ausspringendem Bogen der Seine umschlossene
Ebene von Gennevillers gegen Südwesten abschließen. Die Stellung erstreckte sich von St. Cloud bis Bougival und hatte auf
dem rechten Flügel gleichsam eine angehängte Flanke, die bis zur
„Lanterne" im Park von St. Cloud reichte.

Gegenüber dieser Stellung lag auf durchschnittlich 5000 Schritt
Entfernung drohend und unbezwinglich die formidable „Forteresse
du Mont Valérien", erbaut auf einem isolirten Bergkegel von
161 Meter absoluter Höhe, dieselbe Höhe, welche das Terrain nur
an einem Punkte der Stellung des 5. Corps bei der Bergerie erreichte; zwischen dieser und dem Mont Valerien senkte sich das
Terrain bis auf 90 Meter.

Zur Vertheidigung der Stellung wurden die fortificatorischen
Anlagen, welche, wie wir gesehen, schon bei der Ankunft des Corps
vor Paris begonnen worden waren, im Laufe der Zeit immer mehr
verstärkt und weiter ausgebaut.

Die beiden Flügel der Stellung fanden Anlehnung an die
Seine, doch blieb der rechte noch immer sehr gefährdet. Dieser
Flügel lag unter dem Feuer der zahlreichen Geschütze der Stadt-
befestigung, der Boulogner-Batterien, der Kanonenboote und des
Mont Valerien; auch war er dem Gewehrfeuer der unmittelbar
jenseits der Seine versteckt stehenden feindlichen Infanterie-Posten
ausgesetzt. Die geringste Bewegung auf diesem Flügel konnte den
Feind veranlassen, gegen den betreffenden Punkt alle möglichen
Geschosse zu schleudern. In derselben Weise war der übrige Theil
der Stellung der 9. Division bedroht; derselbe konnte von den

feindlichen Geschützen bis Ville d'Avray und Hospice Brezin flan=
kirt werden.

Eine stets drohende Gefahr für den rechten Flügel bildete
die auf dem Abhang des Thalrandes liegende Stadt St. Cloud,
die vollständig von dem directen Feuer des Feindes aus zwei Rich=
tungen beherrscht wurde. Da sie aus diesem Grunde nicht in die
Vertheidigungs=Linie gezogen werden konnte, so bot sie in Verbin=
dung mit dem nicht vollständig einzusehenden Thal von Suresnes
dem Feinde die Möglichkeit einer gedeckten Annäherung und eines
überraschenden Angriffs gegen unsere Stellung und eine leichte
Besitznahme der Montretout=Höhe, selbst wenn diese vertheidigt
wurde. Die Montretout=Höhe in Händen des Feindes, mußte
aber die Vertheidigung des Parkes von St. Cloud zu einer sehr
schwierigen Aufgabe machen. Hier wurde es ganz besonders em=
pfunden, daß ausgedehntere Artillerie=Stellungen zur Unterstützung
der Vertheidigung im Terrain nicht dargeboten wurden. Es gelang
jedoch später, solche mit vieler Mühe zu schaffen, obgleich sich für
dieselben vollkommen geeignete Punkte nicht fanden. Unter solchen
Umständen mußte von einer nachhaltigen Vertheidigung der Montre=
tout= und Garcher=Höhen Abstand genommen werden, die nur
unter den größten Opfern möglich gewesen wäre.

Gegen den linken Flügel Bougival und La Jonchère gestattete
das Dorf Rueil und der Park von La Malmaison dem Feinde
ebenfalls eine gedeckte Annäherung mit größeren Abtheilungen,
doch konnte er hier den Angriff nicht in dem Maaße, wie gegen
den rechten Flügel, durch seine schweren Geschütze unterstützen.

Das Thal von Suresnes, das Dorf Rueil und die dazwischen
liegenden Oertlichkeiten boten auch dem Feinde Gelegenheit, aus
ihnen heraus große Truppenmassen schnell gegen die Mitte der
Stellung zu entwickeln; das offene Terrain vor derselben konnte
dies nur begünstigen, zumal dasselbe unsererseits nicht unter Ge=
schützfeuer genommen werden konnte.

Die günstigen Verhältnisse, welche einen feindlichen Angriff
gegen die beiden Flügel der Stellung des 5. Armee=Corps unter=
stützten, mußten auch erwarten lassen, daß des Feindes offensive
Unternehmungen gegen diese beiden Punkte vornehmlich gerichtet
sein würden. Gelang es dem Feinde auf einem dieser Punkte die
Vertheidigung zu überwältigen, so war ihm nicht allein die Ver=
bindung mit seinen Feld=Armeen gesichert, sondern der Weg nach

Verfailles ftand ihm auch offen. Diefe Stadt konnte ihm aber nur als ein fehr begehrenswerthes Object erfcheinen, da hier alle Fäden der deutfchen Heeresleitung zufammenliefen. Nur eins war ihm ungünftig. Das Terrain zwifchen der Stellung des 5. Corps und Verfailles geftattete nicht die Entwickelung größerer Truppen= maffen und die Verwendung von Artillerie. Dagegen konnte aber der Vertheidiger mit der Zeit in diefem Terrain vortheilhafte Po= fitionen und bedeutende Hinderniffe fchaffen, wie es auch gefchah.

Diefe Verhältniffe und Erwägungen beftimmten die Ent= wickelung des Vertheidigungs=Syftems des 5. Corps und die Ver= wendung der Streitmittel in erfter Linie der Vorpoften=Brigaden.

Bei der ausgedehnten Stellung des Corps und dem, felbft in kleineren Abfchnitten, fchwer zu überfehenden Terrain, war eine einheitliche Leitung des Gefechts auf der ganzen Linie nicht mög= lich. Der commandirende General übertrug diefelbe daher den Divifions=Commandeuren und überließ ihnen deßhalb auch die Anlage der Befeftigungen. Er ertheilte nur Directiven und be= wirkte die nothwendige Uebereinftimmung zwifchen den beiden Di= vifionen. Ueber die Haupt=Referven, welche nur unter befonders dringenden Umftänden von den Divifions=Commandeuren allar= mirt werden durften, behielt fich der commandirende General die alleinige Verfügung vor.

Das Einrücken der 21. Divifion in die Cernirungs=Linie machte auch eine neue Theilung des Terrains unter die Divi= fionen nothwendig.

Die 9. Divifion erhielt das Terrain von der Lanterne, wo der Anfchluß an die 21. Divifion gefunden wurde bis zur Foh= lenkoppel, und die Orte Marnes, Ville d'Avray, Garches, Ville= neuve und Vaucreffon, Verfailles; der 10. Divifion wurde der übrige Theil der Stellung und die hinter derfelben gelegenen Orte zugewiefen.

Die nunmehrige Aufftellung der Vorpoften und die Einthei= lung der Truppen, welche in Zukunft nur unbedeutende Abände= rungen erlitten, waren folgende:

1) Rechter Flügel=Abfchnitt der 9. Divifion: Park von St. Cloud, befetzt mit 1 Infanterie=Regiment, der 2. und 3. Jäger=Compagnie. Ein Bataillon gab die Vorpoften zu beiden Seiten des Schloffes von der Lanterne bis zur Grille d'Orleans in der nördlichen Parkmauer. Ein zweites Bataillon hatte die

Strecke Grille d'Orleans bis zur Porte Villeneuve. Die Doppel=
posten standen dicht am Fuße des Thalrandes und längs der
nördlichen Parkmauer, dicht hinter ihnen die Feldwachen; die Sou=
tiens waren in den Kellern des Schlosses St. Cloud und in Cha=
teau Villeneuve, in den Chaussee= und Eisenbahntunnels und den
verschiedenen Gebäuden im Park untergebracht. Das 3. Bataillon
und die beiden Jäger=Compagnien lagen als Special=Reserve in
Ville d'Avray und Marnes. Eine jede Jäger=Compagnie gab
täglich einen detachirten Unteroffizier=Posten nach der Montre=
tout=Schanze resp. dem Kreuzwege von St. Cloud—Buzanval, Gar=
ches—Suresnes auf den Garcher=Höhen, dieselben wurden an=
fänglich zur Nacht zurückgezogen, später blieben sie permanent.
Für diesen Abschnitt war noch eine Eskadron und eine Batterie
bestimmt, erstere lag excl. der an die Vorposten abzugebenden
Ordonnanzen in Versailles, letztere lag in Jardy; ein Zug beta=
chirt nach Ville d'Avray.

2) Linker Flügel=Abschnitt der 9. Division: Truppen
in derselben Stärke und Eintheilung wie auf dem rechten Flügel=
Abschnitt. 1 Bataillon hatte die Vorposten von der Porte Ville=
neuve bis nördlich Garches, ein 2. über das Plateau der Ber=
gerie bis zum Wald der Vacherie de St. Cucufa. Von der 1.
und 4. Jäger=Compagnie wurden detachirte Unteroffizier=Posten
ausgesetzt: am weißen Häuschen und an der Buzanval=Mauer
nördlich der Bergerie. Die Soutiens lagen in Baracken, welche
im Garten des Hospice Brezin, im Park des Chateau la Marche
und auf der Fohlenkoppel erbaut waren. Die Special=Reserven,
1 Bataillon, 1. und 4. Jäger=Compagnie, 1 Eskadron, 1 Batterie
und 1 Section des Sanitäts=Detachements Nr. 1 lagen in Marnes,
Chateau la Marche und Vaucresson.

Die Haupt=Reserve der 9. Division: 1 Infanterie=Brigade, 2
Divisions=Batterien, 2. Fuß=Abtheilung der Corps=Artillerie und
2 Eskadronen und 1 Sappeur=Compagnie, lag in Versailles; ihr
Allarmplatz war in Jardy. Stab der 9. Division: Villa Moricet,
Avenue de St. Cloud.

Von der Haupt=Reserve der 9. Division zog täglich ein ganzes
Bataillon in Versailles auf Wache.

3) Rechter Flügel=Abschnitt der 10. Division. Auf
Vorposten 1 Bataillon. Die Doppel=Posten standen im Anschluß
an die der 9. Division über St. Cucufa, längs der nordöstlichen

Lisiere des Bois Béranger *) bis excl. La Jonchère, die Replis waren in dem Kiosk, den Häusern und Barracken auf dem Plateau von La Celle St. Cloud untergebracht. Special-Reserve: 2 Bataillone, 1 Zug Dragoner in La Celle St. Cloud.

4) Linker Flügel-Abschnitt der 10. Division bis zur Seine am Ostende von Bougival, auf Vorposten 1 Bataillon.

Die Doppel-Posten dieses Abschnittes waren von La Jonchère auf den Höhenrücken vorgeschoben und dort eingegraben; vor Bougival war eine Feldwache gegen Rueil aufgestellt. Die Replis standen in Villa Metternich und in Bougival einige 100 Schritt von der Barrikade. In den Park von Malmaison war ein Unteroffizier-Posten detachirt.

Special-Reserve: 2 Bataillone, 3 Züge Dragoner, 1 Batterie im südlichen und östlichen Theile von Bougival. Haupt-Reserve der 10. Division: 1 Infanterie-Brigade, 3 Eskadronen, 3 Divisions-Batterien, 2 reitende Batterien der Corps-Artillerie, 2. Sappeur-Compagnie, Sanitäts-Detachement Nr. 2 in Chesnay, Roquencourt, Les Gressets, St. Michel, Louviciennes, Montbuisson, Prunay. Allarmplatz bei Beauregard.

Zum Schutz der Ponton-Brücke bei Les Tanneries war außer der Pontonier-Compagnie noch eine Infanterie-Compagnie nach Port Marly dislocirt. Nach dem Eintreffen der Garde-Landwehr-Division vom 14. Oktober ab übernahm diese den Schutz der Ponton-Brücke.

Von der 10. Division war noch permanent 1 Compagnie zur Sicherung der Trains detachirt.

Bei der 9. Division war für den Fall eines feindlichen Angriffs bestimmt, daß die Jäger-Compagnien sofort auf die Garcher-Höhen eilen sollten; die 2. Compagnie zu beiden Seiten der Montretout-Schanze, die 3. und 4. Compagnie zwischen dieser und dem Chateau Bergerie, die 1. Compagnie nach der Ferme Bergerie. In diesen Stellungen sollten die Jäger den Feind durch ihr Feuer zur Entwickelung nöthigen und sich alsdann — wenn der feindliche Angriff zu stark — auf die befestigte Stellung zurückziehen. Dieselbe mußte unterdeß von den Feldwachen und Soutiens besetzt, und die Batterie aus der Special-Reserve des 2. Abschnittes in das Emplceament bei der schönen Aussicht eingefahren sein. Die

---

*) Bois Béranger, östlich des Metternicher Parkes.

Infanterie der Special-Reserve placirte sich an dem Chaussee- und Eisenbahntunnel im Park von St. Cloud resp. bei dem Chateau Baucresson. Die Cavallerie der Special-Reserven dienten zum Ordonnanziren und zur Sicherung der Straßen. Die Haupt-Reserve concentrirte sich auf dem Plateau von Jardy. 1 Bataillon (außer dem Wach-Bataillon) und 1 Batterie derselben verblieben in Versailles.

Bei der 10. Division hatten bei einem feindlichen Angriff die Feldwachen dieselbe Aufgabe wie die Jäger-Compagnien bei der 9. Division. Die Replis besetzten sofort die fortificatorischen Anlagen, sie wurden aus der Special-Reserve sogleich verstärkt. Die Special-Reserve concentrirte sich hinter dem westlichen Rande des Plateaus von La Celle, resp. bei der gesprengten Brücke in Bougival, die Vorposten-Batterie des 2. Abschnittes fuhr in die Emplacements am Ostende von Bougival ein. Die Haupt-Reserve sammelte sich bei Beauregard.

Im Laufe des Monats Oktober wurde an der Vervollkommnung der vorhandenen Befestigungen gearbeitet. Bei der 9. Division erhielten die betreffenden Mauern eine stärkere Vertheidigung durch Anlage von Tambours. Für die an der Grille d'Orleans und der Porte jaune stehenden Feldwachen wurden des Granatfeuers wegen bombensichere Räume hergestellt. Um für den östlichen Theil der Parkmauer ein Schußfeld zu schaffen, wurde mit der Niederlegung der Häuser in Montretout begonnen. Im Park von St. Cloud stellte man einige Geschütz-Emplacements her, um von ihnen aus die Garcher-Höhen unter Artillerie-Feuer nehmen zu können. Für diese Geschützstände mußten durch das Gehölz des Parkes die nöthigen Schußlinien freigelegt werden.

Bei der 10. Division vergrößerte man die Verhaue und begann die Schützengräben auf dem Plateau von La Celle zu vollständigen Flechen auszuarbeiten; für dieselbe wurde durch theilweises Abholzen des vorliegenden Waldes ein größeres Schußfeld geschaffen. Auf diesem Plateau und ebenso in Bougival wurden für die Soutiens Barracken hergestellt.

Durch den Park von Malmaison, westlich des Schlosses, begann man einen Verhau zu ziehen; derselbe erhielt einen Durchlaß für den davor stehenden Unteroffizier-Posten. Mit der Errichtung von Geschütz-Emplacements bei Beauregard wurde die Herstellung einer 2. Vertheidigungs-Linie begonnen.

Die Ponton-Brücke bei Les Tanneries erhielt zu ihrem Schutz auf beiden Seiten kleine Brückenköpfe, auch wurden auf dem rechten Ufer die vorliegenden Gehöfte befestigt und mit Schützengräben verbunden. Die Straßen im Port Marly wurden durch Barrikaden gegen Bougival gesperrt. Für den Fall, daß ein feindlicher Angriff bei Bougival oder Chatou durchdränge, sollte die Ponton-Brücke nach dem rechten resp. linken Ufer abschwenken.

Bei der 9. Division war für ein Observatorium, welches zur Sicherheit der Stellung selbst beitragen konnte, ein geeigneter Punkt nicht mehr aufzufinden, nachdem das Schloß St. Cloud abgebrannt war. Am 22. Oktober wurde aber ein Observatorium in der Villa Stern bei Ville d'Avray errichtet, von welchem aus die ganze Pariser Südfront bis Bicêtre beobachtet werden konnte. — Bei der 10. Division wurde das Observatorium am 11. Oktober nach einer Villa Girard (auch im Bois Béranger) verlegt, welche durch die Bäume geschützter lag und die Beobachtung eines Theils des Terrains südlich des Mont Valerien und nördlich bis über Colombes hinaus gestattete. Auf diesem Observatorium versah vom 11. Oktober an für die ganze Dauer der Cernirung der Lieutenant von Malachowski vom Füsilier-Regiment Nr. 37, unterstützt vom Vice-Feldwebel Dr. Genthe — späteren Landwehr-Offizier — den Dienst mit großem Erfolg und hat durch seine Beobachtungen und schnellen Meldungen wesentlich zur Ruhe, Sicherheit und zur rechtzeitigen Allarmirung der Truppen beigetragen.

Feindlicherseits wurde ebenso fleißig an den Befestigungen, namentlich auf den Forts im Süden von Paris und der Südfront der Stadtbefestigung gearbeitet.

Gegen das 5. Corps beschränkte sich der Feind in dieser Zeit im Allgemeinen auf Vorposten-Plänkeleien. Seine Ausfälle aber gegen die Stellungen anderer Corps zeigten jedoch, daß er das offensive Element in seiner Vertheidigung auch energisch zur Anwendung brachte und man konnte deßhalb erwarten, daß solche Ausfälle auch gegen das 5. Corps gerichtet werden würden.

Gegen die 10. Division erfolgten die Vorposten-Plänkeleien und auch einige kleine offensive Unternehmungen stets in ein und derselben Richtung. Es mußte dies — zumal in Verbindung gebracht mit anderen Bewegungen — auf eine bestimmte Absicht gedeutet werden.

In der Nacht zum 30. September feuerte der detachirte Unter-

offizier=Poſten im Park Malmaiſon auf eine ſich nähernde feind=
liche Patrouille. Am anderen Morgen wurde an dem Ort, wo
ſich die Patrouille gezeigt, nicht weit von der Parkmauer ein Sack
mit Pulver und mehrere Säcke mit Zündſchnuren gefunden.

Am 1. Oktober wurde ein Zeltlager für etwa 2 Compagnien
hinter dem Mont Valerien, außerhalb des Forts, vom Obſerva=
torium Bellevue entdeckt. Am 5. Oktober ging die Nachricht ein,
daß die franzöſiſchen Linien=Truppen aus den ſüdlichen Forts ſich
gegen Weſten gezogen hätten. Am Morgen des 7. Oktober wurde
von der 9. Diviſion gemeldet, daß die Truppen jenſeits der Seine
nicht mehr uniformirt ſeien, alſo mußten die bisher dort geſtan=
denen Linien=Truppen eine andere Verwendung erhalten haben.

An demſelben Tage debouchirte der Feind um 1¹/₂ Uhr Mit=
tags aus dem Mont Valerien mit etwa 4 Bataillonen, 2 Es=
kadronen und 2 Batterien in der Richtung auf Rueil. Auf die
Meldung hiervon ließ der General=Lieutenant von Schmidt die
Diviſion allarmiren, deren Haupt=Reſerve um 2 Uhr 5 Minuten
concentrirt war. Der commandirende General von Kirchbach, nach=
dem bei ihm die Meldung gegen 3 Uhr eingegangen war, ließ
dieſelbe der 9. Diviſion mittheilen und begab ſich nach dem linken
Flügel des Corps. Die Vorpoſten der 10. Diviſion und der
linke Flügel der 9. Diviſion ſetzten ſich in Gefechtsbereitſchaft.

Die Geſchütze des Mont Valerien hatten ſogleich bei dem
Debouchiren der franzöſiſchen Truppen das Feuer gegen die Stel=
lung der 10. Diviſion begonnen. Die beiden feindlichen Batte=
rien fuhren an dem geſprengten Hauſe auf und betheiligten ſich
an dieſer Kanonade. Die übrigen Truppen des Feindes avan=
cirten gegen Chatou und Rueil. Aus dem Park von Malmaiſon
war der detachirte Unteroffizier=Poſten vom Vorpoſten=Comman=
deur, Oberſt von Eberhardt, zurückgezogen worden.

Der Feind machte wiederholt den Verſuch gegen Bougival
zu avanciren, jedoch wurden die feindlichen Infanterie=Abtheilungen,
welche auf der Straße in Rueil gegenüber der Barrikade er=
ſchienen, durch die Geſchütze an derſelben wiederholt zurückgejagt;
beim 2. Schuß brach Feuer in Rueil aus. Aus dem Emplacement links wurden 2 Schuß abgegeben gegen die Abtheilungen,
welche auf Chatou avancirten, dieſe zogen ſich darauf nach Rueil
hinein.

Die feindlichen Tirailleure, welche bis zur Parkmauer von

Malmaison avancirt waren, sprengten dieselbe an mehreren Stel=
len mit Pulversäcken. Nachdem dies geschehen, zog sich der Feind
nach dem Mont Valerien zurück und war gegen 4¹/₂ Uhr dem
Auge entschwunden. Bald darauf rückten die Reserven der 10.
Division in ihre Kantonnements zurück und die Vorposten nahmen
ihre frühere Stellung ein.

Auf das Oeffnen der Parkmauer schien der Feind großen
Werth zu legen, denn dies konnte nur der Zweck der Unterneh=
mungen gewesen sein; es war daher wohl in nächster Zeit ein
ernsterer Angriff zu erwarten, für welchen dieser kleine Vorstoß
nur eine Vorbereitung gewesen zu sein schien. Die Mauer=
öffnungen wurden sogleich durch Verhaue und Barrikaden geschlossen.

In den folgenden Tagen wurde von den Vorposten und dem
Observatorium gemeldet: Am 8. Oktober Abends: Vom Mont
Valerien aus ist die Ferme Fouilleuse und die Briquetterie besetzt
worden. Man bemerkt unter den feindlichen Truppen und Ar=
beitern in Billancourt wieder Rothhosen (welche allein die Linien=
Truppen trugen), dabei jedoch auch Nationalgarden. An diesem
Tage fielen allein etwa 80 Schüsse gegen die Montretout=Schanze.
1 Mann leicht contusionirt. Am 9. Oktober: Hinter dem Bois
de Boulogne ist ein großes Zeltlager aufgeschlagen.

Am Nachmittag des 12. Oktober 2 Uhr avancirte der Feind
wieder mit 4 Bataillonen Infanterie; 3 Escadronen und 2 Batte=
rien blieben am gesprengten Hause stehen, der Rest avancirte gegen
Chatou.

Die 10. Division wurde sogleich allarmirt. Der comman=
dirende General von Kirchbach begab sich nach eingegangener
Meldung nach La Jonchère. Bei seinem Eintreffen war der Feind
bereits wieder auf dem Rückwege, nachdem seine Truppen, als sie
durch Rueil durchmarschirten, von der Vorposten=Batterie in Bou=
gival beschossen worden waren. Die feindlichen Feld= und Fe=
stungs=Geschütze hatten während dieser Bewegung beständig ge=
feuert. Diesseits wurde nur 1 Mann leicht verwundet.

Das Dorf Rueil, in welches sich der Feind bei seinen Unter=
nehmungen gegen unseren linken Flügel sehr bald in Sicherheit
bringen konnte, und welches auch der Vertheidigung unserer Stel=
lung nachtheilig war, begann man am 13. Oktober durch Feuer
zu zerstören; es gelang jedoch nicht, weil alle Häuser massiv waren
und nachdem sie ausgebrannt, die Mauern stehen blieben; die

Arbeit des Einreißens derselben vor den Vorposten wäre eine zu exponirte gewesen, deßhalb nahm man von der Fortsetzung der Zerstörung Abstand. An der Verstärkung der Hindernißmittel vor dem linken Flügel wurde in den folgenden Tagen eifrig weiter gearbeitet.

Gegen die Montretout=Schanze richtete der Feind mehrere kleine Unternehmungen. Am 14. Oktober trat er gegen dieselbe mit 2 Compagnien Mobilgarden, die vom Mont Valerien aus im Seine=Thal avancirt waren, so überraschend auf, daß der deta= chirte Jäger=Posten die Schanze aufgeben mußte; die nächsten Unter= offizier=Posten eilten zur Unterstützung herbei; nach einem kurzen Feuer=Gefecht verließ der Feind die Schanze wieder.

In Folge dieses feindlichen Vorstoßes wurde noch ein Jäger= Posten durch die Stadt St. Cloud vorgeschoben. Als am 15. und 20. Oktober der Feind wieder gegen die Montretout=Schanze recognoscirte, wurden seine Abtheilungen sehr bald entdeckt und durch das Gewehr=Feuer der Jäger=Posten abgewiesen.

In der Nacht zum 15. Oktober machte der Lieutenant Wer= tenthin des Füsilier=Regiments Nr. 37 eine Recognoscirungs= Patrouille nach Rueil hinein — wie es von den Vorposten der 10. Division allnächtlich geschah —, namentlich um ein Haus, in welchem jeden Abend zur selben Zeit ein Licht bemerkt wurde, zu untersuchen. Mit großer Vorsicht stellte er auf der Straße meh= rere Beobachtungs=Posten aus, begab sich aber allein nach dem Hause, wo er in dem Augenblick, als er in dasselbe eintreten wollte, angefallen und von mehreren Schüssen niedergestreckt wurde; eine feindliche Abtheilung brach sogleich hervor und vertrieb die Mann= schaften der Patrouille, welche ihrem Offizier zu Hülfe eilen wollten. Noch am Abend des 15. Oktober wurde von französischer Seite bei dem preußischen Parlamentair=Posten in Sèvres das Aner= bieten gemacht, die Leiche des Offiziers auszuliefern mit der Bitte, unsererseits bei ähnlichen Vorkommnissen in gleicher Weise zu verfahren.

Am 16. Oktober früh 10 Uhr wurde am Ausgange von Rueil beim Park Malmaison durch zwei Majors von der Mobil= und von der Nationalgarde die Leiche des Lieutenants Wertenthin, in ihrem Eigenthum unversehrt, ausgeliefert; dieselbe wurde noch am Nachmittag um 2 Uhr mit militärischen Ehren auf dem Kirchhof von La Celle St. Cloud beerdigt.

Vom Ober=Commando wurde am Abend des 16. Oktober mitgetheilt, daß ein Ausfall des Feindes gegen das 2. bayerische Corps zu erwarten stände. Der General von Kirchbach beschloß für den Fall eines größeren feindlichen Unternehmens mit einem Theil seiner Haupt=Reserven die Bayern zu unterstützen. Am folgenden Tage wurde auch gemeldet, daß der Feind sich dem 2. bayerischen Corps gegenüber concentrire; er ging jedoch nicht zum Angriff vor.

Am 17. und 20. gingen vom Obfervatorium La Jonchère zwei bedeutsame Meldungen ein. An jedem dieser Tage beobachtete man, daß ein französischer General unter Bedeckung von einigen Zügen Chasseurs à cheval im Vorterrain bei Rueil recognoscirte.

Die bei dem Feinde während des Monats Oktober beobachtete Thätigkeit, die vielfachen Truppen=Bewegungen und Veränderungen, der gesteigerte Verkehr auf der Gürtelbahn ließen annehmen, daß der Gegner wieder einen größeren Ausfall vorbereitete. Da er nun auch vielfach bestrebt war, bei Rueil sich unseren Vorposten und namentlich dem Park von Malmaison auf alle mögliche Weise zu nähern und die dortige Gegend zu recognosciren, so lag die Vermuthung nahe, daß dieser Ausfall gegen die Stellung der 10. Division gerichtet sein würde.

Der General=Lieutenant von Schmidt hatte daher schon seit mehreren Tagen angeordnet, daß die Special=Reserven mit Anbruch eines jeden Tages auf ihren Allarmplätzen zur Verwendung bereit stehen sollten.

Das Gefecht bei La Malmaison.

Am 21. Oktober, Vormittags von ¹/₂8—¹/₂9 Uhr beschoß der Mont Valerien sehr heftig den Osteingang von Bougival und diesen Ort selbst.

Nachmittags, in der Zeit von 2—2¹/₂ Uhr, gingen von den Divisionen und deren Vorposten Meldungen über einen Vormarsch des Feindes beim General=Commando ein. General von Schmidt meldete: „Nach eigner Wahrnehmung 4 Bataillone in Rueil, dahinter 1 Brigade mit starker Artillerie und Cavallerie. Gros wird allarmirt." General von Sandrart meldete: „Starker feindlicher Angriff gegen meine Vorposten. Allarmirung der Special=Reser=

ven ist befohlen, ihr Vorrücken nöthig; ebenso das Eingreifen der 10. Division. Ich begebe mich nach Vaucresson."

Der commandirende General befahl sofort die Allarmirung auch der Haupt-Reserve der 9. Division, von welcher zunächst 2 Bataillone, 1 Batterie, 2 Eskadronen zur Besetzung von Versailles zurückblieben. Die beiden Bataillone wurden in Folge der vom commandirenden General an den General-Lieutenant von Schachtmeyer gerichteten Requisition alsbald durch Infanterie des 11. Armee-Corps abgelöst und konnten zur Haupt-Reserve der 9. Division stoßen, welche nach Vaucresson dirigirt worden war. Nach diesen Anordnungen begab sich General von Kirchbach auf das Plateau von La Celle St. Cloud. Der 8. Division in Argenteuil war durch General-Lieutenant von Schmidt Mittheilung von dem feindlichen Anmarsch gemacht worden, desgleichen auch der Garde-Landwehr-Division in St. Germain.

Von der 10. Division war die 19. Infanterie-Brigade, die 4. Eskadron des Dragoner-Regiments Nr. 14 und die 5. schwere Batterie auf Vorposten, den rechten Abschnitt hatte das Grenadier-Regiment Nr. 6, den linken das Infanterie-Regiment Nr. 46.

Der Feind hatte etwas nach 1 Uhr in der Richtung von Courbevoie auf Nanterre bedeutende Kräfte mit starker Artillerie und Cavallerie entwickelt, auch debouchirten mehrere Bataillone und Batterien vom Mont Valerien gegen die 9. Division. Auf die Meldung dieser feindlichen Bewegung waren sofort alle Vorposten und Special-Reserven allarmirt worden. Bei Bougival waren die Vorposten gerade in der Ablösung begriffen.

Mit dem Erscheinen der feindlichen Truppen begann auch eine furchtbare Kanonade gegen die ganze Stellung des 5. Corps, nicht allein der Festungsgeschütze, sondern auch aus Feldgeschützen, deren 32 bei dem gesprengten Hause und 16 westlich Rueil auffuhren. Diese Kanonade sollte die Entwickelung des Gegners unterstützen und den Angriff vorbereiten, sie dauerte bis gegen 3 Uhr in gleicher Heftigkeit. Von der feindlichen Infanterie hatten unterdeß 4 Bataillone das Dorf Rueil besetzt und mit ihren Tirailleuren die Parkmauer von Malmaison erreicht. 1 Brigade, circa 6 Bataillone, stand hinter denselben im und nördlich des Ortes. Die Bataillone, welche sich gegen die 9. Division vorbewegt hatten, waren über Villa Crochard auf die 10. Division zu abgebogen. Um 3 Uhr begann der In fanterie-Angriff; gleichzeitig hiermit ließ das feindliche Geschützfeuer von unserer vorderen Stellung ab und wandte sich mit großer Heftigkeit gegen das Terrain hinter derselben; nur die feindlichen Feld-Geschütze westlich Rueil setzten ihr Feuer gegen unsere Stellung bei Bougival fort.

Die feindliche Infanterie brach plötzlich in starken Massen aus Rueil in den Park von Malmaison, dessen Mauern sie an mehreren Stellen mittelst Pulvers geöffnet hatten. Die 1. Compagnie des Infanterie-Regiments Nr. 46, welche bei der Eröffnung des Gefechtes in der Ablösung der Vorposten begriffen war und dann in der Höhe des Schlosses Malmaison ein Schützengefecht mit den feindlichen Tirailleuren engagirt hatte, wich dem plötzlichen Vorstoß des Feindes aus und besetzte den an die Barrikade anstoßenden Verhau an der Westmauer von Malmaison. Das Tirailleur-Gefecht dieser Compagnie hatte den übrigen Compagnien ausreichend Zeit gegeben, ihre Stellungen einzunehmen. Die 2. Compagnie besetzte die Barrikade und den Verhau links, die 3. den Verhau am Pavillon Nr. 1, die 4. La Jonchère. In diesen Positionen blieben theilweise noch die früheren Vorposten, die Compagnien des Füsilier-Bataillons des Infanterie-Regiments Nr. 46 stehen, das 2. Bataillon stand circa 300 Schritt hinter der Barrikade in Reserve. Die 5. schwere Batterie besetzte die Emplacements an der Barrikade und westlich derselben; die 5. leichte die Geschützstände auf der Terrasse der Villa Metternich und beim Pavillon Nr. 1.

Vom Grenadier-Regiment Nr. 6 hatte das auf Vorposten befindliche 1. Bataillon mit seinen Soutiens Stellung an der nördlichen Mauer des Bois Béranger genommen und die Vorposten bis zur Vacherie de St. Cucufa verstärkt, auch die Schützengräben am Nordrande des Plateaus von La Celle St. Cloud besetzt. Die beiden anderen Bataillone blieben in den Flesen stehen. Von der Haupt-Reserve wurde das Füsilier-Regiment Nr. 37 hinter den Kiosk gezogen, das Infanterie-Regiment Nr. 50 nach dem Schwanenteich. Der Rest der Haupt-Reserve, Artillerie und Cavallerie, blieb bei Bellebat.

Das Tirailleur-Gefecht hatte sich zunächst auf den Park von Malmaison beschränkt, da der Versuch des Feindes, zu beiden Seiten der großen Straße vorzugehen, durch die 5. schwere Batterie (Hauptmann Kirsch) an der Barrikade wiederholt zurückgewie-

fen worden war. Das Gefecht im Park von La Malmaison wurde
immer heftiger, auch wurde die Stellung bis über La Jonchère
nach und nach in Mitleidenschaft gezogen. Der Feind zog näm=
lich 1 Kanonen= und 1 Mitraillensen=Batterie bis auf die Höhe
südlich des Schlosses La Malmaison vor; ihnen folgte auch längs
der Parkmauer Infanterie. Schon das heftige Gefecht vor dem
linken Flügel hatte den General=Lieutenant von Schmidt veran=
laßt, die Stellung durch 2 Füsilier=Compagnien des Regiments
Nr. 6 bei La Jonchère und südlich davon durch das 2. Bataillon
desselben Regiments zu verstärken. 2 Füsilier=Compagnien dieses
Regiments blieben hinter La Jonchère in Reserve. Diese Trup=
pen nahmen das Tirailleur=Gefecht an der Mauer von La Jon=
chère auf.

Feindliche Infanterie hatte unterdeß die Schlucht von St. Cu=
cufa*) erreicht und sich zum überraschenden Vorstoß gegen den
Pavillon Nr. 1**) und La Jonchère entwickelt. Nachdem die
vorgezogenen feindlichen Batterien gegen diese Punkte vorbereitend
gewirkt hatten, brach die feindliche Infanterie in bedeutender Stärke
(circa 4 Bataillone) aus jener Schlucht hervor. Beim Pavillon
Nr. 1 gelang es derselben, die Vertheidiger momentan zurückzu=
drängen, die, verstärkt durch eine Compagnie des 2. Bataillons
des Infanterie=Regiments Nr. 46 ihre Stellung bald darauf wie=
der nahmen, jedoch aufs Neue durch Verstärkungen des Feindes
geworfen wurden. Diesen Kampf auf der Höhe nahmen die bei=
den Geschütze an der Barrikade, welche der Lieutenant Engelhardt
wenden ließ, mit großem Erfolg unter Feuer und bereiteten einen
Gegenstoß unserer Infanterie vor, zu welchem der Oberst von
Eberhardt die disponiblen Compagnien seines Regiments und 2
von St. Germain eingetroffene Compagnien des 1. Garde=Land=
wehr=Regiments verwendete. Diese Compagnien, wetteifernd in
Bravour, stürzten im Verein mit den schon im Kampfe stehenden
Compagnien gegen den Feind am Pavillon vor. Der Fähnrich
Wentscher des Infanterie=Regiments Nr. 46 lief mit seinen Leuten
den großen Gardisten voraus mit den Worten: „Der Garde kön=

---

*) Die Schlucht von St. Cucufa zieht sich von der Vacherie de St. Cu=
cufa bis in den Park von La Malmaison.
**) Pavillon Nr. 1 auf dem Abhange zwischen La Jonchère und der gro=
ßen Barrikade (Ostende von Bougival).

nen wir hier den Vorrang nicht laſſen." Leider wurde er noch in den letzten Momenten der Verfolgung tödtlich verwundet. Zur Unterſtützung dieſes Vorſtoßes brachen auch 5 Compagnien des 6. Regiments gegen des Feindes linke Flanke aus ihrer Stellung zu beiden Seiten des Pavillons Nr. 2*) hervor.

Der Feind mußte weichen, er ſetzte ſich jedoch noch einmal jenſeits der Schlucht von St. Cucuſa, wurde jedoch auch hier ver= trieben, als das 2. Bataillon (Major Crüger) des Infanterie=Re= giments Nr. 50, gefolgt von den beiden anderen Bataillonen des Regiments unter Oberſt=Lieutenant von Sperling, dem Beſehle des General=Lieutenants von Schmidt gemäß, von Cucuſa her= kommend, aus dem Walde hervorbrach und die Verfolgung wieder in Gang brachte. Die als erſtes Treffen vorbringende 5. und 8. Compagnie unter Premier=Lieutenant Michler traten in Verbindung mit Schützen der 6. Compagnie des Grenadier=Regiments Nr. 6 unter Vice=Feldwebel Jäniſch. Der Feind mußte hier ſo plötzlich weichen, daß er von einer in der Nähe der Porte de Longboyau ſtehenden Batterie 2 Geſchütze, deren Pferde theilweiſe erſchoſſen waren, nicht fortbringen konnte. Der Premier=Lieutenant Michler vom Infanterie=Regiment Nr. 50 und Vice=Feldwebel Jäniſch vom Grenadier=Regiment Nr. 6 ſtürmten mit ihren Schützen, denen der Lieutenant Barbenés vom Infanterie=Regiment Nr. 50 Unter= ſtützung zuführte, auf die Kanonen los und ſetzten ſich in den Beſitz derſelben, nachdem deren Vertheidiger verjagt worden waren. Der Premier=Lieutenant Michler fiel im Moment der Beſitzergrei= fung dieſer Geſchütze durch eine feindliche Kugel. Vom 2. Ba= taillon des Infanterie=Regiments Nr. 50 wurde ſogleich das Jä= gerhäuschen und bald darauf auch Buzanval beſetzt.

Um auch den Park von Malmaiſon zu räumen, waren gleich nach dem Vorſtoß über den Pavillon Nr. 1 zur Unterſtützung der dort fechtenden Compagnien 3 Compagnien des 1. Bataillons Infanterie=Regiments Nr. 50 vom General=Lieutenant von Schmidt vorgezogen worden; dieſelben gingen durch die Weinberge öſtlich La Jonchère gegen die ſüdliche Parkmauer von Malmaiſon vor, wäh= rend Compagnien des 46. Regiments in dem Park ſelbſt den Feind zurückwarfen. Es wurden hierbei zahlreiche Gefangene gemacht.

---

*) „Pavillon Nr. 2" auf dem Croquis des Hauptmanns Pirſcher, „rother Pavillon".

Der Gegner war nun überall geworfen. Eine weitere Verfolgung untersagte der General-Lieutenant von Schmidt, weil sie gefährlich werden konnte, da hinter Rueil noch geschlossene Truppen beobachtet worden waren.

Während des Gefechts, in welchem feindlicherseits fast nur Linientruppen in der Stärke einer Division gefochten hatten, standen auf dem Plateau unter dem Fort Mont Valerien zahlreiche Bataillone — Mobilgarden —, die auf etwa 1 Armee-Corps geschätzt werden konnten.

Die Anwesenheit solcher Massen mußte natürlich die gespannte Aufmerksamkeit auf sich ziehen; doch kamen sie gar nicht zur Verwendung; mit dem Ende des Gefechts verschwanden sie. Es schien, daß man die Mobilgarden mit dem Feuer und dem Verlauf eines Gefechts bekannt machen wollte.

Das Gefecht war um 5 Uhr vollständig beendet, die feindliche Kanonade dauerte aber noch bis gegen 6 Uhr, um welche Zeit die Vorposten ihre frühere Stellung einnahmen und die Reserven in die Quartiere rückten. Gegen die 9. Division und zwar gegen die Montretout-Schanze war nur eine feindliche Abtheilung von 40 Mann vorgegangen, die durch das Feuer der vorgeschobenen Patrouillen zurückgewiesen wurde.

Von der Haupt-Reserve der 9. Division war auf Befehl des commandirenden Generals das Infanterie-Regiment Nr. 47 nach dem Schwanenteich gezogen worden, doch kam es nicht mehr zur Verwendung, da bei seinem Eintreffen das Gefecht beendet war.

Der diesseitige Verlust betrug:

Stab der 9. Division: Verw.: 1 Mann. 3. Posensches Infanterie-Regiment Nr. 58: Todt: 1 Mann. Verw.: 8 Mann. 4. Posensches Infanterie-Regiment Nr. 59: Verw.: 3 Mann. 1. Schlesisches Jäger-Bataillon Nr. 5: Verw.: 1 Mann. 1. Westpreußisches Grenadier-Regiment Nr. 6: Verw.: Premier-Lieutenant von Spiegel (an seinen Wunden gestorben), die Seconde-Lieutenants Bühring und von Unruh (an ihren Wunden gestorben), Meinert, Vice-Feldwebel Sauer. Summa: Todt: 16 Mann. Verw.: 5 Offiziere und 90 Mann. 1. Niederschlesisches Infanterie-Regiment Nr. 46: Todt: Portepee-Fähnrich Wentscher. Verw.: Oberst von Eberhardt, Major von Gallwitz-Dreyling, die Hauptleute Steinbrunn und von Johnston, die Seconde-Lieutenants Herold und Ritter (an ihren Wunden gestorben), Brandenburg, die Vice-Feldwebel Heitemeyer und Gärtner. Summa: Todt: 1 Offizier und 38 Mann. Verw.: 9 Offiziere und 107 Mann. Verm.: 6 Mann. Westphälisches Füsilier-Regiment Nr. 37: Todt: 1 Mann. Verw.:

15 Mann. 1. **Niederschlesisches Infanterie-Regiment** Nr. 50:
Todt: Premier-Lieutenant Michler. Verm.: 1 Mann. Summa: Todt:
1 Offizier und 7 Mann. Berw.: 22 Mann. Verm.: 1 Mann. 3. Fuß-
Abtheilung: Todt: 1 Pferd. Verw.: 4 Mann und 3 Pferde.
Der Verlust des 5. Armee-Corps betrug demnach in dem Gefecht bei
La Malmaison in Summa: Todt: 2 Offiziere, 63 Mann und 1 Pferd.
Verwundet: 14 Offiziere, 251 Mann und 3 Pferde. Vermißt: 7 Mann.

Außer den 2 Geschützen wurden dem Feinde noch 3 Offiziere
und 120 Mann Gefangene unverwundet abgenommen. Der feindliche Verlust kann mit Sicherheit auf weit über das Doppelte des
unserigen veranschlagt werden, da allein vom 2. Sanitäts-Detachement 108 verwundete Franzosen verbunden worden sind.

Das 2. Sanitäts-Detachement hatte während des Gefechtes zwei
Verbandplätze errichtet, den einen in Bougival, den anderen in der
Schule von La Celle; auch das 3. Sanitäts-Detachement war zur
Verwendung gekommen. Die Thätigkeit der Detachements dauerte
bis zum andern Morgen, sowohl auf den Verbandplätzen, als auch
bei der Ueberführung der Verwundeten nach dem Schloßlazareth
in Versailles; einige Verwundete kamen nach St. Germain. Französische Ambulancen erschienen noch am 21. Oktober des Abends,
um das Schlachtfeld aufzuräumen und waren den ganzen 22. Oktober über thätig. Am 25. Oktober wurde die Leiche eines französischen Offiziers, welcher an den am 21. October empfangenen
Wunden in unsern Lazarethen gestorben war, bei Rueil den französischen Vorposten übergeben.

Während des Gefechts hatten sich einige Bewohner von Bougival hinreißen lassen, auf unsere Truppen zu schießen. 30 derselben wurden sofort verhaftet und ihnen bei der 10. Division der
Proceß gemacht; zwei von diesen wurden kriegsgerichtlich erschossen.
Da diese beiden Leute von unseren Soldaten in flagranti ertappt
worden waren, so hatten letztere das volle Recht, jene sofort nie-
derzustoßen, aber die Gutherzigkeit hielt die Soldaten davon zurück, obgleich es für die Sicherheit und des Beispiels wegen wohl
eine Nothwendigkeit gewesen wäre.

Am Sonntag, den 23. Oktober, hatte Seine Majestät der
König die Gnade, sich den Lieutenant Barbenés und diejenigen
Mannschaften des 6. und 50. Regiments in dem Schlosse zu Versailles nach dem Gottesdienst vorstellen zu lassen, welche sich bei
der Wegnahme der beiden französischen Geschütze besonders aus-
gezeichnet hatten. Seine Majestät belobten dieselben und decorir-

ten Allerhöchstselbst den Vice=Feldwebel Jänisch, 4 Mann des 6. und 6 Mann des 50. Regiments mit dem eisernen Kreuz 2. Classe.

Nach dem Gefecht bei Malmaison wurden die Verstärkungs=arbeiten fortgesetzt. Bei der 10. Division wurde noch im Laufe des Oktobers auf Grund der gemachten Erfahrungen um den Pa=villon Nr. 1 eine Flesche gelegt und dicht darunter im Grunde ein Blockhaus zur Bestreichung der Schlucht von St. Cucufa er=baut; auch wurde die östliche Mauer der Villa Metternich crene=lirt und auf dem Abhange vor La Jonchère Schützengräben aus=gehoben. Von einer Aufstellung von Geschützen am Ostende von Bougival wurde für zukünftige Gefechte Abstand genommen, da dieselben gegen das Feuer der feindlichen Festungsgeschütze nicht aufkommen konnten. Auf Veranlassung des commandirenden Ge=nerals wurde auch damit begonnen, die ganze Hauptstraße von Bougival, vom Ostende bis zur zerstörten Brücke zu versperren, um für den Fall, daß der weit vorgeschobene linke Flügel gewor=fen würde, dem Feinde den Durchmarsch mit größeren Abtheilun=gen verwehren zu können. Zur größeren Sicherheit der Stellung der 10. Division wurde seit dem 27. Oktober zeitweise, je nachdem des Feindes Bewegungen und seine Thätigkeit auffällig waren, während der Nacht 1 Compagnie in die Schlucht von St. Cucufa vorgeschoben, um von da aus einen lebhaften Patrouillengang bis über den großen Weg Rueil—St. Cloud bis zum anderen Morgen zu unterhalten.

Bei der 9. Division wurde mit dem Erbauen von bomben=sicheren Unterkunfträumen zum Schutz der Feldwachen gegen das mitunter außerordentlich heftige Granatfeuer fortgefahren, ebenso mit der Zerstörung der Häuser vor der Parkmauer von St. Cloud. Im Park von St. Cloud wurden zur Beherrschung der Garcher=Höhen größere Geschütz=Emplacements angelegt, welchen durch vor=gelegte natürliche Verhaue eine Schußlinie und größere Sicherheit gegeben wurden.

Neben diesen fortificatorischen Arbeiten hatte das Corps, wie auch die übrigen Truppen vor Paris, für die Zwecke der in bal=diger Aussicht stehenden regulären Belagerung täglich noch eine große Anzahl Arbeiter zu stellen. Schon am 13. Oktober waren die Straucharbeiten in Angriff genommen worden. In der Nacht zum 23. Oktober hatten die Erdarbeiten begonnen, zu welchen das

Armee=Corps täglich 1—2 Compagnien zu stellen hatte, und zwar
vornehmlich zum Bau der Batterie Nr. 1, dicht südlich der Lan=
terne im Park von St. Cloud.

Auch auf Seite des Feindes wurde mit großer Thätigkeit an
den Befestigungen gearbeitet und, wie vom Observatorium La
Jonchère beobachtet wurde, seit einiger Zeit sogar mit Civilarbei=
tern. Bemerkenswerth ist es, daß auf der Forteresse du Mont
Valerien die freistehenden Kasernen mit Blendagen gegen Wurf=
feuer bekleidet wurden, ebenso auch die Casernen in Rueil. Auf
der Südfront war der Feind besonders thätig; dort waren auch
vom Observatorium Villa Stern außerdem vielfache Truppenbe=
wegungen und Zeltlager zu sehen. Das Observatorium Villa
Stern, welches erst am 22. Oktober auf der Höhe zwischen Mar=
nes und Villa d'Avray eingerichtet wurde, hatte für die Stellung
des 5. Corps keinen directen Werth, mehr für das 11. und 2.
bayerische Corps und später für die Beobachtung der Beschießung
von Paris.

Die übrige Thätigkeit des Feindes blieb dieselbe wie früher,
von Zeit zu Zeit heftige Kanonade von allen Seiten gegen die
Stellung des 5. Armee=Corps, Exerzir=Uebungen, Kartoffelsuchen,
Eisenbahnfahren, Tumultuiren ꝛc. In dem feindlichen System
der Sicherung trat von dem Tage des Gefechts bei Malmaison
die Aenderung ein, daß auch am Tage eine Infanterie=Compagnie
am gesprengten Hause aufgestellt wurde, um von da aus Vor=
posten vorzuschieben.

Die Capitulation von Metz, welche schon seit mehreren Tagen
erwartet und am 28. Oktober in Versailles bekannt wurde, rief
allgemeine Freude hervor. Zur Feier dieses wichtigen Ereignisses,
durch welches für die Sicherung der Cernirung von Paris bedeu=
tende Kräfte disponibel wurden, fand am Abend ein großer Zapfen=
streich statt.

Seine Majestät der König verkündete der Armee diesen neuen
epochenmachenden Erfolg durch folgenden Armee=Befehl:

„Soldaten der verbündeten deutschen Armeen! Als wir vor
3 Monaten ins Feld rückten gegen einen Feind, der uns zum
Kampf herausgefordert hatte, sprach Ich Euch die Zuversicht aus,
daß Gott mit unserer gerechten Sache sein würde. Diese Zuver=
sicht hat sich erfüllt. Seit dem Tage von Weißenburg, wo Ihr
zum ersten Male dem Feinde entgegentratet, bis heut, wo Ich die

Meldung der Capitulation von Metz erhalte, sind zahlreiche Namen von Schlachten und Gefechten in die Kriegsgeschichte unvergänglich eingetragen worden. Ich erinnere an die Tage von Wörth und Saarbrücken, an die blutigen Schlachten um Metz, an die Kämpfe bei Sedan, Beaumont, bei Straßburg und Paris ꝛc. ꝛc. Jeder ist für uns ein Sieg gewesen. Wir dürfen mit dem stolzen Bewußtsein auf diese Zeit zurückblicken, daß noch nie ein ruhmreicherer Krieg geführt worden ist und Ich spreche es Euch gern aus, daß Ihr Eures Ruhmes würdig seid. Ihr habt alle die Tugenden bewährt, die den Soldaten besonders zieren: den höchsten Muth im Gefecht, Gehorsam, Ausdauer, Selbstverleugnung bei Krankheit und Entbehrung. Mit der Capitulation von Metz ist nunmehr die letzte der feindlichen Armeen, welche uns beim Beginn des Feldzuges entgegentraten, vernichtet worden. Diesen Augenblick benutze Ich, um Euch Allen und jedem Einzelnen vom General bis zum Soldaten, Meinen Dank und Meine Anerkennung auszusprechen. Ich wünsche Euch Alle auszuzeichnen und zu ehren, indem Ich heut Meinen Sohn, den Kronprinzen von Preußen, und den General der Cavallerie Prinzen Friedrich Carl von Preußen, die in dieser Zeit Euch wiederholt zum Siege geführt haben, zu Feldmarschällen befördere. Was auch die Zukunft bringen möge — Ich sehe dem ruhig entgegen, denn Ich weiß, daß mit solchen Truppen der Sieg nicht fehlen kann, und daß wir unsere bis hierher so ruhmreich geführte Sache auch ebenso zu Ende führen werden.

Hauptquartier Versailles, den 28. October 1872.

gez. Wilhelm."

November.

Die ersten Tage des November hätten leicht einen Umschwung der allgemeinen Verhältnisse herbeiführen können. Von der communistischen Partei in Paris waren Unruhen erregt worden und wie man durch Gefangene erfuhr, waren der General Trochu und Jules Favre am 31. Oktober durch die Aufständischen verhaftet worden. An demselben Tage wurde auch in der Gegend vom Montmartre Gewehr-, Geschütz- und auch Mitrailleusen-Feuer gehört, desgleichen viel Trommeln, Blasen und Glockengeläut. Am folgenden Tage wurde dasselbe Feuer und der nämliche Lärm beobachtet, es wurden auch auf mehreren hochgelegenen Punkten in Paris rothe Fahnen bemerkt.

Am 6. November erfuhr man aus den in einem aufgefangenen Luftballon enthaltenen Nachrichten, daß die frühere Regierung durch ein Plebiscit wieder eingesetzt und somit die communistische Bewegung ohne Erfolg gewesen sei, so daß sie keinen Einfluß auf die Situation hatte gewinnen können.

An seinen Befestigungen arbeitete der Feind mit großem Eifer weiter. Am 25. Oktober hatte er begonnen auf dem Plateau-Rande südlich Nanterre um eine holländische Windmühle herum eine große Schanze mit starken Profilen zu erbauen; der gemauerte Mühlenthurm selbst, von welchem das Dach abgenommen war, wurde bombensicher eingedeckt. Am 11. November war dieses Werk beendet, es wurde mit 5 Geschützen, darunter 2 24pfünder, armirt, welche ihr Feuer am 17. November begannen. Zum Schutze des Baues dieser Schanze waren täglich etwa 2 Compagnien ausgerückt, welche kleine Abtheilungen nach Rueil und über Nanterre hinaus vorgeschoben hatten. Diese Compagnien wurden an jedem Abend mit der Beendigung der Arbeit zurückgezogen mit Ausnahme einer kleinen Abtheilung, welche zur Bewachung des Werkes zurückblieb. Gleichzeitig mit dem Bau der „Mühlen-Schanze" wurde ein ähnliches Werk mit der Front gegen das 4. Corps an der Manufactur ca. ¼ Meile nordöstlich, dicht südlich der Eisenbahn, errichtet und mit 2 Geschützen ausgerüstet.

Nach Beendigung der Mühlen-Schanze blieb diese stark besetzt. Von diesem Zeitpunkt an wurde auch der Vorposten-Dienst beim Feinde regelmäßiger betrieben. Täglich um 1 Uhr rückte 1 Bataillon nach der Mühlen-Schanze und entsendete von dort Abtheilungen nach allen Seiten zum Ablösen. In ähnlicher Weise geschah dies auch vor der Front der 9. Division von der Briquetterie aus; die Fouilleuse erhielt eine Besatzung von 1 Compagnie. Von dieser Zeit an verschwanden auch die Chasseurs à cheval, welche bisher zur Sicherung in dem Vorterrain gestanden hatten.

Die Armirung der Stadtbefestigung und des Mont Valerien mit Geschützen großen Calibers wurde vermehrt; das Granatfeuer gegen unsere Stellung nahm danach auch an Heftigkeit bedeutend zu. Am 6. November begann der Gegner ganze Lagen gegen unsere Stellung loszufeuern und zwar meist in der Nacht gegen

12 Uhr nach verschiedenen Richtungen und mit einer großen Re=
gelmäßigkeit. Unsere Vorposten beobachteten, daß jedesmal kurz
vor Beginn dieses Feuers ein bestimmtes Zimmer auf dem Vale=
rien sich auf einige Minuten erhellte.

Am 24. November meldete das Observatorium La Jonchèrc,
daß auf der südwestlichen Courtine des Mont Valerien ein auf=
fallend großes Geschütz aufgestellt werde. Dieses Geschütz, von
den Truppen später „die große Valerie" genannt, feuerte am 7.
Dezember zum ersten Male und gerade zur Zeit des Befehls=
Empfanges bei der 10. Division im Schloß Beauregard, über
welches die Granaten hinwegflogen und dicht dahinter im Park
einschlugen; sie höhlten in dem in bedeutender Tiefe fest gefrorenen
Boden einen Trichter von ca. 4' Tiefe und 6' Durchmesser aus.
Es war dies eine Schußweite von 1 Meile; auch bis Les Tan=
neries und Le Pecq warf dies Geschütz seine Granaten.

Durch den Ausfall gegen die 10. Division am 21. Oktober
hatte der Feind gezeigt, daß er jetzt zahlreiche Truppen genug
habe, um im offenen Felde große Unternehmungen auszuführen;
es war zu erwarten, daß sich diese Truppen durch die rastlose
organisatorische Thätigkeit der feindliche Generale schnell vermehren
und noch operationsfähiger werden würden. Diese Erwägung
führte dazu, die Befestigungen des Corps immer mehr zu verstärken.

Um nun auch allen Eventualitäten begegnen zu können und
für die Sicherheit der Stadt Versailles, des Hauptquartiers Sr.
Majestät des Königs und Sr. Königlichen Hoheit des Kronprinzen,
im Voraus zu sorgen, wurden auch noch rückwärtige Vertheidi=
gungs=Linien geschaffen.

Bei der 9. Division wurden zunächst an der 1. Vertheidigungs=
Linie die Hindernisse vermehrt. Auf dem rechten Flügel vor der Laiterie
wurden Drahtzäune gezogen, vor den Erdtambours längs der
Parkmauer von St. Cloud Flladerminen gelegt; an der Mon=
tretout=Schanze wurde die südliche Face theilweise eingeebnet, die
Bergerie fortificirt und dieselbe durch eine Reihe von Verschan=
zungen, Schützengräben und Verhauen mit der Nordseite der Foh=
lenkoppel verbunden.

Oestlich des Hospice Brezin wurde die erste Vertheidigungs=
Linie gegen Villeneuve vorgeschoben, indem am Rande der Höhe
Schützengräben und Verhaue angelegt wurden, die links mit der
Batterie „Wilhelmshöhe" in Verbindung standen, rechts durch die

befestigte Villa Fleury an den Park St. Cloud anschlossen. Im Uebrigen wurde vor den Mauern der Vertheidigungs=Linie das Schußfeld durch Niederlegen der Häuser und des Gehölzes vergrößert.

Zum Schutze der Verbindung zwischen den beiden Divisionen wurde ein Verhau angelegt, der nördlich der Ferme Bergerie begann und bis zum Etang de St. Cucufa reichte. Dieser Verhau erhielt im Dezember eine Breite von fast 200 Schritt, und eine außerordentliche Dichtigkeit.

Die 10. Division setzte diesen Verhau in der Schlucht von St. Cucufa bis zur Waldlisiere fort, und legte zu seiner Vertheidigung auf dem Westabhange der Schlucht Schützengräben an. Von der Waldlisiere bis zur Parkmauer von Malmaison erstreckte sich in der Schlucht ein Schlepp=Verhau, der allmählig durch 16 Reihen Wolfsgruben, Cäsarpfählchen und Drahtgitter verstärkt wurde. Um diesen Verhau nicht allein von der Waldlisiere unter Feuer nehmen zu können, wurden auch auf der Höhe westlich Schützengräben mit rückwärtiger Communikation ausgehoben. So waren dem Feinde die Vortheile, welche ihm die Schlucht, wie im Gefecht am 21. Oktober bieten konnten, entzogen.

Im Park von Malmaison, über die Straße nach Rueil vor der großen Barrikade und bei der Villa Dollinger, welche auch Vertheidigungsanlagen und einen detachirten Unteroffizier=Posten erhielt, wurden Drahtgitter gezogen. In Bougival wurde die Straße von der zerstörten Brücke, so weit sie längs dem Seine=Ufer geht, mehrfach verbarrikadirt und zum Schutze dieser Barrikaden nahe gelegene Häuser befestigt; in derselben Weise wurden auch alle Nebenstraßen gesperrt. Zur rückwärtigen Communication für die an der „großen Barrikade" am Ostende von Bougival stehenden Vertheidiger wurde ein Colonnenweg, nördlich der Villa Metternich beginnend, durch die Gärten von Bougival angelegt und ihm an mehreren Punkten eine Vertheidigung gegeben.

Im Park von St. Cloud wurde eine zweite Vertheidigungs= Stellung begonnen, vom Stern bis zur Porte Villeneuve aus Schanzen, Geschütz=Emplecements und Verhauen bestehend. Die Fortsetzung dieser Linie ist zu finden in der östlichen Hospice= Mauer, in den sogenannten „Hospice=Batterien", ferner in dem großen Reduit auf der Fohlenkoppel an deren südlicher Mauer — Kaiser= und Königs=Schanze genannt. Dieses Reduit wurde am 18. November begonnen und schloß westlich an einen großen Verhau an, der sich über Clos Toutain nach Le Butard erstreckte; letzteres wurde befestigt. Bei Le Butard war der Vereinigungs= punkt der zweiten Stellungen der beiden Divisionen.

An Le Butard anschließend legte die 10. Division auf dem Abhang und auf der Höhe Schützengräben und Batterien mit vorliegenden Verhauen bis Beauregard an. Um diesen Emplace= ments ein größeres Schußfeld zu geben, wurde das Gehölz auf dem gegenüberliegenden Abhang und die Bäume an der Straße nach La Celle umgelegt. Nordöstlich von Beauregard bei Bechevet erhob sich auch ein Geschütz=Emplacement, von dem aus in der Richtung Le Butard, La Celle und St. Michel gewirkt werden konnte.

Auch eine dritte Vertheidigungs=Linie wurde in Angriff ge= nommen, sie lag auf den Höhen südlich und westlich Ville d'Avray und Marnes, sie bestand aus 4 großen Batterien, der „Kies=Bat= terie" südlich des westlichen Endes von Ville d'Avray; der Bat= terie Marnes auf der Höhe südlich des Hospice Brezin; der Batterie La Marche dicht westlich des Chateau gleichen Namens; Batterie Jardy westlich der Straße Jardy—Vaucresson am Plateau= rande. Von diesen Batterien aus sollten nöthigen Falls Ville d'Avray, Marnes, der Park von St. Cloud, die Höhe der Bergerie und die Fohlenkoppel unter Feuer genommen werden. Vor diesen Batterien wurden Schützengräben und über 100 Schritt breite Verhaue angelegt, die südlich an der Bahn Versailles—St. Cloud mit ebensolchen Anlagen des 11. Corps in Verbindung standen und sich nach links bis zum Chateau de la Marche erstreckten.

Westlich der Batterie Jardy fand der Verhau im Bereiche der 10. Division seine Fortsetzung; er lag hier südlich der großen Straße Vaucresson—Rocquencourt und reichte bis zum Park von Beauregard. Hinter diesem Verhau wurden 2 Colonnenwege zur Verbindung zwischen den beiden Divisionen hergestellt.

Bald nach dem Gefecht bei Malmaison trat bei der 10. Di= vision in der Vorposten=Aufstellung eine Aenderung ein. Die Vorposten wurden vorgeschoben, so daß die Feldwache Nr. 1 ihren Platz an dem Jägerhäuschen (bei der Porte de Longboyau) erhielt, und die übrigen längs der Lisiere des Waldes von Cucufa und Béranger aufgestellt wurden, ebenso wurde nach dem Schloß Mal=

maison eine Feldwache und nach Villa Dollinger ein Unteroffizier=
Posten vorgeschoben.

Die Feldwache Nr. 1 stand durch einen Unteroffizier=Posten
an der Maner zwischen Buzanval und St. Cucufa in Verbindung
mit der linken Flügel=Feldwache der 9. Division auf dem Plateau
der Bergerie. Zur Sicherheit der Feldwache 1 wurde bei dem
Jägerhäuschen ein bombensicheres Blockhaus erbaut; die Verhaue
in der Schlucht von St. Cucufa erhielten Durchgänge. Die Sou=
tiens wurden nunmehr bei St. Cucufa, dem Observatorium La
Jonchère und bei der „großen Barrikade" aufgestellt. Diese sollten
für den Fall eines feindlichen Angriffs die Feldwachen verstärken,
den Gegner zur Entwickelung zwingen und falls sie denselben
nicht zurückweisen konnten, sich auf die eigentliche Vertheidigungs=
Linie zurückziehen. Die Bewachung der Brücken bei Les Tanne=
ries, welche der Garde=Landwehr=Division oblag, übernahm vom
7. November ab die 10. Division, als erstere mehrere Bataillone
in den Bereich des 4. Corps detachirte.

Das schlechte Wetter, namentlich Ende Oktober, war von sehr
nachtheiligem Einfluß auf die Communicationen. Die sonst vor=
züglichen Hauptstraßen wurden durch den Regen und die bedeu=
tende Frequenz außerordentlich schlecht, und die weichen Waldwege
besonders innerhalb der Vorposten=Stellungen fast grundlos, so
daß kaum Kies=Aufschüttungen und Knüppel=Dämme eine Abhülfe
gewähren konnten. Am 10. November war der erste Frost und
Schnee eingetreten; Ende dieses Monats wurde die Kälte für einige
Zeit anhaltend.

In dem Vorposten=Dienst entwickelte sich bei den Divisionen
im Laufe der Zeit und je nach den speciellen Verhältnissen und
Erfahrungen eine besondere Ordnung.

Bei der 9. Division erfolgte die Ablösung der Vorposten täglich
in den Morgenstunden und zwar auf den Punkten, die dem Feinde
sichtbar waren, wie an der Seine=Front und auf der Montretout=
Höhe, noch vor Tages=Anbruch. An der Seine=Front war sogar
die Ablösung der einzelnen Doppel=Posten bei Tage gefährlich,
so daß die Mannschaften lieber 4 Stunden hintereinander auf
Posten standen, um nicht zu oft hin und her zu passiren und da=
durch das massenhafte Gewehr=Feuer der feindlichen Posten auf

dem jenseitigen Ufer herauszufordern, welches namentlich von einem Wachhause an der Sèvres-Brücke ausging.

Während der Nacht und besonders zur Zeit der Ablösung gingen mehrere Offizier-Patrouillen in das Vorterrain. Dieselben hatten die Instruction, bei Tages-Anbruch auf solchen Punkten einzutreffen, von denen etwaige feindliche Unternehmungen gut bemerkt werden konnten; so mußte sich jeden Morgen, wenn es hell wurde, eine Offizier-Patrouille mit wenigstens 20 Mann in der Montretout-Schanze einfinden, um auch den Oberjäger-Posten daselbst für den Fall eines Angriffs zu verstärken. Eine Maß-regel, die sich später vorzüglich bewähren sollte (den 19. Januar, Schlacht vor dem Mont Valerien).

Hinter jedem Flügel-Abschnitt der 9. Division befand sich noch ein 4. Bataillon aus der Haupt-Reserve für die Schanz-arbeit und event. zur sofortigen Verstärkung der Vorposten.

Die Ablösung der ganzen Vorposten-Brigade geschah alle 12 Tage, die Arbeits-Bataillone blieben 4 Tage als solche im Dienst, so daß es vorkam, daß ein Bataillon 16 Tage hintereinander im anstrengenden Dienst außerhalb Versailles war; wo die übrigen Bataillone der Haupt-Reserve jeden vierten Tag auf Wache zogen. Bei der 10. Division war die Ablösung der Vorposten und die Sicherung derselben in derselben Weise organisirt; hier war noch die Maßregel getroffen, daß in den Morgenstunden die Special-Reserven unter dem Gewehr standen, bis von den vorgeschickten Patrouillen beruhigende Meldungen eingingen. Wenn Ausfälle erwartet wurden, ward auch die Haupt-Reserve concentrirt.

Für den Patrouillen-Dienst hatte die 10. Division eine be-sondere Organisation geschaffen, um die Jäger der 9. Division zu ersetzen.

Bei jedem Bataillon war ein Patrouilleur-Zug aus den intel-ligentesten und unerschrockensten Leuten zusammengestellt in der Stärke von 8 Unteroffizieren und 60 Mann unter einem gewandten Offizier. Diese Mannschaften waren von dem gewöhnlichen Vor-posten-Dienst befreit, sie wurden vornehmlich zu den nächtlichen Patrouillen verwandt und gingen weit in das Vorterrain hinein bis zur Caserne in Rueil, nach Nanterre, Fouilleuse. Es gelang einer Patrouille des Füsilier-Regiments Nr. 37 unter Lieutenant von Buttler, sogar bis fast an das Glacis des Mont Valerien zu gelangen und dort eine große hölzerne Tafel mit einem Gruß an die Vertheidiger des Forts aufzustellen. Es erregte dies natürlich am anderen Morgen ein großes Erstaunen bei den Franzosen, die aber, nachdem sie die Bedeutung der Worte auf der Tafel erkannt, als Erwiderung ihre Mützen gegen unsere Vorposten schwenkten. Später als die Linie der französischen Vorposten vollständiger wurde, gelang es nicht mehr soweit vorzubringen.

Am 4. November empfing eine jede Division 5 Wallbüchsen. Die 9. Division verwandte dieselben an der Seine beim Schloß St. Cloud. Die 10. Division placirte 3 Wallbüchsen am Jäger= häuschen und 2 am linken Flügel bei dem befestigten Hause an der Seine.

Eine offensive Thätigkeit bedeutender Art entwickelten die Pariser Truppen gegen das 5. Corps im November nicht; es kam nur zu kleinen Vorposten=Plänkeleien, die meistentheils bei unserem äußersten rechten oder linken Flügeln vorfielen, bei St. Cloud, Montretout oder Bougival. Am 18. November wurde der Unter= offizier= Posten bei Malmaison durch ca. 2 feindliche Compagnien angegriffen, diese wurden jedoch nach einem kurzen Feuer=Gefecht, in welches die Vorposten=Compagnie an der Barrikade — Haupt= mann Bahlkampf des Regiments Nr. 37 — eingriff, zurückge= wiesen; der Feind hatte einige Verwundete.

Daß der Feind eine größere Unternehmung vorbereitete, darauf deuteten alle Beobachtungen und Verhältnisse in und außer= halb Paris hin. Es schien auf einen Durchbruch abgesehen zu sein. Die Ausführung eines großen Ausfalls und der Versuch, die Cernirung zu durchbrechen, hing wohl vornehmlich von der An= näherung der Entsatz=Truppen ab, über welche sich die Pariser durch ihre vielfachen Communicationsmittel leicht Kenntniß verschaffen konnten. Nach den Aussagen eines am 3. November gefangenen Nationalgardisten sollte ein großer Ausfall schon in den nächsten Tagen bevorstehen. Von Gefangenen, die von Zeit zu Zeit gemacht wurden, erfuhr man dergleichen Nachrichten öfters, ebenso auch durch engagirte Spione. Wenn auch nicht absolut genau, so ent= hielten diese Aussagen doch immer Andeutungen über des Feindes Absichten; sie entstammten meist den von den französischen Offi= zieren in den Cafees und Restaurants geführten Unterhaltungen und den an die Truppen ergangenen Befehlen.

Schon Ende Oktober und Anfang November hatten sich feind=

liche Truppen in der Gegend von Dreux, Mantes und Vernon auf beiden Ufern der Seine gezeigt. Diese Annäherung des Feindes, welche anfänglich von der 5. Cavallerie=Division abgehalten werden konnte, wurde Mitte des Monats so mächtig, daß eine Garde= Landwehr=Brigade am 15. November nach Houdan detachirt werden mußte, zur Unterstützung der Cavallerie=Division. Durch diese Detachirung der Garde=Landwehr erlitt die schon am 3. November vom Ober=Commando getroffene Disposition bezüglich einer bei einem Ausfall aus Paris von der Garde=Landwehr dem 5. Corps bereit zu stellenden Unterstützung keine Abänderung. Bei einer Allarmirung des 5. Corps sollten nämlich sofort 2 Bataillone der Garde=Landwehr=Division nach Versailles rücken, um dort die Ba= taillone der 9. Division freizumachen, ferner sollten 2 Garde=Land= wehr=Bataillone auf der Höhe bei St. Michel zur Unterstützung der 10. Division bereit gestellt werden.

Aber nicht allein aus Nordwesten wurden die Cernirungs= Truppen links der Seine bedroht, sondern auch aus Westen und Süden, wo sich bei Chartres und Orleans bedeutende feindliche Streitkräfte zeigten. Letzteres hatte der General von der Tann am 8. November vor einem übermächtigen Feinde räumen müssen. Zu seiner Unterstützung rückte die Armee Seiner Königlichen Ho= heit des Prinzen Friedrich Carl in starken Märschen von Metz heran. Gegen Westen waren die 17. und 22. Division unter Seine Königliche Hoheit dem Großherzog von Mecklenburg dirigirt.

Gegen Mitte November stand der General von der Tann einem überlegenen Feind bei Toury, 8 Meilen von Versailles, gegenüber; der Großherzog von Mecklenburg nördlich Chartres, 7 Meilen von Versailles. Der Feind war im Vorgehen und avan= cirte aus dem Westen, besonders gegen Mantes und Dreux.

Da man nun wußte, daß Paris mit dem Lande in Commu= nication stand, so war die Möglichkeit einer Cooperation der Be= lagerten und der Entsatz=Truppen wohl anzunehmen. Ein Haupt= mittel dieser Communication waren die schon früher erwähnten Luftballons, von denen zwei am 5. und 13. November aufge= griffen wurden; die in ihnen vorgefundenen Zeitungen und Briefe enthielten Nachrichten, daß am 15. ein großer Ausfall beabsichtigt sei. Dieser konnte gegen das 5. Corps erwartet werden, da am 14. November eine Meldung des Hauptmanns von Reibnitz, Führer des Jäger=Bataillons Nr. 4, aus Bezons einging, daß an diesem

Tage Linien-Infanterie und 7 große Ambulance-Wagen nach dem Mont Valerien gerückt seien; auch waren die Entsatz-Truppen von Westen her schon sehr nahe herangekommen.

Am 15. November Abends 10 Uhr wurden 2 electrische Lichter aus der Richtung von Paris und von St. Germain her beobachtet. Am 20. November waren des Abends von 10—12 Uhr 3 erleuchtete Luftballons über Paris sichtbar, ein ebensolcher erschien in der Nacht zum 28. und zum 30. November.

Eine besonders wichtige, von der Maas-Armee eingegangene Nachricht wurde vom Ober-Commando am 19. November mitgetheilt, daß an jeden Soldaten der Pariser Operations-Armee eine sechstägige Portion verabfolgt worden sei. Ferner wurde an demselben Tage von der 9. Division gemeldet, daß die Einwohner von St. Cloud vom General Trochu die Weisung bekommen hätten, sich baldmöglichst nach Paris hineinzuziehen.

Am 24. und 25. November gingen von der 8. Division aus Sannois Nachrichten ein, daß der Feind einen Brückenschlag südlich Bezons vorbereitete; er hatte eine große Anzahl Kähne in den Gebüschen an der Eisenbahn-Brücke südwestlich Bezons am Abend des 24. niedergelegt. In der Nacht zum 27. November fuhren auf der Pariser Gürtelbahn die Züge häufiger, als gewöhnlich; in welcher Richtung dies geschah, konnte nicht festgestellt werden auch wurde vor dem rechten Flügel der 9. Division lebhafter Wagen-Verkehr und eifriges Arbeiten gehört.

Diese verschiedenen Zeichen, Beobachtungen und Nachrichten, über deren Zusammenhang und Bedeutung die Truppe sich ganz besondere Combinationen machte, erhielten diese in einer außerordentlichen aufregenden Spannung, die jeden Tag einen Angriff im Rücken besorgte in Verbindung mit einem Ausfall der Pariser Garnison. Aber die weiteren Ereignisse im Felde und die Mittheilungen, welche das Ober-Commando täglich bei dem Befehls-Empfang über die allgemeine Situation den Armee-Corps zugehen ließ, mußten sehr bald in dieser Beziehung beruhigen.

Am 23. November wurde mitgetheilt, daß der Großherzog von Mecklenburg mit seiner Armee-Abtheilung auf Le Mans marschire; am 27. November, daß der General von Rheinbaben mit Garde-Landwehr-Infanterie und 1 Husaren-Regiment bei Vernon an der Seine abwärts ein glückliches Gefecht bestanden und daß der General von Manteuffel an diesem Tage eine Schlacht bei

Amiens schlagen werde. Danach war für den Rücken des 5. Armee-Corps aus dem Westen und Nordwesten Nichts zu besorgen. Gegen die bei Orleans auftretenden bedeutenden Streitkräfte des Feindes operirte die Armee des Feld-Marschalls Prinzen Friedrich Carl, Königliche Hoheit, deren Teten-Corps schon Mitte November an der Straße Paris—Orleans angekommen war.

Obgleich der Verlauf des Feld-Krieges für uns überall ein günstiger war, so konnte dennoch nach den Mittheilungen des Ober-Commandos in nächster Zeit ein großer Ausfall erwartet werden. Schon in der Nacht zum 29. November begann der Feind seine offensive Thätigkeit, indem er einen Brückenschlag bei Bezons ver- suchte, der indeß durch das 96. Regiment vereitelt wurde.

Am 29. November, am frühen Morgen begann eine heftige Kanonade gegen die Stellung des 5. Armee-Corps; unter dem Schutze derselben entwickelte der Feind gegen 8 Uhr etwa 9 Ba- taillone Infanterie — meist Mobilgarden —, 1 Batterie und und etwas Cavallerie. Die Special- und Haupt-Reserven wurden allarmirt. Bei der 9. Division waren die beiden Brigaden gerade in der Ablösung begriffen; die abgelösten Bataillone der 18. Brigade wurden bei Jardy concentrirt. Die 2. Fuß-Abtheilung der Corps-Artillerie rückte nicht aus, sondern hielt sich nur zum sofortigen Abmarsch bereit.

Der Feind, welcher 2 Bataillone bei dem gesprengten Hause in Reserve zurückhielt, ging mit den übrigen Truppen gegen mehrere Punkte unserer Stellung vor. 3 Bataillone waren so schnell gegen die Garcher-Höhen vorgebrochen, daß sie den Jäger-Posten Nr. 4 beim weißen Hause belogirten, doch wurden sie sofort von der heraneilenden 4. Jäger-Compagnie von der Höhe heruntergeworfen. Die übrigen Jäger-Compagnien hatten unterdeß ihre Stellungen erreicht und traten — mit Ausnahme der 1., welche bei der Ber- gerie stand —, unterstützt durch einige Infanterie-Feldwachen, in ein Feuer-Gesecht mit dem Feinde. Die 2. Jäger-Compagnie in St. Cloud hielt durch ihr Feuer ein Linien-Infanterie-Bataillon, welches im Seine-Thal avancirte, zurück.

Gegen die 10. Division ging der Feind über Rueil, Bahnhof Rueil und Villa Crochard auf Malmaison und das Jägerhäuschen mit auch etwa 3 Bataillonen vor. An diesen Punkten wurden gerade die bisherigen Vorposten abgelöst. Die alten und neuen Vorposten — 1. und 2. Bataillon des Füsilier-Regiments Nr. 37

und Füsilier-Bataillon des Infanterie-Regiments Nr. 50 — empfingen den Feind, welcher schon auf weite Distanzen das Feuer eröffnete; in den Vorposten-Stellungen und begannen erst auf 300 Schritt das Gewehr-Feuer.

Bei beiden Divisionen hatte das diesseitige Feuer den Erfolg, daß die feindliche Infanterie, welche auf das Heftigste und meist ohne anzuschlagen schoß, troß aller Bemühungen ihrer Offiziere nicht weiter vorzubringen war, sondern sich, nachdem die Schüßen-Linien mehrere Male abgelöst worden, zurückzog. Aus einer bedeutenden Entfernung unterhielt die feindliche Infanterie noch längere Zeit ein heftiges Gewehr-Feuer, welches aber unsererseits nicht erwidert wurde. Gegen 12 Uhr ging der Feind gänzlich nach dem Mont Valerien zurück. Die gewöhnliche Vorposten-Stellung wurde eingenommen und die Reserven in ihre Kantonnements entlassen.

Bei der 9. Division waren 2 Jäger geblieben, 3 Jäger, je 1 Mann des Regiments 47 und 58 schwer verwundet, 5 Jäger leicht verwundet. Bei der 10. Division: 1 Mann des Füsilier-Regiments Nr. 37 leicht verwundet. Der feindliche Verlust wurde auf 1 Bataillons-Commandeur, einige Offiziere und circa 50 Mann Todte und Verwundete geschäßt. Im Laufe des Nachmittags räumten 8 französische Ambulance-Wagen das Gefechtsfeld auf.

Während der ganzen Nacht zum 30. November unterhielt der Feind ein sehr lebhaftes Geschüß-Feuer gegen die Stellung des 5. Corps, namentlich vom Mont Valerien und der Mühlen-Schanze aus. Von 1¼ Uhr Nachts wurde eine heftige Kanonade, etwa 20 Schuß in der Minute, gegen das bayerische und 6. Armee-Corps vom Observatorium Villa Stern beobachtet. Von 3 Uhr Morgens ab hörte man in südöstlicher Richtung starkes Gewehr- und Mitrailleusen-Feuer, und im Bois de Boulogne viele Hörner und Trommelsignale.

Am Morgen des 30. November bald nach 7 Uhr wurden feindliche Truppen (Mobilgarden) im Anmarsch gegen die Stellung des 5. Armee-Corps gemeldet. Die Vortruppen des Corps nahmen ihre Gefechts-Stellung ein, die Jäger-Compagnien besetzten die Garcher-Höhen, die Special-Reserven wurden allarmirt, die Haupt-Reserven dagegen sollten sich nur zum Ausrücken bereit halten. Bei der 10. Division war jedoch durch mißverstandene Signale die Haupt-Reserve bei Beauregard concentrirt worden;

auch rückten 3 Bataillone der Garde-Landwehr in Versailles ein. Während des feindlichen Anmarsches bewarfen die feindlichen Festungs-Geschütze die Stellung des 5. Corps mit Granaten vom Mont Valerien und der Mühlen-Schanze bis gegen ¹/₂8 Uhr; die Batterien der Stadt-Enceinte und bei Boulogne dagegen setzten ihr flankirendes Feuer gegen die Garcher-Höhen fort.

Gegen die Montretout-Schanze und die Höhe der Bergerie avancirten je 1 Bataillon mit vorgezogenen Tirailleurs, sie kamen nur auf 800 resp. 400 Schritt an die diesseitige Aufstellung heran; bei der Bergerie wurden sie durch einen an die Buzanval-Mauer vorgeschobenen Zug der 1. Jäger-Compagnie abgewiesen. Gegen die 10. Division, von welcher die 20. Brigade auf Vorposten stand, avancirten 3 Bataillone durch Rueil gegen Malmaison und gegen das Jägerhäuschen, unterstützt durch 2 Feld-Geschütze, welche gegen La Jonchère und das Jägerhaus feuerten. Die feindliche Infanterie wurde auch hier durch das diesseitige Feuer auf eine große Entfernung zurückgehalten, aus welcher dieselben auf das Geradewohl gegen unsere Stellung feuerten. Die Soutiens des Feindes hatten sich unterdeß Feuer angezündet, um sich zu wärmen. Gegen 11 Uhr zog sich der Feind gänzlich zurück. Bei der 10. Division war an diesem Gefecht das 2. und 3. Bataillon des Füsilier-Regiments Nr. 37 und das 2. Bataillon des Infanterie-Regiments Nr. 50 betheiligt gewesen. Um Mittag war die gewöhnliche Vorposten-Stellung eingenommen und die Reserven rückten in ihre Cantonnements. Der feindliche Verlust mochte wohl ca. 30 Mann betragen; diesseits waren 2 Jäger, 1 Mann des Infanterie-Regiments Nr. 59 geblieben und 4 Mann verwundet.

Die Unternehmungen des Gegners am 29. und 30. November gegen das 5. Corps waren nur Demonstrationen, um die Truppen desselben zu beschäftigen, denn den eigentlichen Ausfall und zwar im großartigsten Maaßstabe führte der Feind im Südosten von Paris am 30. November aus. Es waren die Würtemberger zwischen Seine und Marne und das 6. Armee-Corps, welche auf das Heftigste und mit überlegenen Kräften angegriffen wurden. Der furchtbare Kanonendonner und das Mitrailleusengeknatter war selbst beim 5. Armee-Corps auf 3 Meilen directe Entfernung zu hören, da die Luft klar war und der Wind aus Osten kam. Diese wüthende Schlacht bei Champigny wurde am 2. Dezember fortgesetzt. Nach den Bewegungen des Feindes am 3. Dezember zu schließen, konnten noch heftigere Angriffe am 4. Dezember erwartet werden. Es erging deshalb noch am Abend des 3. Dezember vom Ober= Commando der Befehl, die beiden reitenden Batterien, 1 Escadron des Dragoner=Regiments Nr. 14 mit Tages=Anbruch nach Massy rücken zu lassen, wo sie mit den übrigen dorthin dirigirten dis= ponibeln Truppen der III. Armee unter die Befehle des Generals der Infanterie von Tümpling treten sollten. Das 6. Armee=Corps sollte dagegen Truppen auf das rechte Seine=Ufer detachiren. Da es dort zu keinem Kampfe mehr kam, so kehrten die detachirten Truppen am 5. Dezember wieder zurück.

Vor der Front des 5. Armee=Corps blieb es in diesen Tagen ziemlich ruhig, selbst das Granat=Feuer war schwächer geworden. Nur am 2. Dezember griff eine Abtheilung von ca. 40 Frankti= reurs den Unteroffizier=Posten bei Malmaison an, wurde jedoch mit einem Verlust von 5 Mann zurückgewiesen. Die Anwesen= heit von 6000 Franktireurs in Nanterre war schon am Tage vorher gemeldet worden.

Zur Zeit der Schlacht bei Champigny bestanden unsere Ope= rations=Truppen heftige Kämpfe gegen die feindliche Loire=Armee. Zu denselben trat das 5. Armee=Corps insofern in Beziehung, als dasselbe am 3. Dezember auf Befehl des Ober=Commandos 2 Artillerie= und 2 Infanterie=Munitions=Colonnen in forcirtem Marsche zur Armee=Abtheilung des Großherzogs von Mecklenburg auf Orleans detachirte, um deren Munition zu ergänzen. Diese Colonnen hatten noch am 4. Dezember Gelegenheit, während der Schlacht bei Orleans jenen Truppen Munition zuzuführen.

In den blutigen Kämpfen bei Orleans war des Feindes Haupt=Armee, welche zum Entsatz von Paris alle Anstrengungen gemacht hatte, durch die Armee Seiner Königlichen Hoheit des Prinzen Friedrich Carl und die Armee=Abtheilung Seiner König= lichen Hoheit des Großherzogs von Mecklenburg so aufs Haupt geschlagen, daß sie in größter Hast sich gegen Westen zurückziehen mußte und dann durch immer neue Niederlagen der gänzlichen Auflösung nahe gebracht wurde.

Die siegreichen Schlachten bei Orleans und Paris bezeichnen einen neuen Abschnitt im Kriege auch für die Cernirung von Paris. Die größte Gefahr für dieselbe war nun beseitigt.

Seine Majestät der König sprach dies in folgendem Armee-Befehl aus:

„Soldaten der verbündeten deutschen Armeen! Wir stehen abermals an einem Abschnitt des Krieges. Als Ich zuletzt zu Euch sprach, war mit der Capitulation von Metz die letzte der feindlichen Armeen vernichtet worden, welche uns beim Beginn des Feldzuges gegenüberstanden. Seitdem hat der Feind durch die außerordentlichsten Anstrengungen uns neugebildete Truppen entgegengestellt, ein großer Theil der Bewohner Frankreichs hat seine friedlichen, von uns nicht gehinderten Gewerbe verlassen, um die Waffen in die Hand zu nehmen. Der Feind war uns an Zahl oft überlegen, aber dennoch habt Ihr ihn wiederum geschlagen, denn Tapferkeit und Mannszucht und das Vertrauen auf eine gerechte Sache sind mehr werth, wie die Ueberzahl. Alle Versuche des Feindes, die Cernirungs-Linie von Paris zu durchbrechen, sind mit Entschiedenheit zurückgewiesen worden, oft zwar mit vielen, blutigen Opfern, wie bei Champigny und bei Le Bourget — aber auch mit einem Heldenmuth, wie Ihr ihn überall beweiset. Die Armeen des Feindes, welche zum Entsatz von Paris von allen Seiten heranrückten, sind sämmtlich geschlagen. Unsere Truppen, die zum Theil noch vor wenig Wochen vor Metz und Straßburg standen, sind heute schon über Rouen, Orleans und Dijon hinaus, und neben vielen kleineren siegreichen Gefechten sind zwei neue große Ehrentage — Amiens und die mehrtägige Schlacht von Orleans — den früheren hinzugetreten. Mehrere Festungen sind erobert und vieles Kriegs-Material ist genommen worden; somit habe Ich nur Anlaß zur größten Zufriedenheit und es ist Mir eine Freude und ein Bedürfniß, Euch dies auszusprechen. Ich danke Euch Allen, vom General bis zum gemeinen Soldaten. Beharrt der Feind bei einer weiteren Fortsetzung des Krieges, so weiß Ich, daß Ihr fortfahren werdet dieselbe Anspannung aller Kräfte zu bethätigen, welcher wir unsere bisherigen großen Erfolge verdanken, bis wir einen ehrenvollen Frieden erringen, der würdig der großen Opfer ist, die an Blut und Leben gebracht worden.

Hauptquartier Versailles, den 6. Dezember 1872.

gez. Wilhelm."

Dezember.

In den ersten Tagen nach den großen Ausfall-Schlachten im Osten von Paris wurde auffallender Weise nicht an den feind= lichen Befestigungen gearbeitet; erst am 7. Dezember nahm der Feind Erdarbeiten und zwar am Bahnhof Rueil wieder in Angriff. Hier, wo sich sonst am Tage nur kleine feindliche Patrouillen mit aller Vorsicht gezeigt hatten, wurde eine Patrouille des Gre= nadier = Regiments Nr. 6 am Morgen des 6. Dezember plötzlich mit einem heftigen Gewehr = Feuer empfangen, durch welches ein Grenadier getödtet wurde. Es stellte sich nach und nach heraus durch Beobachtungen, Recognoscirungen und andere Nachrichten, daß der Bahnhof von Rueil, die umliegenden Häuser und der Bahndamm selbst zur energischen Vertheidigung hergerichtet werden sollten, und daß diese Arbeit von ca. 100 Pionieren ausgeführt wurde. Diese Position war, wie am 19. Dezember vom Obser= vatorium gemeldet wurde, zur Aufnahme von 2 Geschützen ein= gerichtet, welche am 27. Dezember eingefahren wurden und ihr Feuer gegen Chatou begannen.

Es waren dies aber nicht die einzigen Befestigungen, welche der Feind neu errichtete; es entstand im Laufe des Dezember vor der Front des 5. Armee=Corps eine fast zusammenhängende Ver= theidigungs = Linie vom Bahnhof Rueil bis Suresnes. Die all= mählige Entstehung derselben wurde durch die Beobachtungen der Vorposten und des Observatoriums auf das Genaueste verfolgt. Bei dem „gesprengten Haus", bei der Fouilleuse und der Bri= queterie begann der Feind am 12. Dezember mit Abtheilungen von 60—100 Mann zu arbeiten, die theils den Linien = Truppen, theils der Marine und den Mobilgarden angehörten.

Am gesprengten Hause entstand ein Schützengraben mit 2 Emplacements für je 2 Geschütze an beiden Enden; diejenigen auf dem rechten Flügel waren gegen Rueil und Malmaison, die an= deren auf dem linken Flügel gegen Buzanval und die Höhe der Bergerie gerichtet. Am 20. Dezember war das Werk beendet und armirt. Die Fouilleuse wurde zur Vertheidigung eingerichtet; um dieselbe herum im Garten ein Verhau angelegt und zu beiden Seiten Schützengräben ausgehoben, die nach dem linken Flügel über die Briqueterie bis nach Suresnes verlängert und zu einer vollständigen gedeckten Communication ausgearbeitet wurden. Hinter der Briqueterie erhob sich ein Emplacement für 4 Geschütze.

Die Villa Crochard war den Vorposten der 10. Division schon lange ein Dorn im Auge gewesen, da sie den feindlichen Patrouillen als günstiger Ausgangs- und Rückzugspunkt diente. In der Nacht zum 16. Dezember wurde eine starke Offizier-Patrouille, versehen mit allen möglichen Brandkörpern, vorgeschickt, um diese Villa durch Feuer zu zerstören. Es gelang auch, unbehelligt vom Feinde, die Gebäude anzustecken; doch brannten sie nur zur Hälfte aus, so daß trotzdem die Franzosen am 18. Dezember mit der Fortificirung der Villa beginnen konnten. Zur Unterstützung der Vertheidigung derselben wurden noch Schützengräben zu beiden Seiten und auf dem Abhange in ihrem Rücken (unter dem gesprengten Hause) ausgehoben. Am 30. Dezember legten die Franzosen am Fuße der Mühlen-Schanze, deren artilleristische Armirung durch ein Geschütz schweren Calibers am 18. Dezember vermehrt worden war, zu beiden Seiten der Wege nach Nanterre und Rueil Verhaue an.

Auch auf dem Mont Valerien arbeitete der Vertheidiger eifrig weiter an der Herstellung von Blendagen und bombensicheren Eindeckungen der Kasernen. Am 19. Dezember wurden auf der Plattform des am höchsten liegenden Gebäudes des Forts, 3 Geschütze kleineren Calibers, jedenfalls nur Signal-Kanonen, aufgestellt, von denen das eine gegen Norden, die andern gegen Westen gerichtet waren. Am 23. Dezember entstand auf der Plattform der mittelsten Caserne ein Observatorium.

Zum Schutze der Arbeiten in der französischen Vorposten-Linie waren am Tage stets mehrere Compagnien vorgeschoben, welche sich dabei mit Exercier-Uebungen, Tirailliren und Schießen beschäftigten.

Alle vorgeschobenen befestigten Punkte des Feindes hatten von dem Beginn ihrer Entstehung an eine ständige Besatzung erhalten. Die Fouilleuse war am stärksten besetzt, meist mit einigen Compagnien; in den übrigen Befestigungen standen nur 60—100 Mann. Von Suresnes aus wurde bis in die Höhe der Briqueterie auch am Tage eine Feldwache vorgeschoben.

Der Feind schien, wie aus seiner Thätigkeit wohl geschlossen werden konnte, anzunehmen, daß ein Angriff gegen den Mont Valerien im Werke sei, wozu ihn wohl die eifrigen und bedeutenden

Arbeiten auf dem Plateau von La Celle, auf der Fohlenkoppel und im Park von St. Cloud verleitet haben mögen. Diese Arbeiten waren seiner Aufmerksamkeit nicht entgangen. Von dieser Annahme ausgehend mag der Gegner auch die vor dem Mont Valerien liegenden Oertlichkeiten befestigt haben, um möglichst lange das Vorterrain festhalten zu können, auch ist wohl jene Annahme die Veranlassung gewesen, daß vom Beginn des Monats Dezember an das Granat=Feuer gegen das 5. Armee=Corps eine furchtbare Heftigkeit annahm. Es dürfte nicht uninteressant sein, in dieser Beziehung einige Tage im Detail zu verfolgen.

Vom Obfervatorium La Jonchère wurde das Feuer des Mont Valerien und der Mühlen=Schanze sehr genau beobachtet; in den regelmäßigen Meldungen desselben an das General=Commando, Morgens, Mittags, Abends, wurde stets die Zahl der gefallenen Schüsse genau angegeben. Die etwa stattgefundenen Verluste waren in den Meldungen der Divisionen verzeichnet. Den 7. Dezember: In der Nacht vom Valerien 24 Schuß; von der Mühlen=Schanze 10 Schuß. Keine Verluste. Am Nachmittag: Valerien 44 Schuß, davon 8 aus der Valerie, Mühlen=Schanze 18 Schuß. 1 Mann des Regiments Nr. 58 leicht verwundet. Den 8. Dezember: In der Nacht: Valerien und Mühlen=Schanze: 48 Schuß. Am Nachmittag: Valerien: 21 Schuß, Mühlen=Schanze 26. Keinen Verlust. Den 9. Dezember, Nachts: Valerien 7 Schuß, Mühlen=Schanze 3 Schuß. Vormittag: Valerien 29 Schuß, Mühlen=Schanze 6 Schuß. Nachmittag: Valerien 24 Schuß, Mühlen=Schanze 22 Schuß. 1 Mann des Regiments Nr. 59 verwundet. Den 10. Dezember, Nachts: Valerien 51 Schuß, Mühlen=Schanze 18 Schuß. Nachmittag 20 Schuß. Keine Verluste. Den 11. Dezember: Nachts und am Tag nur einige Schüsse. Keine Verluste. Den 12. Dezember: Nachts vom Valerien und Mühlen=Schanze 96 Schuß. Nachmittag: Valerien 30 Schuß, Mühlen=Schanze 5 Schuß. Keine Verluste. Den 13. Dezember, Nachts: Valerien 45 Schuß. Keine Verluste.

Nimmt man das Eisengewicht jeder dieser 547 Granaten nur zu $^1/_6$ Centner an, so kommen auf die beiden Verwundungen in der Zeit vom 7. bis 13. Dezember 68 Centner Eisen. Dieses Verhältniß ist aber in Wirklichkeit ein viel höheres, denn zu diesen 547 Granaten, welche der Mont Valerien und die Mühlen=Schanze gegen die Stellung des 5. Armee=Corps geschleudert hatten, müssen noch die Granaten gezählt werden, welche aus den Enceinte= und Boulogner=Batterien und von den Kanonenbooten gegen die Stel= lung der 9. Division geworfen worden sind; diese konnten aber nicht mit jener Genauigkeit gezählt werden, da auf dem rechten Flügel der 9. Division kein Observatorium lag und die Angaben der Vorposten sehr differirten.

Aber nicht allein die Vorposten waren durch Granaten be= droht, sondern bisweilen auch die weit rückwärts gelegenen Can= tonnements der Haupt=Reserven; bis Les Tanneries, Louveciennes, Beauregard, Jardy, Ville d'Avray, Sèvres flogen die feindlichen Granaten. In der Moutretout=Schanze gab es keinen Quadrat= Meter, der nicht von feindlichen Geschossen durchwühlt war.

Am stärksten war das Feuer am 20. und 21. Dezember. In der Nacht zum 20. feuerte der Valerien 38, die Mühlen=Schanze 14 Schuß nach den diesseitigen Stellungen. Am Nachmittag unter= hielt der Valerien ein starkes Feuer aus allen Geschützen gegen die Stellung der 9. Division, ca. 150 Granaten gegen die Fohlen= koppel, Bergerie, Garches und Vaucresson. Zur selben Zeit hef= tiges Feuer gegen La Celle = St. Cloud, Les Greffets und die Bat= terie = Stellung bei Beauregard. Keine Verluste. Von den Bou= logner=Batterien wurde nach der Montretout=Schanze, sowie in der Richtung auf Schloß Villeneuve ebenso heftig und resultatlos geschossen.

Ueber den 21. Dezember sagt das Tagebuch des General= Commandos, welches hier möglichst ausführlich wiedergegeben wird, um gleichzeitig ein Bild von dem Verlauf eines Tages vor Paris zu geben, Folgendes:

„In der Nacht zum 21. Dezember unterhielt der Feind von 8 Uhr Abends ab ein unausgesetztes überaus lebhaftes Feuer vom Mont Valerien, Mühlen=Schanze und den Seine=Batterien gegen die ganze diesseitige Stellung; von 2 Uhr Nachts ab hauptsächlich gegen die 10. Division. Fort Valerien und Mühlen=Schanze feuerten während der Nacht 234 Schuß (1 Mann des 6. Regi= ments durch Granatsplitter verwundet). Truppen = Bewegungen wurden in der Nacht nicht wahrgenommen.

Der Feind arbeitete am Tage auf dem Eisenbahndamm bei Nanterre, wohin mehrere Eisenbahnwagen durch Menschen gefahren wurden.

Auf dem Mont Valerien hörte man in der Nacht Geschrei,

Gesang und Lärm und in Paris Trommeln und Blasen. Morgens 8½ Uhr zeigten sich mehrere feindliche Bataillone (Mobilgarden mit Tornister) von Suresnes herkommend. Eins dieser Bataillone dirigirte sich gegen die Stellung der 9. Division. 4 Bataillone marschirten in der Richtung des gesprengten Hauses, an welchem ein Stab hielt. Villa Crochard wurde durch 1—2 Compagnien verstärkt. Das Fort Valerien hißte an den Flaggenstöcken die Gefechtswimpel auf.

In Folge dieser Bewegung des Feindes wurden die Vorposten-Brigaden allarmirt und rückten die Special-Reserven 2c. in die Gefechts-Stellungen. Während dessen unterhielt der Feind vom Fort Valerien und Mühlen-Schanze ein heftiges Feuer gegen die ganze diesseitige Stellung und gegen Chatou. Es wurden über 300 Schuß gezählt. 1 Mann des 6. Regiments durch Granatsplitter verwundet. Außerdem betheiligten sich die Boulogner- und Eisenbahnviabuct-Batterien sehr lebhaft an dem Feuer nach der Montretout-Schanze und dem Park von St. Cloud. (Keine Verluste.)

Der Feind begnügte sich indeß mit dieser Kannonade; die Bataillone machten nur eine Demonstration und exercierten im Feuer. Nur in der Richtung der Bergerie näherten sich feindliche Tirailleure bis auf ca. 200 Schritt der Parkmauer, legten sich daselbst hin und wechselten einige Schüsse mit dem Jäger-Posten; 1 französischer Offizier wurde hierbei erschossen; auch wurden 2 Mann einer Patrouille, welche sich der Montretout-Schanze näherten von dort aus erschossen. Diesseits kein Verlust. Gegen 11 Uhr trat der Feind den Rückzug an. Die Abtheilungen des feindlichen rechten Flügels dirigirten sich zuerst nach Nanterre, dann nach dem Fort. Villa Crochard blieb mit 1—2 Compagnien besetzt. Die beiden Geschütze vom gesprengten Hause wurden wieder hinter die Mühlen-Schanze gefahren. Um 2 Uhr 20 Minuten fielen die Gefechtswimpel auf dem Fort, auch die Flaggenstöcke wurden entfernt.

Unterdeß war von der 8. Division aus Sannois telegraphisch angezeigt worden: „Die Schanze zwischen Colombes und Nanterre ist sehr stark besetzt worden. Immer neue Truppenzüge sind dorthin in Anmarsch.   gez. von Schöler."

Auch das Observatorium La Jonchère hatte gemeldet: „An der Aluminium-Fabrik (dicht nördlich Nanterre) scheinen größere

Infanterie-Abtheilungen zu stehen, zwischen Seine und Bahn debouchiren 2 Bataillone. gez. von Malachowski."

Die Garde-Landwehr-Division hatte ferner gemeldet: „Feind hat 100 Schritt südlich der Eisenbahn-Brücke bei Chatou 4 Pontons zum Brückenbau eingefahren, arbeitet jetzt an Schützengräben. Gehe mit 2 Batterien dahin ab. gez. Loën." — Die 10. Division meldete hierauf bezüglich, daß diesseits von einem Brückenschlage Nichts zu bemerken sei, daß einige Kähne an der bezeichneten Stelle lägen.

Da indeß Nichts weiter erfolgte, wurde vom commandirenden General, der sich mit dem Chef des Stabes auf die ersten Meldungen von den Vorposten nach dem Observatorium La Jonchère begeben hatte, das Einrücken der allarmirten Abtheilungen befohlen.

In Folge eines vom Polizei-Direktor Stieber eingereichten Berichts wurde am Vormittage dem Commandanten von Versailles, General-Major von Voigts-Rhetz vom Ober-Commando eine Haussuchung auf Waffen und das Aufgreifen alles verdächtigen Gesindels befohlen. (Es sollten sich ca. 80 Sträflinge herumtreiben.) In Folge dessen wurde von der Commandantur die Concentrirung der in Versailles stehenden Infanterie-Bataillone (excl. Wachen) sowie der Cavallerie auf dem Place d'armes um 1½ Uhr angeordnet. Die Thore wurden geschlossen, Infanterie durchsuchten die verdächtigen Häuser, während Cavallerie-Patrouillen durch die Straßen ritten. Eine Anzahl Waffen, meist Jagd-Gewehre, sowie ca. 100 verdächtige Personen wurden in Sicherheit gebracht. Am Vormittag wurde bei der 9. Division lebhaftes anhaltendes Geschütz-Feuer in nordöstlicher Richtung gehört. Nachmittags feuerten die Enceinte- und Boulogner-Batterien sehr lebhaft nach dem Park von St. Cloud. (1 Mann des Regiments Nr. 58 durch Granatsplitter leicht verwundet.) Gleichzeitig wurden von den Wallbüchsen der 9. Division ca. 50 Schuß auf Häuser jenseits der Seine, aus denen auf die diesseitigen Feldwachen geschossen worden war, mit sichtbarem Erfolge abgefeuert.

Das Observatorium La Jonchère meldete 4 Uhr 45 Minuten: „In Nanterre und der Manufactur sind Lazarethe errichtet worden. 20 Lowries, anscheinend mit Bauholz und Eisenbahnschwellen beladen, werden zwischen Rueil und Nanterre abgeladen. Die Barrikade, welche den Bahndamm am Bahnhof Rueil sperrte, ist aufgeräumt worden. Unter der Eisenbahn-Brücke stehen 10 Kähne, darunter 5 auf Rädern.   gez. von Malachowski."

Von Villa Stern (Lieutenant von Senden) wurden 7 Eisen=bahnzüge, 4 Richtung Vaugirard, 3 Richtung Auteuil, den Eisen=bahn=Viaduct passirend, beobachtet. Ein Kanonenboot unterhielt ein ziemlich lebhaftes Feuer gegen Sèvres und die Kronprinz=Schanze. Vor dem Fort Issy wurde gearbeitet. Bereits seit 3 Tagen wurde täglich das Terrain zwischen Issy und Vanvres durch Offiziere mit großem Gefolge recognoscirt. Diesseits sind die Verstärkungs=Arbeiten fortgesetzt. Das Wetter war klar. Mittags trat Frost ein, der nach und nach ziemlich stark wurde.

Abends 7¼ Uhr traf die telegraphische Bitte der Garde=Landwehr=Division ein, einen Spreng=Apparat zur vollständigen Zerstörung der Brücke nach Chatou zu senden, dies geschah."

Nicht erst durch die Ereignisse am 21. Dezember war das Augenmerk auf Nanterre gelenkt worden, schon seit mehreren Tagen war eine besondere Aufmerksamkeit auf diesen Ort und seine Um=gebung gerichtet worden.

Am 13. Dezember brachte man in Erfahrung, daß der Ge=neral Schmitz, der Chef des Stabes des General Trochu, in Nan=terre anwesend gewesen war. Am 15. wurde beobachtet, daß der Bahnkörper bei Nanterre und auch die Telegraphen=Leitung aus=gebessert wurden. Am Abend desselben Tages sah man Signal=lichter auf dem Valerien, in Rueil, Courbevoie, Aluminium=Fabrik und Carrières. Im Laufe des 18. wurden Wege=Ausbesserungen bei Nanterre bemerkt, auch entdeckte man bei Petit Nanterre eine neue Flesche, gegen Bezons gerichtet. Den Tag darauf wurde eine Ab=theilung von Reitern — anscheinend ein Stab — beobachtet, die sich von Petit Nanterre über Nanterre nach dem Mont Valerien bewegte. Zwei Tage darauf sah man neben dem Observatorium auf dem Mont Valerien eine größere Anzahl höherer Offiziere und auch Civilisten, welche sich einer großen Karte, sowie eines langen Fernrohres bedienten.

Auffallend mußte es erscheinen, als am 20. bei Nanterre der Eisenbahnverkehr wieder eröffnet wurde. Eine Locomotive brachte 20 Wagen bis zu diesem Orte und kehrte sofort wieder zurück, auch die Eisenbahnstrecke Asnières—Suresnes wurde befahren, was bis bisher nie geschehen. Bei Courbevoie war ein Batterie=Emplacement auf dem Bahnkörper abgetragen worden, jedenfalls um diesen wieder fahrbar zu machen. Diese Nachricht kam von Orgémont, dem Observatorium des 4. Armee=Corps, und wurde durch die Beobachtungen bei der 10. Division und auf dem Observatorium La Jonchère bestätigt. Eisenbahnverkehr fand bei Nanterre auch an den folgenden Tagen statt.

Diese auffallenden Bewegungen und die am Bahnhof Rueil und in der Seine entdeckten Kähne ließen auf die Absicht des Feindes schließen, einen Fluß=Uebergang zu unternehmen und zwar bei Chatou. Die Ausführung desselben sollte, wie es schien, durch die Herstellung einer sicheren Communication vom Bahnhof Rueil längs des Bahndammes nach der Seine hin unterstützt werden.

Einem solchen Unternehmen zu begegnen, wurden in der Nacht zum 26. Dezember sechs an der Eisenbahn=Brücke bei Chatou in der Seine liegenden Kähne von Patrouillen der 10. Division durch Feuer zerstört. Diese Kähne waren bereits zusammengefügt, mit Brettern belegt und bildeten den Anfang einer Ponton=Brücke. In der folgenden Nacht wurde der noch stehende Theil der Eisenbahn=Brücke bei Chatou, welcher dem Feinde bei einem Brücken=schlage von Nutzen hätte sein können, gesprengt.

Neben der außerordentlichen Rührigkeit des Feindes fehlten natürlich auch nicht die Gerüchte über einen bevorstehenden Ausfall. Die darauf bezüglichen Nachrichten gingen Anfangs Dezember dahin, daß der Ausfall in der Richtung auf Fontainebleau beabsichtigt sei, denn die Franctireurs in Nanterre hatten davon gesprochen, daß für sie die Straße nach Orleans offen sei, und sie voraussichtlich bei der Loire=Armee Verwendung finden würden. Auch hatte Mitte des Monats ein französischer Ingenieur=Offizier geäußert, daß Truppen=Versammlungen vor der Südfront stattfänden. Die hiernach beabsichtigte Richtung für einen Ausfall konnte man erst verstehen, als man erfuhr, daß in Paris die günstigsten Nachrichten über die Loire=Armee verbreitet seien.

Mitte und Ende Dezember mußte jedoch das Verhalten und die Thätigkeit des Gegners, wie sie bei dem Mont Valerien beobachtet wurden, zu dem Schlusse führen, daß seinerseits gegen Westen nicht blos an die Defensive, sondern auch an eine Offensive gedacht werde.

Diese Erwägung hatte den commandirenden General schon am

18. Dezember veranlaßt, den Vorposten erhöhte Wachsamkeit zu empfehlen, da die vorgeschobenen Befestigungen den Feind in die Lage versetzten, unbeachtet sich zu kleineren Unternehmungen vorzubereiten und überraschend gegen unsere Stellung vorzugehen. Zum theilweisen Schutze gegen solche kleine Insulten seitens des Feindes ordnete der commandirende General die Verstärkung, namentlich der Hindernißmittel auf der ganzen Front an. Auch wurde in dem Ausbau der Vertheidigungs-Anlagen selbst eifrig fortgefahren.

Bei der 9. Division wurde das Dorf Garches, dessen Besitz dem Feinde die Möglichkeit geben konnte, unsere Artillerie-Stellungen bei Brezin unwirksam zu machen, allmählig ausgebrannt. Auf dem äußersten rechten Flügel wurde der Abschluß der Vertheidigungs-Linie nach der Seine hin vervollständigt und zwischen und nach den Doppel-Posten an der Seine gedeckte Communicationen hergestellt. Von dem Stern nach der Laterne wurde gegen Ende des Monats ein großer Verhau geführt, auf dem Stern selbst ein granatsicherer Raum gebaut. Dieser Verhau hatte vornehmlich den Zweck, die Belagerungs-Batterie Nr. 1 gegen einen in den Park von St. Cloud vordringenden Feind zu schützen. Die starke Besetzung der Fouilleuse durch den Feind gab Veranlassung, die in der Bergerie stehende Abtheilung zu verstärken; auch wurde dort ein bombensicherer Raum durch Pionniere hergestellt.

Bei der 10. Division wurden die bestehenden Anlagen vervollständigt und weiter ausgeführt. Auf der Höhe bei St. Michel entstanden neue Befestigungen. Es wurden dort mehrere Geschütz-Emplacements gebaut und vor ihnen Schützengräben am oberen Rande des Abhanges ausgehoben und auf diesem selbst mehrere Häuser fortificirt. Außerdem wurden auf den beiden Abhängen zu beiden Seiten des südlichen Theiles von Bougival Verhaue angelegt, die am Südende des Dorfes zusammenstießen und mit dem Verhau am Nordrande des Plateaus von La Celle in Verbindung standen. Am Schwanenteich wurde hinter dem Verhau ein Emplacement für eine Batterie errichtet, zur Bestreichung des Plateaus von La Celle. Im Dorfe Rueil wurden die Häuser in der Nähe der Parkmauer von Malmaison ausgebrannt, um den feindlichen Schützen die Möglichkeit zu entziehen, in den Park hineinzufeuern.

Mit diesen Befestigungen war im Allgemeinen der Ausbau der Vertheidigungs-Stellung des 5. Corps abgeschlossen, die Fertig-stellung derselben zog sich aber noch bis in den Januar hinein, auch wurde ohne Unterlaß an der Vervollkommnung der bestehenden Anlagen weiter gearbeitet.

Am Nachmittag des 29. Dezember arbeitete der Feind am Bahnhof Rueil und gegenüber Chatou an seinen Befestigungen und hatte anscheinend zum Schutz 2 Compagnien mit entwickelten Schützen vorgeschoben. Plötzlich fuhren gegen 3 Uhr 4 Feld-Geschütze in die feindliche Tirailleur-Linie auf und begannen gegen Bougival und den Park von Malmaison zu feuern, unterstützt von den Geschützen am Bahnhof von Rueil und der Mühlen-Schanze. Der Feind schien angreifen zu wollen. Die Soutiens der Vorposten des Abschnitts II. der 10. Division (Füsilier-Ba-taillon des Infanterie-Regiments Nr. 46, Oberst-Lieutenant Campe) rückten sofort in ihre Gefechts-Stellung. Bald nach Eröffnung des Geschütz-Feuers avancirten die feindlichen Tirailleure eine sehr kleine Strecke und eröffneten das Gewehr-Feuer. Auch durch Rueil gingen gegen Malmaison feindliche Tirailleure vor, die jedoch allein von dem dortigen Unteroffizier-Posten zurückgewiesen wurden. Um ¹/₅ Uhr war auf Befehl des Divisions-Comman-deurs, General-Lieutenant von Schmidt auf der Höhe von St. Michel die 5. schwere Batterie aufgefahren und eröffnete unter lautem Jubel der Vorposten das Feuer. Nach einigen Probe-schüssen hatte die Batterie die feindlichen Geschütze und die Ver-schanzungen bei Bahnhof Rueil mit ihren Granaten erreicht, wor-auf die ersteren sehr bald das Feuer einstellten und sich zurück-zogen; ihnen folgte kurz darauf auch die feindliche Infanterie. Um 5 Uhr war das Vorposten-Gefecht ohne diesseitigen Verlust beendet.

An dem Tage des Weihnachtsfestes hatte sich der Feind ziem-lich ruhig verhalten, nur etwa 30 Granaten hatte er in die Stel-lung des 5. Armee-Corps geworfen. Daß dieses Fest unter den feindlichen Kanonen gefeiert werden würde, hätten wohl die We-nigsten Mitte September bei der Einschließung von Paris geglaubt. Weihnachten wurde überall, wo es nur möglich war, in der gewohnten deutschen Weise gefeiert. Weihnachtsbäume, große und kleine, wurden geschmückt, in ihrem Lichterglanze versammelten sich die Soldaten, um sich wie in ihrer Heimath des Festes zu freuen. In den Lazarethen von Versailles hatte der Commandant, General

von Voigts-Rhetz, mit dem unter den Offizieren gesammelten Gelde
für die Kranken und Verwundeten kleine Gaben ankaufen lassen
und sie mit dem dazu gehörigen Pfefferkuchen unter den Christ-
bäumen aufbauen lassen. Hier wurde die Feier mit einer kurzen
Andacht verbunden. Wie es zu diesem Feste paßt, war es im
Freien ordentlich kalt (13°) und Schnee bedeckte die Landschaft.

Das Jahr 1870 ging zu Ende und hatte die sanguinischen
Hoffnungen auf eine frühe Beendigung der Belagerung von Paris
nicht erfüllt. Paris hatte immer noch zu essen, Rindvieh war wohl
noch vorhanden, denn von Zeit zu Zeit, schon im November, wurde
vor dem Mont Valerien eine kleine Heerde von ca. 25 Stück im
Freien gezeigt. Noch am 19. Dezember kam die Meldung vom
Observatorium: Auf dem Abhang des Mont Valerien die Rind-
viehheerde in der bekannten Kopfzahl. Diese kleine Heerde wurde
vielfach mit dem Ausdruck „Parade- oder Renommir-Ochsen" bezeichnet, denn es war bekannt, daß in Paris schon seit längerer
Zeit großer Mangel an Fleisch herrschte. Sämmtliche Lebensmittel hatten einen exorbitanten Preis erreicht. Bei den Pariser
Truppen wurde meistens nur gesalzenes Fleisch vertheilt, doch auch
dies geschah nicht regelmäßig.

Die Lebensmittel-Frage hatte in Paris schon einen großen
Einfluß gewonnen und man konnte erwarten, daß unsere Bela-
gerungs-Geschütze, welche schon seit dem 27. Dezember im Osten
von Paris gegen den Mont Avron erdröhnten und die auch in
den nächsten Tagen vor der Südfront ihre Donner hören lassen
sollten, noch einigen Nachdruck ausüben würden, um die Belagerung einem baldigen Ende entgegen zu führen. Mit solchen neu
belebten Hoffnungen endete das alte und begann das neue Jahr.

Januar 1871.

Am 1. Januar 1871 fand im Salle des glaces des Schlosses
zu Versailles vor Seiner Majestät dem Könige die Neujahrsgra-
tulationscour der in Versailles anwesenden Offiziere und Beamten
und der von auswärts eingetroffenen Deputationen statt. Wohl
nie mag in demselben Raume eine gleiche Versammlung und von
aufrichtigeren und innigeren Gefühlen beseelt stattgefunden haben,

als wie diese, welche ihrem König und Ober-Feldherrn den Glück=
wunsch zum neuen Jahre darbrachte. Einige Wochen später, am
18. Januar, einem bedeutungsvollen Tage in der preußischen Ge=
schichte, sah derselbe Salle des glaces abermals Fürsten, Feld=
herrn und Krieger Deutschlands sich versammeln unter den Feld=
zeichen des deutschen Heeres, von denen manche schon einmal im
Siegeszuge vor die Thore der französischen Hauptstadt getragen
worden waren.

Vom 5. Armee=Corps waren die höheren Offiziere, die in
Versailles anwesenden Offizier=Corps und Beamten und von jedem
Regiment eine Fahne resp. Standarte mit einer Deputation von
Offizieren und Mannschaften, die mit dem Eisernen Kreuz decorirt
waren, erschienen.

Diese stolze Versammlung sollte ein Ereigniß sich vollziehen
sehen, welches zu der nächsten Umgebung in vollem Gegensatze
stand. Die Wände des Salle des glaces verkündeten in ihren
Bildern den Hochmuth und die Vergötterung Louis XIV., des
stolzesten der französischen Könige, welcher auf Kosten des zerris=
senen Deutschlands wohlfeilen Ruhm sich errungen. Im Ange=
sicht des in goldenen Lettern prangenden Spruches „Le roi règne
par lui-même" wurde das Herrscherthum von Gottes Gnaden
vom Altare gepredigt und im Angesicht der Bilder, welche Deutsch=
lands Demüthigung darstellten, wurde die Wiedererstehung des
deutschen Reiches verkündet. Jubelnd begrüßten die deutschen
Fürsten und Krieger ihren neuen ruhmgekrönten Kaiser Wilhelm I.

Mit folgendem Armee=Befehl wurde dies große Ereigniß den
deutschen Heeren verkündet:

„Mit dem heutigen für Mich und Mein Haus denkwürdigen
Tage nehme Ich, im Einverständniß mit allen deutschen Fürsten
und unter Zustimmung aller deutschen Völker, neben der von Mir
durch Gottes Gnade ererbten Stellung des Königs von Preußen
auch die eines deutschen Kaisers an.

Eure Tapferkeit und Ausdauer in diesem Kriege, für welche
ich Euch wiederholt Meine vollste Anerkennung aussprach, hat das
Werk der inneren Einigung Deutschlands beschleunigt, ein Erfolg,
den Ihr mit Einsetzung Eures Blutes und Eures Lebens er=
kämpft habt.

Seid stets eingedenk, daß der Sinn für Ehre, treue Kame=
radschaft, Tapferkeit und Gehorsam eine Armee groß und siegreich

macht; erhaltet Euch diesen Sinn, dann wird das Vaterland immer, wie heute, mit Stolz auf Euch blicken und Ihr werdet immer sein starker Arm sein.

Hauptquartier Versailles, den 18. Januar 1871.

gez. Wilhelm."

Draußen vor dem Feinde hatten die Ereignisse unterdeß bedeutende Fortschritte gemacht. Am 1. Tag des Jahres hatte sich der Feind selbst und auch seine Geschütze ziemlich ruhig verhalten. Nur eine kleine Episode ereignete sich. Ein Franctireur=Capitain wurde gefangen genommen. Derselbe war nach einer Neujahrs=visite in Rueil, anstatt nach Nanterre zurück, irrthümlich von seinem Kutscher nach Bougival gefahren worden. Der Posten in Mal=maison hatte die Droschke ruhig vorbeigelassen; erst an der Bar=rikade wurde sie angehalten. Der französische Capitain verlangte seine Rückkehr, da hier ja nur ein Irrthum vorläge. Er war sehr verwundert, als man diesen Einwand nicht gelten ließ, sondern ihn als Kriegs=Gefangenen nach Versailles führte, wohin auch der Fiacre gebracht wurde.

Schon am 2. Januar begann der Feind aus seinen vorge=schobenen Positionen in ähnlicher Weise gegen die Stellung des 5. Armee=Corps zu patrouilliren und zu recognosciren, wie es von den diesseitigen Vorposten geschah. Diese feindlichen kleinen Unternehmungen waren meist gegen die Garcher=Höhen und Mal=maison gerichtet, zuweilen gegen St. Cloud, Buzanval, das Jäger=häuschen und La Jonchère. Selten fanden sie in der Nacht statt, und konnten, wenn auch mit Abtheilungen von 50—100 Mann ausgeführt, stets von den äußersten vorgeschobenen Posten abge=wiesen werden. Eine seltsame Bedrohung der diesseitigen Vor=posten fand am 6. Januar statt. Nachdem man am Abend von 7 Uhr an in der Fouilleuse vielen Lärm, wie von Betrunkenen gehört, wurden um 10 Uhr Nachts 4 Mitrailleusen=Decharchen von diesem feindlichen Posten aus in der Richtung der Bergerie ab=gegeben.

Von den Vorposten des 5. Armee=Corps wurde auch eifrig gegen des Feindes Stellung patrouillirt, aber während der Gegner gewöhn=lich am Abend recognoscirte, geschah dies unsererseits fast nur in den letzten Stunden der Nacht. Des Feindes Vorposten wurden aber doch stets aufmerksam gefunden. Am 10. Januar waren von der 11. Com=

pagnie des Regiments Nr. 46 nach Rueil und dem Bahnhof am
Morgen 5 Uhr starke Patrouillen vorgesandt. Von den feindlichen
Vorposten wurden sie bald entdeckt und mit Gewehr=Feuer em=
pfangen; aus den Verschanzungen am Bahnhof brach sogar eine
feindliche Infanterie=Abtheilung hervor, doch wurde sie mit einigen
Verlusten zurückgewiesen; auch diesseits wurden bei dieser Gele=
genheit 2 Unteroffiziere verwundet. In der Nacht zum 16. Ja=
nuar war von den Vorposten der 10. Division eine starke Offi=
zier=Patrouille gegen Villa Crochard vorgegangen, dieselbe traf
unvermuthet auf starke vorgeschobene feindliche Posten, welche
sich eingegraben hatten. Es entspann sich ein Feuer=Gefecht,
jedoch ohne Resultat.

In der Stellung des 5. Armee=Corps traten zu Anfang
Januar unbedeutende Aenderungen ein. Am 3. d. Mts. besetzte
an Stelle der 9. Division die 10. Le Butard und am folgenden
Tage wurde die Seine=Insel bei Bougival, welche bisher in das
Gebiet der Garde=Landwehr=Division gehörte, ebenfalls von der
10. Division besetzt. Diese Aenderungen traten in Folge von
Detachirungen jener beiden Divisionen für Zwecke des artilleri=
stischen Angriffs der Südfront von Paris ein. Vom 3. Januar
ab stellte die 9. Division täglich 2 Compagnien nach Sèvres, zum
Schutz der Batterie 1 im Park von St. Cloud; ferner wurde eine
Garde=Landwehr=Brigade nach Saclay verlegt als Infanterie=
Reserve für die Belagerung auf der Südfront.

Die Belagerungs=Batterien gegen die feindliche Südfront
sollten ihr Feuer schon am 4. Januar beginnen, doch der außer=
ordentliche starke Nebel an diesem Tage täuschte die überall ge=
hegte freudige Erwartung; erst am folgenden Tage Morgens 8
Uhr begannen unsere Belagerungs=Geschütze zu spielen. Vom Ob=
servatorium Villa Stern war das Feuer derselben sehr gut zu
beobachten, da von demselben die Batterien bei Clamart gesehen
werden konnten und ebenso die feindlichen Befestigungen der Süd=
front bis in die Höhe von Villejuif und Bicêtre. Die Angriffs=
Batterien bei Meudon und die Batterie Nr. 1 konnten nicht direct
gesehen werden, doch war ihr Feuer am Schall und Pulverdampf
zu beurtheilen. Seine Majestät der König und Seine Königliche
Hoheit der Kronprinz besuchten am 5. Januar das Observatorium Villa
Stern, um die Eröffnung des Artillerie=Feuers gegen die Pariser
Südfront zu beobachten.

Die Eröffnung des Artillerie=Angriffs wirkte in günstiger Weise auf die Sicherheit des 5. Corps zurück. Schon nach einigen Tagen verminderte sich das Geschütz=Feuer des Mont Valerien gegen die Stellung desselben, da er seine Granaten fast nur gegen die Batterie Nr. 1 warf. Nur noch einige Male richtete der Feind ein heftiges Feuer gegen das 5. Corps. In der Nacht zum 5. Januar wurden 100 und in der darauf folgenden 172 Schuß des Mont Valerien und der Mühlen=Schanze gegen die Stellung des 5. Corps gezählt; später in der Nacht zum 11. Januar wurde noch einmal das Feuer sehr heftig, es fielen 145 Schuß. In der übrigen Zeit wurde das 5. Corps nur durch verhältnißmäßig wenig Granaten bedroht, so daß bei den Vorposten eine gewisse Behaglichkeit eintrat, namentlich bei St. Cloud, wo durch die Batterie 1 die französischen Wachen, Posten und Einwohner aus den Vorstädten Billancourt und Boulogne und die Kanonenboote von der Seine vertrieben wurden. Dagegen zog die Batterie Nr. 1 nicht allein das Feuer des Mont Valerien auf sich, sondern auch das der Festungs=Geschütze am Pont du jour und aller Linien der Pariser Westfront, deren Schuß=Linien auf diese Batterie hinzeigten, so daß sie unter einem furchtbaren Kreuz=Feuer lag.

Die geringe Thätigkeit der feindlichen Festungs=Geschütze gegen die Stellung des 5. Corps machte es auch der 10. Division möglich, die Befestigungs=Arbeiten des Feindes auf seinen vorgeschobenen Posten zu beiden Seiten von Rueil durch das Feuer ihrer Feld=Geschütze zu stören. Diese Geschütze fuhren auf der Höhe von St. Michel oder auch sogar südlich La Jonchère überraschend auf und wirkten meist mit gutem Erfolg, so daß zuweilen, wie es am 15. Januar in Folge der Granaten aus 2 Geschützen der 6. schweren Batterie geschah, die Franzosen aus Villa Crochard flüchteten, oder auch, daß sie die Arbeiten einstellen mußten. Diese Geschütze verschwanden stets nach einigen Schüssen, ehe der Feind die seinigen gegen sie in Thätigkeit bringen konnte. Dieses Feuer unserer Feld=Geschütze brachte auch noch den Vortheil, daß sie sich auf mehrere Punkte der feindlichen Stellung genau einschießen konnten und so eine günstige Artillerie=Wirkung gegen einen feindlichen Angriff vorbereitete. Daß ein solcher in der Luft lag, darauf deuteten vielfache Anzeichen hin.

Schlacht vor dem Mont Valerien.

Die Thätigkeit des Feindes während des Dezembers und des Januars, die Mittheilungen des Ober-Commandos, die durch die 10. Division eingehenden Nachrichten, die Pariser Zeitungen, die bekannte Stimmung der Pariser Bevölkerung, welche mit aller Gewalt einen Massen-Ausfall von den militairischen Befehlshabern, selbst gegen deren bessere Einsicht verlangte, das Gerücht, daß eine große Abtheilung Nationalgarden fest entschlossen sei, koste es was es wolle, einen Durchbruch nach Westen zu versuchen, auch die verstärkten Vortruppen des Feindes — Alles dies deutete darauf hin, daß ein großes Unternehmen desselben zu erwarten sei: und zwar allem Anscheine nach gegen die Stellung des 4. Corps, der Garde-Landwehr-Division und den linken Flügel des 5. Armee-Corps.

Die regelmäßigen Meldungen, welche am 18. Januar 1871 von den Vorposten und dem Observatorium La Jonchère und sogar noch diejenigen am 19. Januar Morgens, welche an das General-Commando, zwischen 8 und 9 Uhr früh abgesandt wurden, meldeten keine besonderen Beobachtungen, doch wurden letztere von inhaltsschweren Nachrichten überholt. Kurz nach 9 Uhr überbrachte ein Dragoner auf schäumendem Pferde dem commandirenden General folgende Meldung:

„Versailles, den 19. Januar 1871.

Oberst Eyl meldet, daß etwa 8 Bataillone gegen die Stellung der Division vorgehen. Das Vorposten-Detachement ist allarmirt. Abgang 9 Uhr.

gez. von Sandrart."

Dieser Meldung folgten gleich darauf ähnliche von dem Vorposten-Commandeur der 9. Division, General von Bothmer, der 10. Division, Observatorium La Jonchère, aus denen zu entnehmen war, daß die ganze Stellung des 5. Armee-Corps bedroht war. Die Montretout-Schanze war von den Vortruppen des Feindes bereits angegriffen. Hinter letzteren wurden dann noch 20 Bataillone bemerkt, welche gegen die Höhe Montretout—Buzanval avancirten. Gegenüber der 10. Division waren zunächst nur 4 Bataillone und 3 Batterien bemerkt worden; kurz darauf wurden

18 Bataillone und 6 Batterien gemeldet. Die Vortruppen bei beiden Divisionen waren bereits allarmirt.

In Folge dessen ordnete (9¹/₂ Uhr) der commandirende General die Concentrirung der Haupt=Reserven beider Divisionen auf dem Plateau von Jarby resp. bei Beauregard an, und begab sich sofort zu den Vortruppen. Dem Chef des Generalstabes der Armee, Grafen von Moltke und dem Ober=Commando der III. Armee wurde von dem feindlichen Angriff sofort Meldung gemacht. Seine Majestät der Kaiser begaben sich nach Marly, um vom Aquäbuct daselbst den Gang der Schlacht, deren Anfang von einer furcht= baren Kanonade begleitet war, zu beobachten.

Weitere Benachrichtungen von der Garde=Landwehr=Division und dem Observatorium meldeten von großen Truppenmassen-aller Waffen, welche beim Mont Valerien debouchirten und auf St. Cloud, Rueil und Nanterre vorrückten. Es war danach ein Aus= fall im größten Maaßstabe zu erwarten.

Der Feind war, durch den Nebel begünstigt, mit seinem linken Flügel schon ziemlich nahe an die diesseitige Stellung herange= kommen, bevor er entdeckt wurde; dies geschah von den Jäger=Posten auf den Garcher=Höhen und den Offizier=Patrouillen, welche sich zu dieser Zeit im Vorterrain befanden (gegen 8 Uhr). Im Allge= gemeinen entwickelten sich die feindlichen Streitkräfte in der Weise, daß die linke Flügel=Colonne über Suresnes und die Briqueterie zuerst (gegen 8¹/₂ Uhr) auf unsere Vorposten stieß und nach und nach die übrigen Angriffs=Colonnen gewissermaßen rechts aufmarschirend (10¹/₂ Uhr) schließlich bis zur Seine bei Bahnhof Rueil in unser Feuer kamen.

Der Feind richtete seine Angriffe längs der Seine und über die Briqueterie gegen St. Cloud und die Höhe der Montretout=Schanze; über die Fouilleuse und Villa Crochard gegen die Garcher=Höhen (Bergerie) den Wald von Buzanval und das Jägerhaus; durch Rueil und längs der Seine gegen Malmaison und Bougival.

Auf dem linken Flügel des Feindes befehligte der General Vinoy, im Centrum der General Bellemare, und auf dem rechten Flügel der General Ducrot. Der General Trochu beobachtete und dirigirte die Schlacht vom Mont Valerien aus.

Der Feind leitete nicht, wie es sonst seine Taktik gewesen, den Kampf durch eine große Kanonade aller seiner Festungs=Geschütze gegen unsere vorgeschobenen Posten ein, sondern entwickelte gegen dieselben unter dem Schutze des Nebels rasch seine Infanterie und einige Feld=Artillerie. Da nun die nach den vorgeschobenen Positionen eilenden Abtheilungen, welche dispositionsgemäß den Feind zur Entwickelung bringen und die Besetzung der 1. Vertheidigungs= Stellung möglich machen sollten, nur mit feindlicher Infanterie in Contact geriethen und die ersten Angriffe derselben fast überall abwiesen, so war es vortheilhafter, das vor der ersten Gefechts= Stellung liegende Terrain — welches nicht von dem schweren Geschütz des Feindes bedroht war — festzuhalten und jene Ab= theilungen aus der Special=Reserve zu unterstützen. So kam es, daß ein großer Theil des sich nun entwickelnden Kampfes vor der eigentlichen Stellung ausgefochten wurde.

Die Vortruppen der 9. Division waren durch die Meldungen der Jäger=Posten und der im Vorterrain befindlichen Offizier= Patrouillen noch so rechtzeitig benachrichtigt worden, daß sie alle ihre angewiesenen Stellungen einnehmen konnten, die 2., 3. und 4. Jäger=Compagnie ausgenommen; diesen war es nicht mehr möglich, ihre vorgeschobene Gefechts=Stellung zu erreichen.

Die Vortruppen der 9. Division standen folgender Maßen: Auf dem rechten Flügel hatte das 1. Bataillon Infanterie=Regi= ments Nr. 58 (Hauptmann Wernecke) den Abschnitt St. Cloud (Seine=Ufer und die nördliche Parkmauer bis zur Grille d'Or= leans), das 2. Bataillon den Abschnitt Porte jaune (nördliche Parkmauer von der Grille d'Orleans bis zur Porte verte) besetzt. Das Füsilier=Bataillon dieses Regiments (Oberst=Lieutenant von Klaß) stand als Special=Reserve an den Verschanzungen im Park von St. Cloud. Die 1. schwere Batterie eilte nach dem Geschütz= Emplacement Porte jaune im Park von St. Cloud. Die beiden zur Deckung der Belagerungs=Batterie Nr. 1 bestimmten Com= pagnien des 2. Bataillons Regiments Nr. 47 rückten nach dem Eisenbahn=Tunnel. Die beiden anderen Compagnien des Bataillons waren zur 21. Division als Special=Reserve nach Sèvres abcom= mandirt. Die halbe Dragoner=Eskadron übernahm den Sicher= heitsdienst in Ville d'Avray und Marnes.

Auf dem linken Flügel der 9. Division hatte das 2. Bataillon Infanterie=Regiments Nr. 59 den Abschnitt Hospice Brezin besetzt, 5. und 8. Compagnie nach Villeneuve vorgeschoben (bis Kiosk von Lulu und Feldwache 8). Von dem 1. Bataillon, welches den Abschnitt Fohlenkoppel einnahm, besetzte 1 Compagnie die Ver=

gerie, die übrigen die auf der Wilhelmshöhe gelegene Schanzen=
Reihe und die Fohlenkoppel. Das Füsilier=Bataillon des Regi=
ments Nr. 59 rückte in Reserve nach der Wilhelmshöhe; die zweite
leichte Batterie eilte in ihre Gefechts=Stellung in der Hospice=
Batterie, und das Jäger=Bataillon nach den ihm permanent zu=
gewiesenen Stellungen auf der Höhe Montretout—Bergerie. Die
2. Eskadron Dragoner=Regiments Nr. 4 versah den Sicherheits=
dienst in Vaucresson und auf den dahin führenden Straßen.

Die Haupt=Reserve der 9. Division. Das 1. Bataillon Kö=
nigs=Grenadier=Regiments (Arbeiter=Bataillon) sammelte sich bei
Clos=Toutain; das Füsilier=Bataillon desselben Regiments (das
2. Bataillon war in Versailles auf Wache), das 1. und Füsilier=
Bataillon des Regiments Nr. 47, 2. schwere und 1. leichte Bat=
terie (Divisions=Artillerie) und die ganze 2. Fuß=Abtheilung (Corps=
Artillerie) concentrirten sich auf dem Plateau von Jardy.

2¹/₂ Eskadron des Dragoner=Regiments Nr. 4 blieben in
Versailles zur Disposition des Commandanten.

Wenn auch der Nebel das Debouchiren des Feindes begün=
stigt hatte und Letzterer das Gefecht nicht, wie er es sonst zu thun
pflegte, durch eine heftige Kanonade der Festungs=Geschütze vor=
bereitete, so war durch die Langsamkeit seines Aufmarsches und
auf unserem rechten Flügel durch die Aufmerksamkeit der Vor=
truppen die etwaige Absicht eines Ueberfalles vereitelt worden.

So wie das Infanterie=Gefecht bei der Montretout=Schanze
und St. Cloud begann, eröffnete auch der Feind aus seinen Fe=
stungs=Geschützen ein starkes Feuer auf das Terrain hinter un=
serer ersten Stellung und gegen die ihm wohlbekannten Sammel=
plätze der Reserven, so daß die in ihre Positionen eilenden Truppen
von den Granaten stark belästigt wurden.

Dem Feinde gelang es, die Beobachtungs=Posten vor der
Front der 9. Division zurückzuwerfen, bevor die Compagnien des
Jäger=Bataillons ihre vorgeschriebenen Stellungen erreichen konnten.
Die Jäger=Posten in St. Cloud und auf der Höhe nördlich Garches
(Nr. 1. 2. 3.) mußten, obgleich von den nächsten Feldwachen ver=
stärkt, nach einem heftigem Feuer=Gefecht vor dem immer zahl=
reicher werdenden Feinde weichen. Nur die Montretout=Schanze
sogleich zu besetzen, gelang dem Feinde nicht. Kurz vor dem Al=
larm hatten sich einige Offizier=Patrouillen in der Nähe der Schanze

befunden und waren sofort beim Anrücken des Feindes in die
Schanze geeilt, wohin auch zur Verstärkung des Jäger-Postens
Nr. 2 der Lieutenant von Kauffungen mit 40 Mann vom Oberst-
Lieutenant von Klaß vorgeschickt war, so daß die Schanze von 5
Offizieren und circa 80 Mann des Regiments Nr. 58 und dem
Jäger-Posten Nr. 2 unter Führung des Lieutenants von Kauf-
fungen vertheidigt wurde.

Dieser kleinen Schaar gelang es, die auf einer Seite fast
offene Schanze gegen die wiederholten Angriffe einer ganzen Brigade und einer Feld-Batterie — letztere wurde sogar durch das
diesseitige Infanterie-Feuer zum Abfahren genöthigt — bis gegen
10 Uhr zu behaupten. Erst nachdem die Munition zum zweiten
Male fast verschossen war und nachdem die Franzosen die Schanze
umgangen, die seitwärts gelegenen Häuser besetzt und schon eine
Abtheilung, unter der Deckung von Steinhaufen, sich zwischen die
Schanze und die rückwärts gelegenen Häuser geschoben hatte, beschloß
Lieutenant von Kauffungen den Rückzug. Die Offiziere und Unteroffiziere an der Tete, bahnte sich die tapfere Schaar den Weg nach
der Rue impériale. Der vom Regen aufgeweichte Boden in und bei
der Schanze, der schmale Abzugsweg, das Nachbringen des Gegners hatten zur Folge, daß bei dem Abzuge ein schwerverwundeter
Offizierdienstthuer (später in Paris verstorben), 1 Unteroffizier und
50 Mann, zum Theil verwundet, in feindliche Gefangenschaft geriethen. Inzwischen war die 2. Jäger-Compagnie in der Rue
impériale und Montretout gegen 10 Uhr eingetroffen und nahm
die Abtheilung des Lieutenants von Kauffungen auf.

Die 2. Jäger-Compagnie (Hauptmann von Strantz) war etwa
um 9 Uhr an der Grille d'Orleans angekommen und sofort in
der Richtung auf Montretout vorgegangen. Schon aus den
Häusern an der Rue impériale erhielt die Compagnie Gewehrfeuer; sie nahm hier das Gefecht auf und entsandte zu ihrer
Sicherung nach links und rechts je einen Halbzug. Der Feind,
welcher schon in bedeutender Stärke der 2. Compagnie gegenüber-
stand, drängte augenscheinlich nach der Grille d'Orleans. Mehrere
Angriffe desselben (Zouaven) wurden abgewiesen. In dem Bestreben,
der Besatzung der Montretout-Schanze zu Hilfe zu eilen, gewann
die 2. Compagnie sogar noch Terrain, wobei auch einige Gefangene gemacht wurden. Wenn diese Compagnie die Schanze
auch nicht mehr erreichen konnte, so ermöglichte sie doch durch ihr

Eingreifen in das Gesecht, daß sich ein großer Theil der Besatzung derselben retten konnte.

Gleichzeitig mit dem Beginn des Gesechtes um die Montre-tout-Schanze war der Feind längs der Seine gegen St. Cloud vorgedrungen und hatte den dortigen Jäger-Posten Nr. 1 zurück-gedrängt. Der Oberst-Lieutenant von Klaß warf hier dem Feinde sogleich die 1. Compagnie des Infanterie-Regiments Nr. 58 ent-gegen, die seinem weiteren Vordringen ein Ziel setzte.

Während dem hatte westlich der Montretout-Schanze der durch eine Feldwache verstärkte Jäger-Posten Nr. 3 wegen Munitions-mangel und durch einen überlegenen Feind gezwungen, sich nach Garches zurückgezogen, wohin letzterer gefolgt war und auch so-fort einige Häuser besetzt hatte. Die Beobachtungs-Jäger-Posten im Park von Buzanval waren auch genöthigt, sich nach der Bergerie zurückzuziehen, welche alsdann die 1. Jäger-Compagnie — 8³/₄ Uhr dort angekommen — gegen den Angriff mehrerer feindlicher Bataillone vertheidigte und diese vollständig abwies.

Zwischen der Bergerie und der Montretout-Schanze ging der Feind mit starken Abtheilungen gegen Garches und die Porte jaune vor, als eben die 4. Compagnie des Jäger-Bataillons in Garches und die 3. Compagnie desselben Bataillons an der Porte jaune aus ihren Kontonnements Marnes angekommen waren. Erstere kam zu rechter Zeit, um die kleine Abtheilung, welche einen Häuserkampf in Garches führte, zu unterstützen, die an einzelnen Stellen eingedrungenen feindlichen Abtheilungen hinaus zu werfen und den großen Angriff des Feindes (9 Uhr) abzuweisen. Gegen die Porte jaune reussirte der feindliche Angriff ebensowenig, er wurde hier durch das Schnellfeuer der 3. Jäger-Compagnie und des 2. Bataillons Infanterie-Regiments Nr. 58 abgewiesen.

In dem Augenblick, als der Feind durch die Infanterie zu-rückgeworfen wurde, fuhren die Vorposten-Batterien in ihre Posi-tionen: die 1. schwere Batterie (Hauptmann Matschke) in die Porte jaune-Batterie, die 2. leichte (Hauptmann Guske) in die Hospice-Batterie, sie konnten den Feind noch mit mehreren Gra-naten verfolgen.

Dieser bedeutende Angriff des Feindes hatte den General von Bothmer — Vorposten-Commandeur der 9. Division — ver-anlaßt, vom linken Flügel der Division die 9. und 12. Compagnie des Regiments Nr. 59 nach dem Park von St. Cloud zu ziehen

und vom General von Schlopp, Führer der 21. Division, Unter=
stützung zu bitten, welche er in dem 2. Bataillon des Infanterie=
Regiments Nr. 88 erhielt, das nach 11 Uhr im Park am Stern
eintraf.

In der Stadt St. Cloud wurde der Straßenkampf fortge=
setzt. Die 1. Compagnie des Regiments Nr. 58 (Premier=Lieute=
nant von Böhm) hatte dem Vordringen des Feindes in St. Cloud
nicht allein Einhalt gethan, sondern hatte selbst Terrain gewonnen
und sogar den stark besetzten Bahnhof zurückerobert, wo sie allein
sich gegen einen überlegenen Feind lange hielt, bis ihr gegen
11¹/₂ Uhr weitere Verstärkung in der 6. Compagnie des Regi=
ments Nr. 58, später in der 12. Compagnie desselben Regiments
zugesandt wurde, damit dem Feind ein Durchbruch an der Seine
nach der Batterie I. verwehrt werden konnte. Links von diesen
Compagnien war die 4. Compagnie Regiments Nr. 58 (Lieute=
nant Pietsch) auf Anordnung des Bataillonsführers, Hauptmann
Wernele von der Laiterie de la reine in St. Cloud vorgedrungen
und erreichte den Eisenbahntunnel. Die Compagnien waren in
St. Cloud schließlich bis über den Bahnhof hinaus avancirt,
konnten aber den auf einige Bataillone zu schätzenden Feind aus
dem nördlichsten Theil der Stadt nicht vertreiben, da er sich hier
schon mit vielem Geschick in den Häusern zur Vertheidigung ein=
gerichtet und die Straßen verbarrikadirt hatte. Der Hauptmann
Wernele vom Regiment Nr. 58 leitete hier das Gefecht, und hielt
für die ganze Dauer der Schlacht das einmal gewonnene Ter=
rain fest.

In Montretout an der Rue impériale hielten sich die 2 Com=
pagnien des Jäger=Bataillons und mehrere Abtheilungen des
Infanterie=Regiments Nr. 58 gegen wiederholte Angriffe des
Feindes. Von hier aus wurde beobachtet, wie der Feind die
Schanzen mit 2 Bataillonen und mit Feld=Geschützen besetzte; er
schnitt für letztere sogar Scharten ein und legte, wie man am
nächsten Tage entdeckte, sogleich Bettungen.

Nachdem der Angriff des Feindes gegen die Porte jaune und
Garches abgeschlagen war, wurde der abziehende Feind von der
Porte jaune aus durch Patrouillen der 3. Jäger=Compagnie ver=
folgt und beobachtet, wobei in Garches einige Zouaven gefangen
genommen wurden; der Schützengraben auf der Höhe wurde
erreicht.

Von Garches aus waren die ersten Versuche der 4. Jäger-Compagnie, Terrain zu gewinnen, ohne Erfolg gegenüber den vom Feinde stark besetzten Höhen. Es gelang aber schließlich der Compagnie, rechts unterstützt von der 8. Compagnie 59. Regiments, den Kirchhof, die äußersten Häuser von Garches und den Abhang bis zur Bergerie zu besetzen und festzuhalten; der Hauptmann von Bünau, Chef der 4. Jäger-Compagnie, wurde hierbei verwundet. Es wurde von diesen Compagnien, etwa um 12 Uhr, bemerkt, wie sich der Feind auf der Höhe in einem ummauerten Grundstück zur Vertheidigung einrichtete.

Gegen die Bergerie hatte der Feind, nachdem sein erster Angriff mit etwa 3 Bataillonen gegen die Front derselben abgeschlagen war, noch mehrere Versuche von beiden Seiten gegen diese Position unternommen, die ebenso erfolgreich von der 1. Jäger-Compagnie zurückgewiesen wurden. Die feindliche Infanterie wagte es nicht mehr, über den der Bergerie gegenüberliegenden Waldrand von Buzanval hinaus zu gehen; es wurde hier nur ein häufiges Hin- und Herziehen von feindlichen Infanterie-Abtheilungen beobachtet.

Das bisherige Gefecht bei der 9. Division, welches gegen ¹/₂9 Uhr bei St. Cloud und Montretout begonnen, hatte ¹/₂10 Uhr seinen Höhepunkt erreicht in dem Abschlagen des feindlichen großen Angriffs durch die Vortruppen der Division und die nach ihren Positionen eilenden Jäger-Compagnien. — Die Truppen hatte der Eifer des Kampfes dahin geführt, das Gefecht zum Theil vor der eigentlichen Stellung zu schlagen — der Erfolg hatte dies belohnt; der Feind war mit großen Verlusten zurückgeworfen worden; diesseits waren dieselben verhältnißmäßig sehr gering. Das Infanterie-Gefecht wurde nach diesem Angriff nur in Montretout und besonders in St. Cloud energisch fortgesetzt, auf dem übrigen Theil der Front der 9. Division war es allmählig fast ganz zum Schweigen gekommen.

Dagegen verstärkte sich das Artillerie-Gefecht allmählig. Seitens des Feindes waren es namentlich die schweren Geschütze des Mont Valérien, welche die ganze Front bewarfen; auch Feld-Batterien brachte der Feind ins Gefecht, die sich aber gegenüber unserer sicherschießenden Artillerie nicht lange halten konnten.

Zur Verstärkung des Feuers der beiden Vorposten-Batterien hatte der General von Sandrart, Commandeur der 9. Division, aus der Haupt = Reserve die beiden andern Divisions = Batterien — 2. schwere (Hauptmann Anders) und 1. leichte (Premier=Lieutenant Franke), — sobald sie auf dem Rendezvous=Platz bei Jardy eingetroffen, vorgezogen, erstere nach dem Park von St. Cloud, (11 Uhr), letztere nach der Fohlenkoppel.

Die beiden schweren Batterien im Park von St. Cloud und die 2. leichte in der Hospice = Batterie, bewarfen als sichtbares Ziel zunächst die Montretout=Schanze auf 2300 resp. 3700 Schritt. Sowie sich feindliche Infanterie = Abtheilungen auf den gegenüber=liegenden Höhen zeigten, richtete ein Theil der Batterien sein Feuer gegen diese, welche sich alsbann sogleich hinter die schützende Höhe zurückzogen.

Die 2. leichte Batterie hatte auch gegen 11 Uhr den Erfolg, eine feindliche Batterie, welche westlich der Montretout = Schanze auffuhr, nachdem diese 3 Schüsse abgefeuert, zum Rückzug zu nöthigen. Die 1. leichte Batterie in der Fohlenkoppel machte den Wald von Buzanval, in welchem man zahlreiche feindliche In=fanterie zum Theil im Gefecht gegen die 10. Division am Jäger=häuschen wußte, durch ein langsames Granatfeuer unsicher.

Als von beiden Flügeln der 9. Division die Meldung ein=ging, daß sich der Feind auf den Höhen verstärke und sich zur Vertheibigung einrichte, ließ der General von Sandrat zunächst das Artillerie=Feuer der 2. leichten Batterie beim Hospice (12 Uhr) durch die 3. leichte Batterie (Hauptmann Knaak) verstärken; die=selbe nahm sofort das Feuer gegen die Montretout=Schanze auf. Gegen 1 Uhr wurde noch die 4. schwere Batterie (Hauptmann von Lilienhoff) nach dem Park von St. Cloud vorgezogen, so daß 3 schwere und 2 leichte Batterien gegen die Garcher=Höhen und 1 leichte Batterie gegen den Wald von Buzanval wirkten. Durch dies verstärkte Artillerie=Feuer gegen die vom Feinde besetzten Höhen sollte ein Offensivstoß vorbereitet werden. Um nicht die in Mon=tretout fechtenden diesseitigen Infanterie = Abtheilungen durch das in die Gegend der Montretout = Schanze gerichtete Feuer zu ge=fährden, wurden dieselben in den Park von St. Cloud ($\frac{1}{2}$1 Uhr) zurückgezogen.

Das Artillerie=Feuer bewirkte, wie genau beobachtet werden konnte, daß ein Theil der feindlichen Besatzung der Montretout=Schanze schleunigst über die Brustwehr hinweg die Schanze ver=ließ. Die Mauer unweit des „weißen Hauses", hinter welche sich

der Feind einlogirte, wurde zum größten Theil niedergelegt, so
daß er diese Position verlassen mußte. Die sich von Zeit zu Zeit
zeigenden Infanterie = Colonnen wurden sogleich mit Granaten
heftig beworfen, daß sie auch sofort zurückwichen. wozu auch eine
2. feindliche Batterie, deren Stellung hinter der Höhe nur an dem
aufsteigenden Pulverdampf erkannt werden konnte, genöthigt wurde.
Gegen das nicht einzusehende Terrain hinter der Höhe wurde
einige Male ein ruhiges Feuer abgegeben, da Meldungen von
den vorgeschickten Jäger=Patrouillen eingingen, daß sich dort starke
feindliche Reserven befänden.

Gegen ¹/₂1 Uhr war der commandirende General, welcher
sich mit seinem Stabe bei Eingang der allarmirenden Meldungen
zur 10. Division begeben und dort dem Gefechte derselben bei=
gewohnt hatte, bei der Hospice=Batterie eingetroffen, da um diese
Zeit das Gefecht bei der 10. Division zum Stehen gekommen war.

Bei der 10. Division waren um 8¹/₂ Uhr Morgens vom
Observatorium La Jonchère und den Feldwachen starke feindliche
Colonnen im Anmarsch gegen die Stellung der Division gemeldet
worden. In Folge dessen hatte General von Schmidt, unter gleich=
zeitiger Meldung an das General = Commando, die Division
allarmiren lassen.

Die Entwickelung des Feindes gegen die 10. Division wurde
nicht mehr durch den Nebel verdeckt. Die Beobachtungen der
Vorposten und besonders des Observatoriums la Jonchère konnten
sich bis jenseits Rueil erstrecken. Speciell vom Observatorium
konnte (9¹/₂ Uhr) wahrgenommen werden, wie 1—2 Divisionen
Infanterie mit 8 Batterien am Hang der Mühlen = Schanze de=
bouchirten und sich hinter Rueil sammelten, wie etwa 6 Batterien
zu beiden Seiten des gesprengten Hauses auffuhren und durch
ihr Feuer in der Richtung auf das Jägerhaus und Cucufa den
Angriff der sich entwickelnden Schützen vorbereiteten.

Der Angriff gegen die Stellung der 10. Division geschah
nun derart, daß 12 Bataillone gegen Buzanval und das Jäger=
häuschen, 2 Bataillone über Rueil und 4 längs der Seine über
den Bahnhof Rueil gegen Malmaison vorrückten. Nach vorher=
gegangenen kleinen Plänkeleien begann der Kampf sowohl auf
dem rechten wie linken Flügel der 10. Division, etwa um
10¹/₂ Uhr.

Die Vorposten der 10. Division, ebenso die Special = Reserve waren kurz vor 9 Uhr allarmirt worden und hatten folgende Stellung eingenommen: Das 2. Bataillon 50. Regiments hatte die Vorposten=Stellung des Abschnitts I. im Anschluß an die 9. Division. Beim Erscheinen des Feindes besetzten die 6. und 7. Compagnie die vordere Mauer am Jägerhäuschen, die 5. Compagnie die Schützengräben bei La Jonchère; die 8. und 10. Compagnie nnd die 10. Compagnie des Füsilier=Regiments Nr. 37 blieben bei Cucufa zunächst als Soutien. (Die beiden letzteren Compagnien waren in der Nähe auf Arbeit gewesen.) Zur Verstärkung wurde von dem General von Walther noch der Oberst=Lieutenant von Sperling mit der 9. und 12. Compagnie 50. Regiments aus der Special=Reserve nach dem Jägerhaus vorgeschickt. Das 2. Bataillon Füsilier=Regiments Nr. 37 hatte die Vorposten=Stellung des Abschnitts II. von La Jonchère bis zur Seine zu besetzen. Die 2. Compagnie desselben Regiments besetzte die 2. Barrikaden=Linie in Bougival, die 4. Compagnie verstärkte die Besatzung von La Jonchère.

Die Special=Reserve, welche sich hinter den Verschanzungen auf dem Plateau von La Celle sammelte, bestand aus dem 1. Bataillon und der 11. Compagnie Infanterie=Regiments Nr. 50 und aus der 1. 9. 11. 12. Compagnie des Füsilier=Regiments Nr. 37. (Die 3. Compagnie letzteren Regiments war nach St. Cyr zu den Trains commandirt.) Die 5. schwere und 5. leichte Batterie der Divisions=Artillerie erhielten Befehl, die Geschütz=Emplacements auf dem Plateau von St. Michel zu besetzen, um den Raum zwischen Seine und Rueil unter Feuer zu nehmen.

Es sei gleich hier erwähnt, daß um 12¹/₂ Uhr 2 Batterien der Garde=Landwehr=Division die Artillerie=Stellung bei St. Michel verstärkten und gleichzeitig 2 Garde=Landwehr=Bataillone die Special=Bedeckung der Batterien bei St. Michel übernahmen.

Die Haupt=Reserve der 10. Division, 19. Infanterie=Brigade (Regiment 6 und 46) 6. schwere und 6. leichte Batterie (Divisions=Artillerie) und 2 reitende Batterien (Corps=Artillerie), Dragoner=Regiment Nr. 14, concentrirte sich bei Beauregard, östlich der Straße nach Bougival. Vom Regiment Nr. 6 war die 10. Compagnie nach Le Butard detachirt.

Der Front=Angriff gegen das Jägerhäuschen wurde gleichzeitig unterstützt durch feindliche Colonnen, welche bei Schloß

Buzanval und durch Mauerdurchbrüche westlich davon in den Wald eingedrungen waren und die Position am Jägerhäuschen in der Flanke angriffen. Schon waren diese feindlichen Abthei= lungen bis an die Grenzmauer zwischen dem Walde von Buzanval und dem der Bacherie be St. Cucufa gekommen, als der Haupt= mann von Boguslawski mit der 9. und einem Zuge der 12. Com= pagnie Infanterie = Regiments Nr. 50 in der Nähe des Jäger= häuschens durch eine von Verhauen geschützte Lücke jener Grenz= mauer, auch über den Verhau vordrang und den Feind aus dem dem Jägerhause zunächst gelegenen Theil des Waldes von Buzan= val verjagte. Die äußere Mauer dieses Waldes bis zu einem gegen vorerwähnte Grenzmauer weit zurückspringenden Winkel ließ der Hauptmann von Boguslawski sogleich besetzen und kam hier noch gerade zu rechter Zeit, um bei dem Abschlagen des Front=Angriffs mitzuwirken. Dieses entschlossene Eingreifen des Hauptmanns von Boguslawski hatte eine große Gefahr abge= wendet. — Seine rechte Flanke wurde durch einen von ihm in den Wald vorgeschickten Zug gegen die ferneren Angriffe der im Walde von Buzanval sich befindenden feindlichen Infanterie ge= sichert in Verbindung mit den an der mehrwähnten Grenzmauer aufgestellten Compagnie.

Der Front=Angriff, durch Artillerie nur kurze Zeit vorbereitet, wurde, als er mit seinen Schützen = Schwärmen auf 300 Schritt an die Position des Jägerhauses herangekommen war, mit einem so heftigen, aus guter Deckung abgegebenen Feuer begrüßt, daß die feindlichen Schützen sofort umdrehten und auch durch die nach= folgenden Colonnen nicht mehr mit fortgerissen werden konnten. Trotz der Zurufe und Aufmunterung ihrer Offiziere blieben auch diese fast auf derselben Stelle wie die Schützen halten, gaben ein kurzes wirkungsloses Feuer ab und wandten sich eiligst nach sehr bedeutendem Verlust zur Flucht.

Die durch Rueil vorgegangenen beiden feindlichen Bataillone zwangen die vorgeschobenen Patrouillen=Posten an der Nordostecke des Parkes von Malmaison und in Villa Dollinger nach längerem Feuer=Gefecht zum Rückzuge, besetzten die östliche Mauer des ge= nannten Parkes und unterhielten mit der 8. Compagnie des Fü= silier=Regiments Nr. 37 an der Barrikade auf weite Distanzen ein unblutiges Schützen=Gefecht. Mit den 4 längs der Seine vorgehenden Bataillonen entwickelte der Feind im Geschütz=Emplace=

ment beim Bahnhof Rueil und diesseits der Straße von Rueil nach dem Bahnhof 2 Feld= und 1 Mitrailleusen=Batterie.

Die diesseitigen Batterien auf dem Plateau von St. Michel, welche wegen des starken Nebels bis jetzt wenig hatten wirken können, nahmen nun den Geschütz=Kampf mit den an der Seine und an der Bahnhofstraße stehenden Geschützen auf und brachten dieselben nach 2stündigem Feuer (2 Uhr) zum Schweigen. Auch 2 gepanzerte Eisenbahn=Batterien, welche bis zum Bahnhofe Rueil herandampften, wurden nach ¹/₂stündigem Kampfe zum Rückzuge gezwungen. Die Artillerie bei St. Michel wurde unterstützt durch die Batterie des 4. Armee=Corps, welche auf den Höhen nördlich Chatou Stellung genommen hatten, und gegen die französischen Reserven zwischen Nanterre und Rueil wirkten, und dann die bei ersterem Ort aufgefahrenen feindlichen Geschütze bekämpften.

Der abgeschlagene Angriff auf das Jägerhaus veranlaßte den Feind, wie vom Observatorium, wohin sich der commandirende General begeben hatte, beobachtet werden konnte, seine Kräfte gegen das Jägerhaus zu verstärken: er zog (12 Uhr) noch 2—3 Ba=taillone Infanterie von Rueil aus vor und placirte in der Nähe der Villa Crochard 3 Kanonen= und 1 Mitrailleusen=Batterie. Auch wurde um dieselbe Zeit vom Observatorium aus bemerkt, wie noch immer Infanterie und Artillerie und sehr starke Ambu=lancen am Mühlenhange debouchirten. Die Infanterie wandte sich nach dem westlichen Ausgange von Nanterre.

Der General von Kirchbach begab sich bald darauf nach dem Plateau von La Celle = St. Cloud und als hier von der 9. Di=vision her heftiger Kanonendonner gehört wurde, begab er sich sogleich weiter nach der Hospice=Batterie. Kurze Zeit, nachdem der commandirende General das Observatorium verlassen hatte, wurde dasselbe (12¹/₄ Uhr) durch mehrere Granaten zerstört, jedoch so glücklich, daß von dem Personal des Observatoriums nur eine Ordonnanz getödtet wurde.

Die vom Feinde herangezogenen Verstärkungen, welche man beim Jägerhause auch bemerkt hatte, veranlaßten den Commandeur der Vorposten=Brigade, General=Major von Walther, zunächst die 1. und 2. Compagnie des Regiments Nr. 50 und bald darauf noch die 1. 9. 11. und 12. Compagnie des Regiments Nr. 37 nach dem Jägerhause zu senden.

Der Oberst=Lieutenant von Sperling, welcher das Gefecht

auf dem rechten Flügel dieser Position leitete, nahm sogleich die 1. und 2. Compagnie Infanterie-Regiments Nr. 50 vor zur Un= terstützung des Gefechtes der 9. und 12. Compagnie desselben Regiments, während die 1. und 10. Compagnie des Füsilier-Re= giments Nr. 37 die Anweisung erhielten, bis zu dem großen Verhau der 9. Division die rechte Flanke zu sichern. Mit der 9. 11. 12. Compagnie des Füsilier-Regiments Nr. 37 wurde der linke Flügel der Position am Jägerhaus verstärkt.

Den zweiten Angriff auf diese Stellung bereitete der Feind mit heftigem Artillerie= und Mitrailleusen=Feuer vor: die Gra= naten schlugen zum Theil in das Jägerhaus ein, zum Theil legten sie die Mauer daneben nieder und verursachten den Vertheidigern empfindliche Verluste. Während der ganzen Zeit nach dem ersten Angriff hatte das Schützen=Gefecht nicht aufgehört.

Als der Feind zum neuen Angriff schreiten wollte, löste er zuvor seine im Feuer befindlichen Schützen ab. Mit der neuen Schützen=Linie, gefolgt von mehreren starken Colonnen, ging er nun zur Attaque vor. Bis auf 200 Schritt kam die feindliche In= fanterie heran; das heftige Gewehr=Feuer der Vertheidiger setzte jedoch ihrem weiteren Vordringen ein Ziel und jagte sie schließlich nach bedeu= tenden Verlusten in die Flucht. Nach vergeblichen Bemühen ihrer Offi= ziere, sie zum Halten zu bringen, mußte der Feind (2¹/₂ Uhr) frische Truppen vorziehen.

Von nun an fand ein wirklicher Angriff gegen die 10. Di= vision nicht mehr statt. Außer unbedeutenden Vorstößen beschränkte sich der Feind nur auf ein Tirailleur=Gefecht.

Die feindliche Infanterie an der Seine unternahm keinen Angriff. — Nachdem die dort aufgestellten Batterien zum Schweigen gebracht waren, nahmen die Batterien bei St. Michel die Infan= terie unter Feuer, mit so vorzüglicher Wirkung, daß dieselbe nach bedeutendem Verlust (2¹/₂ Uhr) durch Rueil nach Nanterre zurück= ging. Die 5. leichte Batterie (Hauptmann von Graberg) ging aus dem Emplacement von St. Michel heraus bis an den oberen Rand des steilen Abfalls und feuerte mit Erfolg auf die beim gesprengten Hause placirten feindlichen Batterien. Um 3 Uhr konnte im Allgemeinen der Angriff auf die Stellung der 10. Di= vision als abgeschlagen angesehen werden. Der Feind zog sich zurück und unterhielt zum Schutze des Rückzugs ein hinhaltendes Tirailleur= und Artillerie=Gefecht bis 4¹/₂ Uhr.

Da sich die östliche Parkmauer von Malmaison noch im Besitz des Feindes befand, so befahl der General-Lieutenant von
Schmidt dem 2. Bataillon des Regiments Nr. 37, dieselbe wieder
zu nehmen. Dieser Befehl wurde nach kurzem Gefecht (5 Uhr)
durch die 6. und 7. Compagnie ausgeführt.

Während des ganzen Gefechts und auch noch lange nach
demselben wurde das Terrain hinter der vorderen Stellung der
10. Division von den schweren Festungs-Geschützen stark unter
Feuer genommen. Bis zur Haupt-Reserve bei Beauregard flogen
die feindlichen Granaten. Aus den Feld-Geschützen, welche besonders den Wald hinter dem Jägerhäuschen unsicher machten,
wurde auch das Plateau von La Celle-St. Cloud und La Jonchère belästigt; bis dahin flogen auch Mitrailleusen- und vereinzelte
Gewehr-Kugeln.

Bei der 9. Division war zur Zeit des zweiten Angriffes (2
Uhr) gegen die 10. Division der Artillerie-Kampf eifrig fortgesetzt worden. Als das Gefecht bei letzterer allmählig schwächer
wurde und der Feind sich vor der Front der 9. Division vollständig defensiv verhielt, glaubte der General von Sandrart es
an der Zeit, zur allgemeinen Offensive vorzugehen. Auf dem rechten
Flügel wurden dem General von Bothmer die speciellen Anordnungen überlassen. Auf dem linken Flügel befahl der General
von Sandrart ein verstärktes Artillerie-Feuer gegen den Buzanval-
Park und die Garcher-Höhen, besonders gegen eine nördlich des
Garcher Kirchhofs gelegene Mauer, hinter welcher sich der Feind
zur Vertheidigung einrichtete, und auf die hinter den Höhen verdeckt stehenden feindlichen Reserven.

Kurz ehe der Infanterie-Angriff beginnen sollte, erschien Seine
Kaiserliche und Königliche Hoheit der Kronprinz in der Batterie
am Hospice, um sich persönlich über den Stand der Schlacht zu
informiren. Diese Batterie sowohl, als auch die im Park von St.
Cloud waren durch ein ziemlich heftiges Infanterie-Feuer belästigt,
welches ihnen mehrere Verluste beibrachte.

Für den Angriff selbst auf dem linken Flügel wurde folgende
Disposition ertheilt: „Major Cumme vertreibt mit 2 Füsilier-Compagnien 59. Regiments den Feind von der Mauer des Schlosses
Bergerie und der oberen Buzanval-Mauer. Hauptmann Masuch
rückt mit dem Füsilier-Bataillon Infanterie-Regiments Nr. 47
nach der „lustigen Erbswurst", um zu einer weiteren Verwendung

bereit zu stehen. Oberst von Köthen mit der 5. und 8. Com=
pagnie des Regiments Nr. 59 und der 4. Jäger=Compagnie, dem
Füsilier=Bataillon und dem 1. Bataillon Königs=Grenadier=Re=
giments Nr. 7, letztere beide aus der Haupt=Reserve, nimmt die
Garcher=Höhen von dem gleichnamigen Dorf aus."

Der diesseitige Angriff traf, wie sich aus dem Laufe des
Gefechts ergab und durch französische Berichte später bestätigt
worden ist, mit einem neuen Offensivstoße von feindlicher Seite
zusammen.

Der Angriff wurde gegen 3¹/₂ Uhr begonnen: dem Major
Cumme gelang es nach kurzer Zeit, die vor dem Bergerie=Schlosse
liegende Mauer mit der 10. und 11. Compagnie des Regiments
Nr. 59 zu säubern; er richtete hierauf seine Angriffe gegen die
obere Buzanval=Mauer.

Der Oberst von Köthen debouchirte — mit 3 Füsilier=Com=
pagnien Königs=Grenadier=Regiments Nr. 7 (Major von der
Mülbe) und der 4. Jäger=Compagnie in Compagnie=Colonnen
auseinander gezogen, hinter diesen 1 Füsilier=Compagnie in Re=
serve — aus Garches gegen die Höhen, von welchen sie außer=
ordentlich heftiges Feuer empfingen. Gegen den sich immer mehr
verstärkenden Feind gelang es nicht, weiter vorzubringen; das
Gefecht kam auf halber Höhe zum Stehen. Sowie das 1. Ba=
taillon Königs=Grenadier=Regiments Nr. 7 (Hauptmann Malotki
von Trzebiatowsky) in Garches eingetroffen war, wurde es sofort
zur Unterstützung des Angriffs vorgenommen. Gleichzeitig ging
das Füsilier=Bataillon Infanterie=Regiments Nr. 47 über die
Bergerie vor, um den Frontal=Angriff des Oberst von Köthen von
der linken Flanke aus zu unterstützen. Auf der rechten Flanke
wirkte das Eingreifen der 3. Jäger=Compagnie günstig mit; die=
selbe war mit 1 Compagnie des Füsilier=Bataillons Infanterie=Regi=
ments Nr. 59 von der Porte jaune aus zur Unterstützung des
Angriffs auf die Montretout=Schanze gegen die Höhe vorgegangen.

Sowie die 3 Compagnie=Colonnen des 1. Bataillons Königs=
Grenadier=Regiments — 1 Compagnie blieb in Reserve — in der
Gefechts=Linie den rechten Flügel verstärkt hatten, gingen sämmt=
liche Compagnien mit Hurrah gegen die Höhen vor. (5 Uhr) Es
gelang, die Garcher=Höhen von der Bergerie bis zur Kiesgrube
des Jäger=Postens Nr. 3, gegenüber der Porte jaune, zu nehmen
und den Feind von derselben hinunter zu werfen. Dieser wurde

in der schon eingetretenen Dunkelheit von einer Compagnie des Königs-Grenadier-Regiments unter Lieutenant von Grotthuß sogar bis zur Fouilleuse verfolgt.

Der Oberst von Köthen zog nun die Füsilier-Compagnien zurück, ließ von dem 1. Bataillon Königs-Grenadier-Regiments die Höhen besetzen und dem Feinde Offizier-Patrouillen nachschicken, um seinen Abzug zu beobachten.

Auf dem linken Flügel war es dem Major Cumme nicht gelungen, durch wiederholte Angriffe von der Bergerie aus den Feind hinter der oberen Buzanval-Mauer zn vertreiben, troß aller Bravour der Mannschaften und Aufopferung der Offiziere, von denen Hauptmann von Scheve und Lieutenant Mayer bei dem zweimaligen Versuch, den Durchgang durch die Mauer zu erzwingen, gefallen und 2 Offiziere schwer verwundet waren. Die beiden Compagnien mußten sich darauf beschränken, den Feind in Schach zu halten, was um so nothwendiger war, als er den Versuch machte, den gegen die Garcher Höhen diesseits unternommenen Angriff zu flankiren. Von einem weiteren Angriff gegen die Buzanval-Mauer, welcher von den Füsilieren des Infanterie-Regiments Nr. 47 unterstützt werden sollte, wurde Abstand genommen wegen der mittlerweile hereingebrochenen tiefen Dunkelheit und den bei der Mauer liegenden Verhauen; er sollte den andern Morgen ausgeführt werden.

Auf dem rechten Flügel hatte der General von Bothmer, von der wohlbegründeten Ansicht ausgehend, daß die Montretout-Schanze nicht dauernd in den Händen des Feindes bleiben dürfe, zunächst versucht, die Besaßung desselben durch das dorthin concentrirte Feuer mehrerer Batterien zu vertreiben. Als das Feuer erfolglos blieb, gab der General von Bothmer dem Oberst-Lieutenant von Klaß den Befehl, die Schanze wieder nehmen zu lassen. Dieser bestimmte zu diesem Angriff die 2. Jäger-Compagnie, 7. und 10. Compagnie Regiments Nr. 58 und 12. Compagnie Infanterie-Regiments Nr. 59 unter Befehl des Hauptmanns von Strauß des Jäger-Bataillons Nr. 5.

Zur Sicherung desselben in der linken Flanke sollten von der Porte jaune aus die 3. Jäger-Compagnie (Hauptmann Nolte) und die 9. Compagnie Infanterie-Regiments Nr. 59 unter Befehl des Hauptmanns Jänsch gegen die Höhen vorgehen. In der rechten Flanke war dieser Angriff gesichert durch die 1., 4. und 12. Compagnie des Regiments Nr. 58 und 6. Compagnie des Regiments Nr. 88, welche unter Hauptmann Wernecke (Regiment 58) seit Beginn der Schlacht einen hartnäckigen Kampf in der Stadt St. Cloud unterhielten. Der Angriff stieß auf überlegene, vorher durch den Höhenzug verborgene feindliche Kräfte.

Von den von der Porte jaune aus vorgehenden Compagnien gelang es nur einem Theil der 3. Jäger=Compagnie, im Anschluß an die Königs=Grenadiere bis auf die Höhe zu kommen, obgleich sich ihnen gegenüber 3 feindliche Bataillone entwickelten. Bei ihrem Sturm gegen die Höhe hatten sie schwere Verluste zu erleiden die Hauptleute Jänsch und Nolte ihren Compagnien voranstürmend, wurden schwer verwundet.

Auch der Angriff der Compagnien unter Hauptmann von Stranz, welcher von der Grille d'Orleans ausging, hatte nicht den gewünschten Erfolg. Dieselben fanden schon in der Rue im= périale einen solchen Widerstand, daß hie gegen die Schanze mit der 2. Jäger=Compagnie und 12. Compagnie Regiments Nr. 59 beabsichtigte Flanken=Bewegung durch St. Cloud nicht zur Aus= führung gelangte und der Frontal=Angriff mit der 7. und 10. Compagnie Infanterie=Regiments Nr. 58 an dem feindlichen Wi= derstande in den Häusern vor der Schanze zum Stehen kam; auch die vom Oberst=Lieutenant von Klaß zur Verstärkung vorgeschickte 7. Compagnie Infanterie=Regiments Nr. 88 hatte keinen Einfluß.

Es entwickelte sich nun gegen die Höhe, die stark besetzte Montretout=Schanze und die vor derselben liegenden Häuser ein heftiges Feuer=Gefecht. Ein nochmaliger Versuch, vorzudringen, mißlang trotz aller Bravour der Offiziere und Mannschaften eben= falls (5 Uhr). Das gewonnene Terrain wurde aber festgehalten.

Bei der 10. Division wurden um diese Zeit die zur Ver= stärkung der 1. Linie abgeschickten Abtheilungen auf dem Plateau von La Celle=St. Cloud concentrirt und die Haupt=Reserve und die beiden Garde=Landwehr=Bataillone auf Befehl des comman= direnden Generals in ihre Cantonnements entlassen.

Die Special=Reserve war noch um 6 Uhr auf ihrem Allarm= platz concentrirt, als der Befehl des Generals der Infanterie von Kirchbach bei der Division einging, aufs Neue zu allarmiren und 1 Infanterie=Regiment zur Unterstützung der 9. Division nach Vaucresson zu detachiren. Es wurde hierzu das Infanterie=Regiment Nr. 46 aus der Haupt=Reserve bestimmt, welches sofort von seinen Cantonnements abmarschirte.

Gegen 8 Uhr Abends entspann sich nochmals ein kurzes Schützen=Gefecht am Ostausgange des Parkes von Malmaison.

Der commandirende General hatte, nachdem der 1. Angriff auf die Montretout=Schanze mißlungen, dem General von San= brart aufgegeben, die Schanze unter allen Umständen zu nehmen, es ihm aber überlassen, dies noch denselben Abend oder mit An= bruch des nächsten Tages auszuführen. Der General von San= brart entschied sich dafür, die Schanze noch denselben Abend wieder zu nehmen; es wurde ihm auf sein Verlangen vom commandi= renden General sogleich 1 Infanterie=Regiment der 10. Division zur Verfügung gestellt. — Dies Regiment (das Infanterie=Re= giment Nr. 46), um 6 Uhr in seinem Cantonnement Roquencourt allarmirt, traf um 8 Uhr an der Porte jaune 10 Compagnien stark ein. Außer diesem Regiment stellte der General von San= brart noch das 1. Bataillon Infanterie=Regiments Nr. 47 aus der Haupt=Reserve dem General von Bothmer, welcher den An= griff leiten sollte, zur Disposition. Letzterer hatte auch schon um 7 Uhr das 1. Bataillon des Infanterie=Regiments Nr. 88 aus Sèvres als Reserve nach dem Stern beordern lassen.

Der General von Bothmer traf, nachdem alle für den Sturm bestimmten Truppen angelangt waren, seine Dispositionen. Die Haupt=Colonne, welche unter Befehl des Oberst von Eberhardt den Angriff ausführen sollte, bestand aus den, noch gegen die Montretout=Schanze im leichten Tirailleur=Gefecht stehenden In= fanterie=Compagnien unter Hauptmann von Strantz, 7. und 10. Compagnie Infanterie=Regiments Nr. 58 und 7. Compagnie In= fanterie=Regiments Nr. 88, 2 Bataillone des Regiments Nr. 46. Die linke Colonne: 5. Compagnie des Infanterie=Regiments Nr. 58 und 3. Jäger=Compagnie gegen die Höhen links der Montretout= Schanze. Rechte Colonne: 1 Bataillon Infanterie=Regiments Nr. 47 und 2. Jäger=Compagnie unter Major Schulz, sollte sich rechts an dem Montretout=Park vorbei gegen die Kehle der Schanze wenden. 2 Compagnien 46. Regiments blieben in Reserve.

Um 9¹/₂ Uhr marschirten die Colonnen vor, dem Befehle gemäß ohne einen Schuß zu thun. Die Haupt= und linke Co= lonne fanden keinen Widerstand, der Feind hatte den Höhenzug und die Schanze verlassen; wahrscheinlich war die Annäherung der starken Colonnen bemerkt worden. Die 6. Compagnie 46. Regiments (Premier=Lieutenant Hanstein) und die 7. Compagnie 88. Regiments (Premier=Lieutenant Becker), welche die ersten in der Schanze waren, konnten von den flüchtenden Franzosen noch 18 Mann gefangen nehmen.

Die rechte Colonne konnte die Disposition nicht ausführen. Am Ende der Rue impériale hatte der Feind zwei Häuser stark besetzt, welche die Umgebung vollständig beherrschten. Der Ver= such, die Vertheidiger durch Gewehrfeuer zu vertreiben und die wohlverbarrikabirten Häuser zu stürmen, mißlang; man war ge= nöthigt die Häuser durch Besetzung der anliegenden Gebäude und Mauern zu cerniren, was von der 3. Compagnie Regiments Nr. 47 ausgeführt wurde

Unterdeß war die Montretout=Schanze eingenommen worden (10 Uhr). Die Haupt=Colonne wurde zurückgezogen und zur Be= setzung der Schanze die 1. Compagnie 47. Regiments bestimmt.

Aus der Stadt St. Cloud, wo das Gefecht bis gegen 8 Uhr fortgeführt worden war, hatten sich die Franzosen allmählig zurück= gezogen. Auf den Garcher=Höhen und bei der Bergerie hatten die Vorposten schon um 7½ Uhr ihre früheren Stellungen eingenom= men. Nach der Wiedereinnahme der Montretout=Schanze konnten auch an dem rechten Flügel die Vorposten ihre alte Position ein= nehmen (10 Uhr).

Es waren nur noch der Park von Buzanval und 2 Häuser in St. Cloud vom Feinde besetzt; letztere waren aber cernirt, sie sollten am andern Morgen mit Hilfe der Artillerie gestürmt werden.

Da große Truppenmassen des Feindes noch am Mont Vale= rien bivouakirten, wurde das Vorposten=Detachement gefechtsbereit gehalten, die übrigen Truppen rückten zwischen 11 und 12 Uhr in ihre Cantonnements ab. Die Haupt=Reserve der 10. Division war um 10 Uhr in ihre Quartiere entlassen.

Die großen Massen, welche der Feind im Laufe des Tages entwickelt hatte, waren die Veranlassung, daß durch das Ober= Commando 1 bayerische Infanterie=Brigade und die Garde=Land= wehr=Brigade aus Saclay nach Versailles gezogen wurden zur eventuellen Unterstützung des 5. Armee=Corps; diese Truppen wurden für die Nacht in Versailles untergebracht; sie sollten am folgenden Tage wieder die Reserve des 5. Armee=Corps bilden.

Die Garde-Landwehr-Brigade stellte Seine Kaiserliche Hoheit der Kronprinz unter die directen Befehle des commandirenden Generals von Kirchbach.

Am anderen Tage, den 20. Januar, war eine Erneuerung des Kampfes zu erwarten, da man unter dem Mont Valerien nach Beendigung des Gefechts am 19. Januar zahlreiche Truppen bivouakiren sah und auch der Feind den Wald von Buzanval während der Nacht nicht aufgab.

Der General von Kirchbach ordnete deshalb an, daß mit Tages-Anbruch die Vorposten-Brigaden ihre Gefechts-Stellung einnehmen, die Haupt-Reserve auf ihren Allarmplätzen und die Garde-Landwehr-Brigade in der Avenue St. Cloud in Versailles concentrirt stehen sollten. Außerdem befahl der commandirende General, durch einen combinirten Angriff beider Divisionen am frühen Morgen des folgenden Tages den Park von Buzanval wieder vollständig in Besitz zu nehmen.

Am 20. Januar kam es nicht zum Kampf, trotzdem daß der Nebel dem Feinde sehr günstig war. Dieser gab am Morgen sogar den Wald von Buzanval auf, bevor von den Divisionen ein Angriff dagegen unternommen wurde. Bald darauf wurde festgestellt, daß der Feind mit großen Colonnen nach Paris zurückmarschirte.

Mit der feindlichen Besatzung der 2 umzingelten Häuser kam es am 20. noch zu einem Schützen-Gefecht. Am Morgen 5 Uhr war die Compagnie des Infanterie-Regiments Nr. 47, welche die Häuser cernirt hatte, durch 2 Compagnien des Regiments Nr. 58 und die 2. Jäger-Compagnie unter Hauptmann von Strantz abgelöst worden.

Gegen ¹/₁₀ Uhr Morgens verlangte der Commandant der feindlichen Abtheilung einen Waffenstillstand von 2 Stunden. Der Hauptmann von Strantz meldete dieß an den Vorposten-Commandeur mit dem Hinzufügen, daß der feindliche Commandant eine französische Fahne auf einem der beiden Häuser aufgesteckt habe und fortwährend Signale blasen lasse, um dem Fort Valerien oder den feindlichen Truppen im Bois de Boulogne seine bedrängte Lage zu erkennen zu geben. Der anwesende commandirende General bewilligte die Bitte des französischen Commandanten nicht, sondern ließ ihn auffordern, sich mit allen seinen Mannschaften zu ergeben, widrigenfalls die von ihm besetzten Häuser mit Granaten beworfen werden würden; 1 Zug Artillerie wurde auch sofort gegen sie aufgefahren. Die Unterhandlungen, in denen der französische Commandant alle möglichen Vergünstigungen beanspruchte, sobald er die Vertheidigung seines Postens aufgeben würde, führten endlich um 1 Uhr Nachmittag zur Uebergabe der feindlichen Abtheilung ohne jede Bedingung. Es waren 18 Offiziere und 325 Mann eines bretagner Mobilgarden-Bataillons, 3 Franctireurs, 1 Nationalgarbist, welche sogleich kriegsgefangen nach Versailles gebracht wurden.

Somit war, nachdem schon am Morgen der Wald von Buzanval von uns wieder besetzt worden war, das Terrain vor der Stellung des 5. Armee-Corps, wie vor dem 19. Januar, in unseren Händen. Die Haupt-Reserve und die Garde-Landwehr-Brigade waren schon gegen Mittag in ihre Cantonnements entlassen worden.

Die Schlacht vor dem Mont Valerien war vom Feinde unter sehr günstigen Umständen für ihn begonnen worden; er hatte den größten Theil seiner Truppen unter dem Schutze des Nebels am 19. entwickelt und war überraschend gegen die Montretout- und Garcher-Höhen und gegen den Wald von Buzanval vorgegangen, welche in seinem Besitz waren, ehe alle Truppen des 5. Armee-Corps ihre Gefechts-Stellungen resp. Allarmpläße erreichen konnten. Trotzdem diese Terraintheile im Besitz des außerordentlicher Stärke angreifenden Feindes waren, gelang es den Truppen des Armee-Corps in ihrem außerordentlichen Kampfeseifer und ihrer Hingebung, der ursprünglichen Absicht entgegen, einige vor der eigentlichen Vertheidigungs-Stellung liegende Positionen (St. Cloud, Garches, Bergerie und Jägerhäuschen) während des ganzen Kampfes zu behaupten, so daß der Feind es nur einmal wagte, einen Angriff gegen die eigentliche Vertheidigungs-Stellung auf nur einem Punkte (bei Porte jaune) zu unternehmen.

Des Feindes Feld-Artillerie kam gar nicht zur Wirkung, sie wurde überall durch die diesseitige Artillerie sofort aus dem Felde geschlagen. Unsere Artillerie hatte auch auf allen Punkten mit vielem Erfolg gegen die feindliche Infanterie gewirkt und die Offensive der diesseitigen Infanterie vorbereitet. Trotz der Stärke des Feindes gelangen die Offensivstöße bei der 9. Division am Nachmittage und Abend des 19. mit nur wenigen Bataillonen fast überall.

Nach der Wieder-Erstürmung der Garcher-Höhen mußte die

Kraft des Feindes schon gänzlich gebrochen gewesen sein, dies beweist das Aufgeben der Montretout-Schanze ohne jeglichen Kampf.

Ganz wider Erwarten griff der Feind am 20. Januar nicht aufs Neue an. Die Erklärung fand man jedoch bald in seinen ungeheuren Verlusten, deren Beweise in den nach Hunderten zu zählenden Leichen vor unserer Front lagen. Die am 20. vorgesandten Patrouillen haben vor der Front der 9. Division, vor dem Jägerhause, Malmaison, bei Rueil nahe an 1500 Todte gezählt. Die eignen Angaben der Franzosen variiren zwischen 5—8000, sogar bis 10,000 Mann Verlust an Todten und Verwundeten. Der Verlust ist so groß gewesen, daß der General Trochu bei Seiner Majestät dem Kaiser einen zweitägigen Waffenstillstand beantragt hatte zur Beerdigung der Todten. Diese Bitte wurde nicht bewilligt, doch den Truppen die Anweisung gegeben, daß die Beerdigung und Fortschaffung der Leichen nicht gehindert und womöglich unterstützt werden solle.

An Gefangenen sind im Ganzen gemacht worden: 44 Offiziere und 458 Mann.

Außerdem wurden viele Gewehre und Tornister erbeutet.

Im Verhältniß zu den Verlusten des Feindes waren die diesseitigen gering.

Die Verluste sind folgende:

3. Posensches Infanterie-Regiment Nr. 58: Todt: Seconde-Lieutenant Lange I. Verw.: Feldwebel Czarcinski und Vice-Feldwebel Bonstedt. Summa: Todt: 1 Offizier und 16 Mann. Verw.: 2 Offiziere und 67 Mann. Verm.: 50 Mann. — 4. Posensches Infanterie-Regiment Nr. 59: Todt: Hauptmann von Schede und Seconde-Lieutenant Mayer. Verw.: Hauptmann Jänsch (an seinen Wunden gestorben), die Premier-Lieutenants Berka und Bäck, Seconde-Lieutenant Schmidt III., die Vice-Feldwebel Przytalla und Elsner. Summa: Todt: 2 Offiziere und 19 Mann. Verw.: 6 Offiziere und 86 Mann. Verm.: 7 Mann. — Königs-Grenadier-Regiment (2 Westpr.) Nr. 7: Todt: Premier-Lieutenant von Gersdorf. Verw.: Seconde-Lieutenant von Rekowski. Summa: Todt: 1 Offizier und 14 Mann. Verw.: 1 Offizier und 58 Mann. Verm.: 1 Mann. — 2. Niederschlesisches Infanterie-Regiment Nr. 47: Todt: Seconde-Lieutenant Borsche. Verw.: die Premier-Lieutenants von Winnig und Hertel, die Seconde-Lieutenants von Dresky und Matthaei, Vice-Feldwebel Albert, Portepee-Fähnrich Schulze. Summa: Todt: 1 Offizier und 8 Mann. Verw.: 6 Offiziere und 49 Mann. Verm.: 1 Mann. — 1. Schlesisches Jäger-Bataillon Nr. 5: Verw.: die Hauptleute Nolte und von Bünau, die Portepee-Fähnriche Junk und von St. Paul, Feld-

webel Mayer. Summa: Tobt: 11 Mann. Verw.: 5 Offiziere und 51 Mann. Berm.: 7 Mann. — 1. Schlesisches Dragoner=Regiment Nr. 4: Verw.: 1 Mann. Berm.: 1 Mann. — 1. Fuß=Abtheilung: Verw.: 6 Mann und 12 Pferde. — Sanitäts=Detachement Nr. 1: Verw.: 3 Mann. — Westphälisches Füsilier=Regiment Nr. 37: Tobt: Seconde=Lieutenant Toporski. Berw.: die Hauptleute Reinharb und von Keisenberg, die Premier=Lieutenants Rennhof und von Jumetti, die Seconde=Lieutenants Timm und von Kurnatowsky. Summa: Tobt: 1 Offi= zier und 14 Mann. Berw.: 6 Offiziere und 65 Mann. — 3. Nieder= schlesisches Infanterie=Regiment Nr. 50: Tobt: Feldwebel Poser und Bice=Feldwebel Hübner. Berw.: Premier=Lieutenant Rosemann, Se= conde=Lieutenant Barbenés, die Bice=Feldwebel Nieblich (an seinen Wunden gestorben) und Pohlmann. Summa: Tobt: 2 Offiziere und 17 Mann. Berw.: 4 Offiziere und 67 Mann. — 3. Fuß=Abtheilung: Tobt: 3 Pferde. Berw.: 2 Mann und 2 Pferde. — Sanitäts=Deta= chement Nr. 2: Berw.: Rittmeister Rose. Summa: Berw.: 1 Offizier. — Corps=Artillerie: Berw.: 2 Mann und 1 Pferd. — Nieder= schlesisches Pionier=Bataillon Nr. 5: Berw.: 2 Mann.

Demnach betrug der Gesammt=Berlust des 5. Armee=Corps in der Schlacht am Mont Balerien in Summa: Tobt: 8 Offiziere und 99 Mann, 3 Pferde. Berw.: 31 Offiziere und 459 Mann, 15 Pferde. Berm.: 67 Mann.

Zur Bergung der Verwundeten während der Schlacht hatte das Sanitäts=Detachement Nr. 1 seinen Verbandsplatz in Marnes im Hospice be Reconnaissance aufgeschlagen. Unter den hier auf= genommenen Verwundeten befanden sich auch 40 Franzosen. Vom Sanitäts=Detachement Nr. 3, welches seit Anfang Januar zur Belagerungs=Artillerie abcommandirt war, befand sich die 2. Sek= tion im Park von St. Cloud auf dem Verbandsplatz der Belage= rungs=Batterie Nr. 1; dieselbe konnte während der Nacht den Ver= wundeten der 9. Division wesentliche Hilfe gewähren. Bei der 10. Division war das Sanitäts=Detachement Nr. 2 thätig gewesen; dasselbe hatte Verbandsstationen in der Schule in La Celle St. Cloud und dicht hinter der Gefechts=Linie in Cucufa errichtet, unterstützt von dem Personal des Feld=Lazareths Nr. 10. Schon am 19. Januar war mit dem Transport der Verwundeten nach Versailles begonnen worden, er nahm die ganze Nacht und den Morgen des folgenden Tages in Anspruch.

Die Tage nach der Schlacht benutzte der Feind zum Auf= räumen des Schlachtfeldes. Noch am 23. Januar waren fran= zösische Ambulancen thätig; sie wurden von unseren Vorposten in ihrer Aufgabe eifrig unterstützt und ihnen namentlich aus dem Walde von Buzanval und dem Park von Malmaison die Tobten zugetragen. Bei einem Theil der gefallenen Franzosen wurden folgende Regiments-Nummern festgestellt: 72, 78, 82, 108, 111, 112, 119, 1 M. 2 M.

Bei dem Abſuchen des Schlachtfeldes unſererſeits ereignete es ſich, daß ein Vice-Feldwebel Gutfeld vom Grenadier-Regiment Nr. 6, welcher mit 3 Lazareth-Gehülfen und 2 Krankenträgern am 21. Nachmittags vorgeſchickt worden war, um in dem Terrain zwiſchen Rueil und dem Eiſenbahndamme nach Todten und Ver-wundeten zu ſuchen und bei den franzöſiſchen Vorpoſten einen Zettel mit Namen der von uns beerdigten franzöſiſchen Soldaten abzugeben, trotz der Genfer Flagge von dem Feinde gefangen auf dem Mont Valerien geführt, jedoch ſchon am folgenden Tage wieder freigegeben wurde. Ueber ſeine Erlebniſſe gab er folgende intereſſante Mittheilungen zu Protokoll: „.... ich proteſtirte gegen die Gefangennahme. Nichts deſtoweniger verband er (der fran-zöſiſche Offizier der Vorpoſten) mir die Augen und führte mich 5—800 Schritt in das Dorf Rueil. In ein Haus geführt, wurde mir die Binde abgenommen und ich dem Capitain der Wache vorgeſtellt. Derſelbe vernahm mich in folgender Weiſe: 1. Was der Zweck meines Vorgehens wäre. 2. In welcher Weiſe unſere Vorpoſten ausgeſtellt ſeien. 3. Wie unſere Verpflegung beſtellt ſei. Ueber meine Ausſagen wurde ein kurzes Protokoll aufge-nommen. ad 1 ſagte ich aus, daß ich zum Auffuchen von Todten reſp. Verwundeten vorgeſchickt wäre, und daß ich bei dieſer Gele-genheit den Franzoſen die Namen der von uns beerdigten fran-zöſiſchen Soldaten übergeben ſollte. ad 2 warf ich nur die all-gemeine Bemerkung hin, daß unſere Vorpoſten-Stellung ſo be-feſtigt ſei, daß ein Angriff auf dieſelbe Wahnſinn hieße; auf De-tails ließ ich mich nicht ein. ad 3 iſt zu bemerken, daß die Fran-zoſen glauben, bei uns mache ſich bereits ein Mangel an Lebens-mitteln fühlbar; außerdem glauben ſie, daß General Bourbaki in unſerem Rücken ſo weit vorgerückt ſei, daß uns alle Zufuhr bereits abgeſchnitten ſein müſſe. Dieſelbe Anſicht fand ich dann ſpäter bei dem Generalſtabs-Offizier, welcher mich auf dem Mont Va-lerien vernahm. Ich theilte mit, daß unſere Verpflegung augen-blicklich reichlicher wäre, als während der Zeit unſeres Vormarſches und daß wir im Speciellen pro Kopf 1 Pfund Fleiſch, 2 Pfund Brot und das entſprechende Gemüſe, ſowie ⅛ Liter Cognac jeden Tag erhielten.

Auf meine Frage, wie es mit ihren Lebensmitteln stehe, bekam ich die gewöhnliche Antwort, daß Paris noch reichlich verproviantirt sei und sich noch 3—5 Monate halten könne. Auf die Tagesfragen über das am 19. gegen uns stattgehabte Gefecht übergehend, versuchte ich etwas über die französischen Verluste zu erfahren, doch waren die Herren in ihren Aussagen über diesen Punkt mehr als vorsichtig.

Nachdem mir ein Glas vorzüglichen Burgunders vorgesetzt worden war, wurde ich durch dieselbe Patrouille, jedoch mit nicht verbundenen Augen in die Kaserne von Rueil gebracht. Dieselbe befindet sich in der Rue de Paris etwa 1000 Schritte rechts von der Feldwache; in derselben sind 4 Bataillone Linien=Truppen einquartiert. Die Leute, welche ich zu sehen bekam, gewährten durch ihr verkümmertes Aussehen einen schlechten Anblick, viele von ihnen schienen noch nicht das 20. Lebensjahr erreicht zu haben. Nach einer kurzen Vernehmung durch den Gouverneur de la caserne, sollte ich durch dieselbe Escorte in das Fort Valerien geschafft werden; doch wurde mir die Escorte auf meine Bitte erlassen, auch wurde mir mein Säbel, welchen ich abgeben wollte, gelassen, wiewohl ich ausdrücklich bemerkte, daß es der Säbel eines bei Sedan gefallenen französischen Offiziers sei. Derselbe Offizier, welcher mich gefangen genommen hatte, führte mich mit unverbundenen Augen ins Fort. Der Weg dahin ging an der Mühlen=Schanze auf einer neuangelegten Straße in Windungen bergauf. Soviel ich bei der Dunkelheit habe sehen können, bildet die Mühlen=Schanze eine gerade Linie mit einer nur 4 Schanzkörbe starken Brustwehr; hinter derselben befinden sich für die Bedienungs= und Bedeckungs=Mannschaften sehr elegante Barracken. Die Schanze ist mit 6 Geschützen armirt und ungefähr 1000 bis 1200 Schritt vom Fort.

Während der Unterhaltung erfuhr ich von dem Offizier nach vielen Kreuz= und Querfragen, daß die Franzosen ihren am 19. dieses Monats erlittenen Verlust auf 5—6000 Mann schätzen. An einer Brücke außerhalb des Forts, vor der sich ein Tambour befand, angekommen, wurde ein General von meiner Ankunft benachrichtigt, während dessen hatte ich Gelegenheit, das Abendessen der dort postirten Wache kennen zu lernen, es bestand aus Pökel=fleisch und Macaroni. Nach Verlauf von 15 Minuten erschienen 2 jüngere Offiziere, verbanden mir trotz der bereits eingetretenen Dunkelheit die Augen und führten mich bergauf, bergab, etwa 20

Minuten lang, schließlich in das Büreau des Generals Noël. Da=
selbst wurde mir die Binde abgenommen und mit Muße gelassen,
die Ankunft des Generalstabs=Offiziers abzuwarten. Nach einer
halben Stunde erschien derselbe. Bevor er mit mir das Verhör
begann, verlangte ich auf Grund der Genfer Convention freige=
lassen zu werden. Dies wurde mir mit dem Bemerken abge=
schlagen, daß ich nicht eine gestempelte, sondern nur eine interimi=
stische Binde trüge, doch wolle er sich von dem Gouvernement in
Paris über diesen besonderen Fall nähere Instruktion holen. Nach
einem kurzen aber keineswegs eingehenden Verhör ging eine ziem=
lich umfangreiche Depesche an das Gouvernement von Paris ab.
In dem darauf folgenden Privatgespräch versuchte der französische
Generalstabs=Offizier, mir die verschiedensten an Unmöglichkeit
grenzenden Geschichten, betreffend die Verpflegung von Paris und
namentlich über Bourbaki's Operationen und Heldenthaten aufzu=
binden. Letzterer scheint augenblicklich der Mann zu sein, auf den
Paris seine ganze Hoffnung setzt.

Er fragte mich dann, wie die Franzosen bei Weißenburg und
Fröschwiller gekämpft hätten. „Très bravement" war meine
Antwort, ich fügte aber hinzu, daß die Franzosen sich während
des ganzen Krieges nie so schlecht geschlagen hätten, als am 19.
dieses Monats, und daß es für gut geschulte Truppen eine Schande
wäre, gegen solche Soldaten zu kämpfen. Anfangs über meine
Freimüthigkeit etwas entsetzt, sagte er mir, daß dieses Gefecht nur
stattgefunden hätte pour accoutumer les mobiles au feu; ich
konnte mich nicht enthalten einige Worte fallen zu lassen über den
Leichtsinn, dieses Zweckes wegen so viele Menschen zu opfern. —
Von einem Mobilgardisten, welcher mir am andern Morgen das
Zimmer heizte, und welcher an dem Kampfe Theil genommen
hatte, erfuhr ich, daß von seinem Bataillon, welches vor dem Aus=
rücken 650 Mann gezählt hatte, nur 84 aus dem Kampf zurück=
gekehrt wären. Vor seinem Weggehen erkundigte sich der Gene=
ralstabs=Offizier nach meinen Bedürfnissen; als ich auf seine Frage,
ob ich ein Diner zu mir nehmen wollte, antwortete s'il est possible
fingen er und der anwesende Schreiber an furchtbar zu lachen.
Darauf befahl er, daß mir eine Matratze, eine Decke und Kohlen
in das Zimmer gebracht werden sollten. Eine Stunde später er=
hielt ich folgendes Mittagbrod: Rindersuppe mit Macaroni, ge=
schmorte Ochsenzunge, ein Stückchen Käse, Erdbeergelée und eine

Birne, dazu Brod und eine halbe Flasche guten Rothwein. Am andern Morgen brachte mir der Koch café au lait. Auf meine Frage, wie er zu der Milch käme, antwortete er mir sehr wohl= gefällig „ah, nous avons encore deux vaches." Die Fenster meines Zimmers blieben geschlossen, um 10¹/₂ Uhr wurde auch noch die Stubenthür verschlossen. Heute Mittag 12 Uhr erhielt ich Rindfleisch mit einer pikanten Sauce, Spinat mit geröstetem Brod, Käse und eine halbe Flasche Rothwein; außerdem ¹/₂ Stunde später Kaffee, Milch und Zucker. Um 1 Uhr besuchte mich der commandant du fort, ein alter ehrwürdiger Offizier, um sich nach meinen Bedürfnissen zu erkundigen; ich bat um die Erlaub= niß, spazieren gehen zu dürfen, die jedoch nicht ertheilt wurde.

Gegen 4 Uhr Nachmittags erschien der commandant du fort mit einem Oberst aus Paris, um mir auf Befehl des Gouver= nements von Paris meine Freilassung anzukündigen. Ein Offizier verband mir die Augen und führte mich in einen geschlossenen Wagen, in welchem wir bis zur Ambulance in Rueil fuhren. Dort wurde ich vom Maire in Beschlag genommen und von diesem und meinem bisherigen Begleiter unter dem Schutze der Genfer Flagge bis auf 20 Schritt an Feldwache Nr. 5 herangeführt, worauf sie sich nach einer kurzen Verabschiedung entfernten.

Noch muß ich bemerken, daß die Behandlungsweise allerseits eine höchst zuvorkommende war. Der auf der Rückfahrt mich be= gleitende Offizier gab den Verlust am 19. nur auf 4000 Mann an. — Im Allgemeinen drängt sich mir, nach den verschiedenen Gesprächen zu urtheilen, die Ueberzeugung auf, daß auf die dies= seitige Stellung sobald kein Ausfall mehr stattfinden wird. Schließ= lich will ich noch bemerken, daß nach Aussage einer Ordonnanz des Generals Noël der General Trochu während des Gefechts am 19. sich im Observatorium des Forts aufgehalten und den Kampf von da aus geleitet haben soll. Von derselben Ordonnanz erfuhr ich, daß die Besatzung des Valerien aus 4 Linien=Regi= menter, 2 Regimenter chasseurs und 3 öfters wechselnden Regi= menter Mobilgarde, sowie einer großen Masse Artillerie besteht ꝛc."

In den folgenden Tagen kam es noch zu einigen unbedeu= tenden Plänkeleien, die aber höherer Weisung gemäß vom 27. Januar ab gänzlich eingestellt wurden, ebenso wie das Feuer der Belagerungs=Artillerie. Die unterdeß angeknüpften Capitulations=

Verhandlungen schienen zu einem günstigen Resultate zu führen. Rund um Paris trat tiefe Ruhe ein. In den Vorposten konnte man sich frei bewegen, da auch auf Seiten des Gegners Waffen= ruhe gehalten wurde. Auch beim Feinde trat ein sorgloseres Ver= halten ein, man sah die feindlichen Soldaten in ihrem Vorposten= Rayon vielfach sogar ohne Waffen umhergehen. Am 28. Januar wurde ein 21 tägiger Waffenstillstand abgeschlossen.

Wie dem 5. Armee=Corps die Ehre vergönnt war, durch die Gefechte am 17. 18. und 19. September 1870 bei Valenton, Dame Rose und Petit Bicêtre die Cernirung von Paris zu eröffnen, so schlug es auch die letzte und folgenreichste Schlacht — vor dem Mont Valerien am 19. Januar 1871. — Folgenreich, weil der Feind nach dieser blutigen, für ihn unglücklichen Schlacht jede, bis dahin durch alle Mittel der Phantasie unterhaltene Hoffnung verlor, die Vertheidigung von Paris zu einem guten Ende zu führen oder die Circumvallations=Linie zu durchbrechen und sich mit den Entsatz=Armeen zu vereinigen. Die Schlacht führte zur Capitulation von Paris und diese schließlich zum Frieden.

In den Capitulations=Bedingungen war die sofortige Ueber= gabe der Forts enthalten. Dem 5. Armee=Corps war die For- teresse du Mont Valérien zur Besetzung überwiesen. Der Befehl hierzu ging in der Nacht zum 29. Januar um 2 Uhr beim Ge= neral=Commando ein. Um 9 Uhr früh standen die beiden Divi= sionen mit der Corps=Artillerie zum Schutze der Vorposten con= centrirt bei Garches resp. auf dem Plateau von La Celle St. Cloud, um von da aus die Demarcations=Linie gegen Paris und den Mont Valerien zu besetzen, sobald der Befehl hierzu eingehen würde.

Nach der Convention sollte um 10 Uhr ein französischer Ge= neralstabs=Offizier bei den diesseitigen Vorposten erscheinen, um anzuzeigen, daß der Mont Valerien und seine Umgebung von den französischen Truppen evacuirt sei. Diese Anzeige ging jedoch um 10 Uhr nicht ein. Die in Rueil noch stehenden feindlichen Ab= theilungen hatten sogar nach den Erkundigungen, welche bei dem dort commandirenden Offizier eingezogen wurden, noch gar keinen Befehl zum Abmarsch erhalten. Der Rittmeister Graf Nostitz vom großen Generalstab, ließ sich deßhalb auf den Mont Valerien zum General Noël führen, um eine Beschleunigung der Evacuation zu erwirken. Um 1 Uhr erschien endlich ein französischer General=

ftabs-Offizier vor dem General von Kirchbach mit der Meldung,
daß die Evacuation sogleich beendet sei, bat aber, mit dem Vorrücken noch ein wenig zu verziehen, um mögliche Collisionen mit
den Nachzüglern zu vermeiden.

Mit dem französischen Generalstabs-Offizier ritten bald darauf
Oberst Köhler, Commandeur der Corps-Artillerie, welcher zum
Commandanten des Mont Valerien ernannt war, Major Mantey
vom Generalstabe und Major May, 1. Ingenieur-Offizier, gefolgt
vom Füsilier-Bataillon des Infanterie-Regiments Nr. 46 (Oberst-
Lieutenant Campe) nach dem Mont Valerien, um die Festung
nach Vorschrift der Convention zu übernehmen. Einige Pioniere
und Artilleristen waren mitgeschickt zur Untersuchung der Pulver-
kammern und Minen.

Das Dragoner-Regiment Nr. 14 rückte auf das Plateau
nördlich des Mont Valerien, um den Vormarsch des Corps zu decken.
Die Uebernahme des Forts ging ohne Störung von Statten. Einige
Franzosen waren noch beschäftigt, Lebensmittel fortzuschaffen. Das
Avantgarden-Bataillon besetzte sogleich die Ausgänge und Wälle
der Festung; ihm folgten um ¹/₁3 Uhr der commandirende General mit den beiden anderen Bataillonen des Infanterie-Regiments Nr. 46 und der 5. und 6. leichten Batterie. Diese Truppen
waren zur Besatzung des Mont Valerien bestimmt.

Mit klingendem Spiel rückten die Bataillone in die Festung,
die 4 lange Monate hindurch das 5. Corps mit ihren Geschossen
Tag und Nacht bedroht hatte. Als die Uebergabe beendet war,
wurde unter einem jubelnden Hurrah die deutsche Fahne auf der
höchsten Zinne aufgehißt im Angesicht der feindlichen Hauptstadt
zu unseren Füßen.

Die Vorposten der beiden Divisionen waren unterdeß bis an
die Seine, welche die Demarkations-Linie bildete, gerückt. Die 9.
Division besetzte die Strecke von der Lanterne bis zur Briqueterie,
die 10. Division von letzterer bis zur Brücke von Neuilly, welche
der Garde-Landwehr-Division zugewiesen war. Die Truppen bezogen darauf weitläufige Cantonnements. Die Vorposten-Brigaden
wurden in Vaucresson, Marnes, Ville d'Avray, St. Cloud resp.
Rueil, Suresnes und Puteaux untergebracht. Die Haupt-Reserve
der 9. Division in Versailles, die der 10. in ihren bisherigen Cantonnements. Das Jäger-Bataillon Nr. 5, welches unausgesetzt
während der Cernirung von Paris den Vorposten angehört hatte,

wurde nach Versailles gelegt und hatte die Ehre beim Einmarsche vor Seiner Majestät zu defiliren.

Die Ponton=Brücke bei Les Tanneries wurde abgebrochen, um bei Chatou wieder gebaut zu werden.

Die Besatzung des Mont Valerien wurde nach einigen Tagen verändert, die beiden Feld=Batterien, deren Pferde auf der Festung nicht untergekommen waren, wurden am 31. Januar durch 2 Compagnien des Festungs=Artillerie=Regiments Nr. 5 ersetzt; den Tag darauf wurde auch die 1. Sappeur=Compagnie des 5. Armee= Corps der Besatzung zugetheilt; 1 Bataillon des Infanterie=Regi= ments Nr. 46 wurde nach Rueil zurückgelegt. Hauptmann Keyl von der Festungs=Artillerie und der Ingenieur=Hauptmann Hummel erhielten die Funktionen der Artillerie resp. Ingenieur=Offiziere vom Platz für den Bereich des Mont Valerien. Zur Beobach= tung von Paris wurde auch ein Observatorium auf dem Mont Valerien errichtet.

Das Nothwendigste, was auf der Festung geschehen mußte, war eine gründliche Reinigung sämmtlicher Gebäude und Barracken, die Raum für ca. 3000 Mann boten. Gleichzeitig wurden die den Mont Valerien umgebenden Flabber=Minen, deren Lage von den französischen Offizieren bei der Uebergabe gemäß der Waffenstill= stands=Convention bezeichnet worden war und auch die Pulver= kammern aufgeräumt.

Mit der Einrichtung des Mont Valerien gegen den gewalt= samen Angriff und zur eventuellen Beschießung der Stadt Paris war unter Leitung des General Gaede ebenfalls sogleich vorge= gangen worden. Eine besondere fortificatorische Armirung war nicht erforderlich, zu der artilleristischen wurden die vorgefundenen französischen Geschütze verwandt.

Gegen einen gewaltsamen Angriff wurden 26 Geschütze, für eine Beschießung von Paris 16 Geschütze aufgestellt. Eine Her= anziehung preußischer gezogener Geschütze aus dem Belagerungs= Park war nicht nothwendig.

Auf dem Mont Valerien wurden folgende Geschütze vor= gefunden:

1. Gezogene Hinterlader: 1 eiserner 24$^{cm.}$ auf Rahmen= Laffete und eiserner Plattform, 2 eiserne 19$^{cm.}$. 2. Gezogene Vorderlader: 13 bronzene 16$^{cm.}$, 7 eiserne 16$^{cm.}$, 18 bronzene 13$^{cm.}$. 3. Glatte Vorderlader: 4 bronzene 24$^{cm.}$, 8 bronzene

16ᶜᵐ·, 33 bronzene 13ᶜᵐ·. 4. Mörfer (glatte): 2 bronzene 28ᶜᵐ·, 9 bronzene 24ᶜᵐ·, 3 bronzene 16ᶜᵐ· In der Mühlen=Schanze standen: 2 gezogene bronzene 16ᶜᵐ· Vorderlader, 1 gezogener eiserner 16ᶜᵐ· Vorderlader, 2 bronzene 16ᶜᵐ· Mörfer. Pulver und Geschoffe waren in außerordentlicher Menge vorhanden. Schon am 31. Januar hatte Seine Majeftät der Kaifer die Feftung des Mont Valerien befichtigt und hierbei im Angeficht der bezwungenen Hauptftabt Gelegenheit genommen, Allerhöchft feinen Dank und feine vollfte Anerkennung den zahlreich verfam= melten Offizieren für die Anftrengungen jedes Einzelnen der Armee, welche fo große Erfolge erreicht, auszufprechen.

Die Verlufte des Corps während der Cernirung von Paris vom 19. September 1870 bis 29. Januar 1871 excl. der Gefechte vom 19. September und 21. Oktober und der Schlacht am Mont Valerien betrugen:

Infanterie=Regiment Nr. 58: tobt: 8 Mann, verw.: 36 Mann, verm.: 1 Mann. — Infanterie=Regiment Nr. 59: tobt: 3 Mann, verw.: 13 Mann. — Königs=Grenabier=Regiment Nr. 7: tobt: 2 Mann, verw.: 15 Mann. — Infanterie=Regiment Nr. 47: tobt: 1 Mann, verw.: 13 Mann. — Grena= bier=Regiment Nr. 6: tobt: 1 Mann, verw.: 3 Mann. — Infanterie=Re= giment Nr. 46: tobt: 4 Mann, verw.: 6 Mann. — Füfilier=Regiment Nr. 37: tobt: Seconde=Lieutenant Werkenthin und 1 Mann, verw.: 7 Mann. — Infanterie=Regiment Nr. 50: tobt: 3 Mann, verw.: 2 Mann. — Jäger= Bataillon Nr. 5: tobt: 6 Mann, verw.: 26 Mann. — Dragoner=Regiment Nr. 4: verw.: 1 Mann. — Dragoner=Regiment Nr. 14: tobt: 2 Mann, verw.: 6 Mann. — Corps=Artillerie: verm.: 1 Mann. — Pionier=Ba= taillon Nr. 5: tobt: 3 Mann, verw.: 14 Mann. — Sanitäts=Detachement: verw.: 1 Mann. — Summa: tobt: 1 Offizier und 34 Mann, verw.: 143 Mann, verm.: 2 Mann.

Ende des Feldzuges.

Auf Grund der Waffenstillstands-Convention, welche auch die sich im Norden, Westen und Süden von Paris gegenüberstehenden Heere umfaßte, dagegen zunächst die deutsche Süd-Armee unter dem General von Manteuffel und die französische Ost-Armee unter dem General Bourbaki ausschloß, waren Friedens-Unterhandlungen angeknüpft worden.

Den Waffenstillstand benutzten die französischen Feld-Armeen zu ihrer Reorganisation; dieselben konnten, falls die Friedens-Unterhandlungen nicht zu dem erwünschten Resultat gelangten, alsdann neu gekräftigt den Kampf wieder beginnen. Der Schwerpunkt des Feldkrieges lag im Westen und Süden von Paris; in dieser Richtung mußte also ein Druck geübt werden, um die Friedens-Unterhandlungen zu fördern. Dem zu Folge wurde das 5. Armee-Corps bestimmt, an die Loire zu rücken, um dort bei Orleans Truppen der II. Armee freizumachen zur eventuellen Verwendung im Westen.

Am 7. Februar erhielt das Armee-Corps eine vorläufige Benachrichtigung seiner neuen Bestimmung. Am folgenden Tage wurden in Ausführung der mit dieser Benachrichtigung eingegangenen Befehle der Mont Valerien der Garde-Landwehr-Division übergeben. Die Vorposten wurden zurückgezogen und die Truppen aus den vorderen Cantonnements in weiter rückwärts liegende dislocirt.

Die Garde-Landwehr-Division und das 11. Corps besetzten die bisherige Stellung des 5. Armee-Corps.

Am 8. Februar Nachmittags 4 Uhr ging folgender Befehl ein: „Seine Majestät der Kaiser und König haben befohlen, daß das 5. Armee-Corps ungesäumt in der Richtung Gien, Orleans, Blois in Marsch zu setzen ist, um das 9. Corps, welches demnächst in westlicher Richtung abrückt, abzulösen.

Dem 5. Armee-Corps wird zunächst die Aufgabe der Beobachtung der bei Bourges und Nevers sich sammelnden feindlichen Streitkräfte (bis jetzt Formation des 25. Corps gemeldet) zufallen.

Nach Ablauf des Waffenstillstands würde vorerst die Linie der Loire zu halten sein, bis eine direkte Verstärkung oder der in Aussicht stehende Anmarsch von Theilen der Süd = Armee gegen die obere Loire das Eingreifen der Offensive gestattet. Dem Königlichen Ober=Commando der II. Armee zu Tours ist baldigst Mittheilung über das Eintreffen der Teten des 5. Armee=Corps an der Loire zu machen 2c.

gez. Graf von Moltke."

„An das Königliche Ober=Commando der III. Armee. Vorstehende Abschrift geht dem Königlichen 5. Armee = Corps zu, um morgen den Marsch auf Orleans 2c. nach beifolgendem Marschtableau anzutreten (f. u.).

Dem General=Commando wird überlassen, die Hauptquartiere der Haupt = Colonne selbst zu bestimmen, nur wird einer Mitthei= lung derselben entgegengesehen.

Das Marsch=Tableau ist dem Ober=Commando der II. Armee von hier mitgetheilt; nach dem wirklichen Eintreffen der verschie= denen Colonnen ist dem gedachten Armee = Commando, wie auch hierher Mittheilung zu machen.

Das 5. Armee=Corps läßt einstweilen hier zurück: den ersten Commandanten von Versailles, General=Major von Voigts=Rhetz, den zweiten Commandanten, Major von Rettberg, den Platz=Major Premier=Lieutenant von Treskow, den Oberstabs=Arzt Dr. Grous= silliers und 1 Commandantur=Schreiber; ferner die Ponton=Co= lonne und den leichten Feldbrücken=Train, wenn letzterer mit ein= gebaut ist, sonst ist er mitzunehmen.

Der Relais = Posten in Rueil resp. Chatou wird von der Garde=Landwehr=Division noch heute abgelöst werden.

gez. von Blumenthal."

Für diesen Marsch wurde das Armee=Corps folgendermaßen eingetheilt:

1. Rechte Flügel=Colonne, General=Major von Bothmer: 17. Infanterie = Brigade, Jäger = Bataillon Nr. 5, 1. Fuß= Abtheilung, 1., 2. und 4. Escadron des Dragoner = Regi= ments Nr. 4, 1. Sanitäts=Detachement mit dem Feld=Laza= reth Nr. 1 und Nr. 7, Proviant=Colonne Nr. 1 und Fuhr= part=Colonne des Lieutenants Bock.

2. Haupt=Colonne, General=Major von Sandrart: 18. Infanterie=Brigade, 3. Escadron Dragoner=Regiments

Nr. 4, 19. Infanterie=Brigade, 2. Escabron Dragoner=
Regiments Nr. 14, 2. Sappeur=Compagnien, die gesammte
Corps=Artillerie, 3. Sanitäts=Detachements mit Feld=Laza=
reth Nr. 6, Proviant=Colonne Nr. 5, Fuhrpark=Colonne
des Lieutenants Plehn.

3. Linke Flügel=Colonne, General von Walther (welcher für
den erkrankten General=Lieutenant von Schmidt die 10. Di=
vision übernommen):

20. Infanterie=Brigade, 3. Fuß=Abtheilung, 1., 3. und 4.
Escabron des Drogoner=Regiments Nr. 14, 1. Sappeur=
Compagnie, 2. Sanitäts=Detachement mit Feld=Lazareth
Nr. 8 und 10. Proviant=Colonne Nr. 4 und Proviant=
Colonne des Lieutenants von Pape.

Das General=Commando marschirte mit der Haupt=Colonne.

Die Trains und Munitions=Colonnen rückten erst am 10.
ab und folgten der Haupt=Colonne.

Märsche des 5. Armee-Corps von Versailles an die Loire vom 9. bis 18. Februar.

Datum Februar	Corps-Hauptquartier	Entfernung in Meilen	Rechte Flügel-Colonne	Haupt-Colonne	Linke Flügel-Colonne	Trains
	Marsche bis Versailles	112				
9	Limours	3¾	Les Essarts	Limours	Marcouffis	
10	Dourdan	2	Epernon	Les Granches-Le Roi	La Ferté Alep	Limours
11	Angerville	3¾	Chartres	Angerville	Malesherbes	Le Granches Le Roi
12	Ruhe			Ruhe		
13	Janville	2½	Bitran	Toury	Beaumont	Angerville
14	Chateau de Chevilly	3	Chateaudun	Chevilly	Bellegarde	Toury
15	Orleans	2	Croman	Orleans	Les Borbes	Chevilly
16				Ruhe		Gegend nördlich Orleans
17			Pontijany		Gien	
18		Sa.128½	Blois			

Von Angerville aus war der Major Mantey vom General=
stabe nach Orleans zum 9. Armee=Corps vorausgeschickt, um sich
über die vom 5. Armee=Corps einzunehmende Stellung und die
Beziehungen zum Feinde zu orientiren; derselbe traf am 13. in
Janville wieder beim General=Commando ein. Am 15. Februar
erreichte die Haupt=Colonne Orleans.

Nachdem der General der Infanterie von Kirchbach an der
Reiterstatue der Jungfrau von Orleans auf dem Place de Jeanne
d'Arc die Truppen hatte defiliren lassen, rückte das 47. Infan=
terie=Regiment, 1 Escadron, 2 Batterien und die 2. Sappeur=
Compagnie über die Loire zur Besetzung der Vorstadt St. Mar=
ceau und der vor dieser vom 9. Corps angelegten Feldwerke; ferner
wurde das als Wache zurückgebliebene Bataillon des Füsilier=
Regiments Nr. 36 des 9. Corps abgelöst.

In Orleans befanden sich noch die General Etappen=Inspek=
tion der II. Armee, General=Lieutenant von Tiedemann mit einem
Etappen=Bataillon; mehrere Feld=Lazarethe des 9. Corps mit
zahlreichen Verwundeten aus den Kämpfen um Orleans herrüh=
rend, und einige Johanniter=Lazarethe; ferner die Kaiserlich deutsche
Präfectur in der Person des sächsischen Amts=Hauptmanns von
Könneritz.

Das Detachement jenseits der Loire schob nach La Ferté St.
Aubin 1 Bataillon, 2¹/₂ Escadrons und 2 Geschütze; nach Clery
und Sandillon je 1 Compagnie vor.

Die beiden Seiten=Colonnen langten dem Marsch=Tableau
gemäß am 17. in Gien resp. am 18. in Blois an und schoben
ebenfalls gegen die Demarkations=Linie Detachements vor. Die
rechte Flügel=Colonne übernahm nach ihrem Eintreffen im An=
schluß an die Truppen der II. Armee die Sicherung der Bahn=
Linie zu beiden Seiten von Blois: von Chouzy bis Beaugency.

Am 17. Februar wurden auf Requisition der deutschen Prä=
fectur Commandos nach mehreren Ortschaften entsendet, um die
denselben auferlegten Kriegs=Contributionen einzutreiben, doch wurde
diese Maaßregel sehr bald eingestellt in Folge höherer Anweisung,
da die Friedens=Unterhandlungen einen günstigen Fortgang nahmen.

Am 17. Februar ging vom Ober=Commando der III. Armee
die telegraphische Nachricht ein, daß der Waffenstillstand bis zum
22. Februar cr. Mittags 12 Uhr und zwar für ganz Frankreich
verlängert worden sei. Nach dem 22. Februar trat eine

abermalige Verlängerung des Waffenstillstandes bis zum 24. Februar ein.

Für den Fall, daß wider Erwarten die Feindseligkeiten noch einmal beginnen sollten, wurden die erforderlichen Maaßregeln in Erwägung gezogen und das Terrain zu beiden Seiten der Loire recognoscirt. Für die beiden Seiten=Colonnen war bestimmt, daß sie sich im Falle eines überlegenen Angriffs auf Orleans zurückziehen sollten. Alle Brücken wurden zum Sprengen vorbereitet.

Am 26. Abends 11 Uhr traf die lang erwartete Nachricht von der Unterzeichnung der Friedens=Präliminarien ein. Die Musikchöre der in Orleans stehenden Truppen wurden sogleich zusammengerufen und begrüßten die freudige Nachricht durch Spielen von Chorälen und patriotischen Weisen. Trotz der Nacht waren die Straßen sehr belebt und Deutsche sowohl wie Franzosen gaben unverhohlen ihre Freude kund. Am Abend des 27. Februar wurde die Friedens=Nachricht durch einen großen Zapfenstreich gefeiert.

Der commandirende General erließ anknüpfend an dieses Ereigniß folgenden Corps=Befehl:

„Soldaten des 5. Armee=Corps! Die Friedens=Präliminarien sind gestern in Versailles unterzeichnet, es dürften die kriegerischen Ereignisse auch bei unserm Armee=Corps ihr Ende erreicht haben. Dies veranlaßt Euren commandirenden General auszusprechen, daß ihr dem Vertrauen, welches er bei Beginn des Feldzugs euch entgegenbrachte, vollkommen entsprochen habt, dies bezeugen die zahlreichen und nur ruhmvollen Schlachten und Gefechte, welche wir geschlagen, dies sagten nicht nur die mir oft ausgesprochenen anerkennenden Worte unseres siegreichen Kaisers und Kriegsherrn, sondern auch die unseres Ober=Feldherrn Seiner Kaiserlichen Hoheit des Kronprinzen, dies zeigen endlich die vielfachen Auszeichnungen die eure Brust mit Recht schmücken.

Blicken wir zurück auf die Ereignisse des Kriegs, so muß jeder von uns zunächst von Gefühlen des Dankes zu Gott bewegt sein, daß Er es uns gestattet, dies glorreiche Ende des blutigen Krieges zu erleben, nachdem wir 3 große Schlachten und 7 Treffen und Gefechte geschlagen und fast 4 und einen halben Monat unter den Geschützen der feindlichen Riesen=Festung und Hauptstadt gelegen und sie eingeschlossen gehalten hatten. Manchen lieben und theueren Kameraden deckt fremde Erde, sie konnten ihr Leben lassen für ihren Kaiser und ihr Vaterland, ihr dagegen kehrt in die Heimath zurück mit ruhmreichen Erinnerungen und dem stolzen Bewußtsein vollster Erfüllung eurer Pflichten, selbst unter harten Entbehrungen und Strapazen, wie sie lange Märsche in Sonnen= hitze und der Vorposten=Dienst im strengen Winter dem Soldaten nur immer bereiten können. Kameraden des 5. Armee=Corps, Euer commandirender General ist stolz auf Euch, er dankt Euch für euren Muth, Eure Disciplin; die Erinnerung Euch comman= dirt zu haben in diesem blutigen und ruhmvollen Kriege kann nur eine beglückende sein, so lange ihm Gott der Herr noch zu athmen erlaubt. Bewahrt auch ihm ein treues kamerabschaftliches Gedenken auf allen euren ferneren Lebenswegen.

gez. von Kirchbach,
General der Infanterie."

Mit der Nachricht von den abgeschlossenen Friedens=Präli= minarien ging auch der Befehl ein, das Königs=Grenabier=Regi= ment nach Versailles zu instradiren. Dasselbe sollte an der am 3. März auf Longchamps bei Paris stattfindenden großen Parade des Garde=Corps, der Garde=Landwehr, der Festungs=Artillerie und Pioniere und darauf an dem Einzuge in Paris theilnehmen. Am Vormittag des 28. Februar fuhr das Regiment in 3 Zügen per Bahn bis Juvisy und marschirte nach Longjumeau, Cham= plan und Palaiseau. Am 2. März begab sich der commandirende General in Folge einer Aufforderung Seiner Kaiserlichen Hoheit des Kronprinzen mit 3 Offizieren seines Stabes ebenfalls nach Versailles zum Einzuge in Paris. Auch den Offizieren des Corps wurde es gestattet, nach Versailles zu fahren, um am Einzuge Theil zu nehmen. Am 3. fand begünstigt durch das herrlichste Wetter die große Parade auf Longchamps statt. Der Einzug in Paris erfolgte jedoch nicht, da schon am 2. März die Friedens= Präliminarien ratificirt worden waren und am 3. März unsere Truppen Paris räumten.

Am 4. März kehrte der commandirende General nach Orleans zurück und brachte die Befehle über die Ausführung der Friedens= Präliminarien mit. Nach diesen sollten die deutschen Truppen alsbald auf das rechte Ufer der Seine zurückmarschiren; für das 5. Armee=Corps war der Abmarsch zur Süd=Armee befohlen. Gleichzeitig waren Bestimmungen eingegangen über die Formation des 15. Armee=Corps in Elſaß=Lothringen, für welches das 5. Corps das Infanterie=Regiment Nr. 47, das Dragoner=Regiment Nr. 14 und das Pionier=Bataillon Nr. 5 abzugeben hatte. Das erſtgenannte Regiment ſollte unverzüglich nach ſeinen vorläufigen Garniſonen Pfalzburg, Dieuze=Marſal und Saarburg inſtradirt werden; daſſelbe fuhr am 5. und 6. März von Orleans ab. Die beiden anderen Truppentheile ſollten vorläufig den Marſch des 5. Corps mitmachen und alsdann in ihre Friedens=Garniſonen abrücken. An Stelle des Infanterie=Regiments Nr. 47 trat ſpäter das Infanterie=Regiment Nr. 19 in den Verband des 5. Corps über.

Das 5. Armee=Corps hatte Befehl erhalten, ſich am 5. Marz in der Richtung auf Dijon in Marſch zu ſetzen. Das Königs=Grenadier=Regiment, die Ponton=Colonnen, ſowie die noch in Ver=ſailles befindlichen Feld=Lazarethe des 5. Corps hatten vom Ober=Commando der III. Armee Marſch=Befehl erhalten, ſie ſollten am 7. März in Fontainebleau eintreffen und dort weitere Befehle vom General=Commando empfangen.

Die Truppen in Blois (General von Bothmer) traten am 5. März den Marſch auf Orleans an, von wo aus ſie mit den übrigen Truppen der 9. Diviſion und der Corps=Artillerie am 9. März unter Befehl des Generals von Sandrart weiter mar=ſchirten. Die in Orleans ſtehenden Truppen der 10. Diviſion rückten am 7. März ab, und vereinigten ſich am 12. März bei Toucy mit den aus Gien abmarſchirten Truppen der 10. Diviſion.

Das Corps marſchirte in 4 Colonnen.

1. 10. Diviſion unter General=Major von Walther: 19. und 20. Infanterie=Brigade, excl. 2. Bataillon des Regiments Nr. 46 (zu den Trains abcommandirt), Dragoner=Regi=ment Nr. 14, 3. Fuß=Abtheilung, 1. Sappeur=Compagnie, 2. Sanitäts=Detachement, Feld=Lazarethe Nr. 8 und 10, Proviant=Colonne Nr. 4 und Fuhrpark=Colonne des Lieu=tenants Pape.

2. Colonne des General=Majors von Sandrart: 17. Infan=terie=Brigade, Jäger=Bataillon Nr. 5, Dragoner=Regiment Nr. 4, 1. Fuß=Abtheilung, 1. Sanitäts=Detachement, Feld=Lazarethe Nr. 1 und 7, Proviant=Colonne Nr. 1, Fuhr=park=Colonne des Lieutenants Böck, Corps=Artillerie, 3.

Sanitäts=Detachement, Feld=Lazareth Nr. 6, Proviant=
Colonne Nr. 5, Fuhrpark=Colonne des Lieutenants Plehn.
3. Colonne des Majors von Herwarth: Munitions=Colonnen=
Abtheilung und Trains (dabei Proviant=Colonne Nr. 2)
unter Bedeckung des 2. Bataillons des Infanterie=Regi=
ments Nr. 46.
4. Colonne des Oberst von Köthen: Königs=Grenadier=Re=
giment Nr. 7, Pontonnier=Compagnie, Ponton=Colonne,
leichter Feldbrücken=Train, Feld=Lazarethe Nr. 2, 4, 5, 9, 12.

Da die näheren Bestimmungen für das 5. Corps über seinen
Dislocations=Rayon im Bereich der Süd=Armee beim Abmarsch
noch nicht bekannt waren, so war allen Colonnen die Direction
auf Dijon gegeben.

Märsche des 5. Armee-Corps von der Loire auf Dijon und in das Departement Haute-Saône.

Datum	Corps-Hauptquartier Bisherige Märsche	Entfernung in Meilen	Colonne des Generals v. Sandrart aus Blois und Orleans	10. Division		Colonne des Majors v. Herwarth aus der Gegend nördlich Orleans	Colonne des Oberst v. Röthen von Versailles
März		128¾		aus Orleans und Gien			
5			Mer				Longjumeau
6			Meung			Donnery	Menecy
7	Chateauneuf sur Loire	3½	Orleans	Chateauneuf sur Loire		Bitry	Fontainebleau
8	Lorris	3¼	Ruhe	Lorris		Ruhe	Ruhe
9	Chatillon sur Loing	4	Chateauneuf sur Loire	Chatillon sur Loing		Bellegarde	Montereau
10	Ruhe		Lorris	Ruhe	Breteau	Montargis	Pont sur Yonne
11	Champignelles	2¾	Chatillon sur Loing	Champignelles	Villeneuve les Génets	Courtenay	Sens
12	Toucy	3	Ruhe	Toucy		Ruhe	Ruhe
13	Auxerre	3¼	Champignelles	Auxerre		Joigny	Villeneuve sur Yonne
14	Ruhe		Toucy	Ruhe		Brienon	Joigny
15	Chablis	2¾	Auxerre	Chablis		Flogny	Brienon
16	Royers	3	Ruhe	Royers		Ruhe	Ruhe

Märsche des 5. Armee-Corps von der Loire auf Dijon und in das Departement Haute-Saône.

Datum	Corps-Hauptquartier	Entfernung in Meilen	Colonne des Generals v. Sandrart	10. Division	Colonne des Majors v. Herwarth	Colonne des Oberst v. Kötzen
17	Anstrude	2¾	Chablis	Bassy	Tonnerre	Flogny
18	Sémur	2¾	Noyers	Sémur	Ancy-le-Franc	Tonnerre
19	Ruhe		Bassy	Ruhe	Montbard	Ancy-le-Franc
20	Bitteaur	3¼	Sémur	Bitteaur	Ruhe	Ruhe
21	Sombernon	3	Ruhe	Sombernon und vorwärts	Darcey	Montbard
22	Dijon	3	Bitteaur	Dijon	Lamargelle	Darcey
23	Ruhe		Sombernon und vorwärts	Mirebeau	Thil-Chatel	Lamargelle
24	Ruhe		Dijon	Gray	Fontaine-Francaise	Thil-Chatel
	Mirebeau	2½	Mirebeau	Ruhe	Champlitte	Fontaine-Francaise
	Gray	2¾	Gray	Baite	Baite	Champlitte
				Combeaufontaine	Ruhe	
				Besoul	Porte sur Saône	
				Ruhe	Sault	

Der Marsch führte über Auxerre, Sémur durch das alte
Burgund über die Côte d'or. Am 16. März erlebte das General=
Commando und die 10. Division auf dem Marsche von Chablis
nach Noyers noch einen ordentlichen Wintertag. Es war ein
solches Schneeunwetter, daß es nur mit vieler Mühe gelang, die
Augen aufzumachen, und so glatt, daß die Pferde kaum schreiten
konnten. Die anderen Colonnen hatten an diesem Tage gerade
Ruhetag.

Von Chablis aus war am 15. März der Major Mantey
vom Generalstabe nach Dijon vorausgesendet, um beim Ober=
Commando der Süd=Armee nähere Befehle einzuholen; mit den=
selben traf er am 18. in Sémur wieder bei dem General=Com=
mando ein. Die Befehle waren folgende:

„Das hierher eingereichte Marsch=Tableau des 5. Armee=Corps
wird dahin modificirt, daß vom 18. dieses Monats ab die in der
Anlage angegebenen Etappen eintreten. Darnach durchzieht das
Corps den Rayon der 3. Division in den Tagen zwischen dem
21. und 26. dieses Monats auf den Hauptstraßen von Sombernon
über Dijon nach Gray und von Lamargelle über Is=sur=Tille nach
Champlitte. Das 5. Corps und die 3. Division wollen das Wei=
tere direkt mit einander vereinbaren und zwar in dem Sinne, daß
die an und unmittelbar zunächst den beiden Etappen=Linien gele=
genen Orte während der Zeit des Durchzugs für das 5. Corps
frei gemacht werden, das Regiment 34 aber in Dijon verbleibt.

Von Gray und Champlitte aus dislocirt sich das 5. Armee=
Corps in die Departements Haute=Saône und Doubs (excl. Pont=
arlier), wo insbesondere die Haupt=Eisenbahn=Punkte zu besetzen
sind. Es wird dabei bemerkt, daß der Eisenbahn=Verkehr in den
Departements Doubs und Jura unter Vorbehalt diesseitiger Mit=
benutzung und Controlle in französische Hände übergegangen ist.
Es wird ferner nachrichtlich bemerkt, daß das dem 5. Corps über=
wiesene Regiment Nr. 19 aus dem Rayon der I. Armee per Fuß=
Marsch nach Straßburg instradirt ist, um voraussichtlich von hier
aus in seine heimathliche Garnison transportirt zu werden. Das
jetzt im Departement Haute=Saône zur Besetzung der Etappen
verwendete Regiment Nr. 42 rückt nach geschehener Ablösung durch
Truppen des 5. Armee=Corps in den Rayon des 2. Corps zurück.
Das letztgenannte Corps behält Belfort, Pontarlier und seinen
bisherigen Rayon im Jura=Departement; im Departement Côte

d'or aber vom 27. dieses Monats ab nur das Arrondissement Dijon excl. Sombernon und hat hiernach seine Dislocations= Anordnungen zu treffen. Bei Räumung des Arrondissements Beaune sind die dort stationirten Telegraphen= 2c. Beamten und Stationen gleichzeitig mit den Truppen zu retiriren. Vom Infanterie=Regiment Nr. 72 räumen vom 19. dieses Monats ab die längs der Eisenbahn Dijon—Montbard stehenden 2 Bataillone Montbard und die Straße Montbard=Darcey für das 5. Corps. Das in Dijon stehende Bataillon rückt am 22. nach St. Seine. Die weitere Instradirung des Regiments nach Chatillon sur Seine oder nach einem andern Punkte im Rayon der II. Armee bleibt noch vorbehalten. Das 2. und 5. Armee=Corps wollen mir ihr allgemeines Dislocations=Tableau (bis incl. Brigade=Stabsquartiere) einreichen, wie sich solches Ende dieses Monats gestalten wird.

gez. von Manteuffel,
Oberbefehlshaber."

Im Anschluß an diesen Befehl wurden die 9. und 10. Di= vision nach dem Passiren von Dijon auf Gray resp. Vesoul weiter instradirt, während nur die Colonnen des Majors von Herwarth und des Oberst von Köthen von ihrer ursprünglichen Marschroute in Darcey abzuweichen und auf Champlitte zu marschiren hatten. Von Gray, Vesoul und Champlitte aus sollte der Abmarsch in die Standquartiere nach Anordnung der Divisionen erfolgen. Die Corps=Artillerie war von der 9. Division, die Munitions=Colonnen und Trains von der 10. Division zu bislociren. In dem dem 5. Corps angewiesenen Rayon war nach einer am 21. März ein= gegangenen Benachrichtigung noch die 1. Cavallerie=Brigade (Kü= rassier=Regiment Nr. 3, Ulanen=Regiment Nr. 8 und Nr. 12 und 1 reitende Batterie), später noch die ganze 1. Cavallerie=Division zu bislociren.

Die Truppen, welche am 22., 23. und 24. März Dijon pas= sirten, ließ der Ober=Commandirende der Süd=Armee, General der Infanterie von Manteuffel, in der Nähe des Bahnhofes vor sich defiliren.

Am 22. März wurde in Dijon der Geburtstag Seiner Ma= jestät des Kaisers und Königs gefeiert durch ein Diner im Saale des Hôtel de ville, des ehemaligen Residenz=Schlosses der Her= zöge von Burgund; an demselben nahmen alle in Dijon anwe=

senben höheren Stäbe Theil. Die Offizier=Corps vereinigten sich ebenfalls an biesem Tage, soweit es möglich war, zu einem fest= lichen Mahle.]

Seine Majestät der Kaiser und König hatten schon am 15. März Frankreich verlassen und mit folgendem Armee=Befehl Ab= schied von den Heeren genommen:

„Soldaten der beutschen Armee! Ich verlasse an dem heutigen Tage den Boden Frankreichs, auf welchem dem beutschen Namen so viel neue kriegerische Ehre erwachsen, auf dem aber auch so viel theures Blut geflossen ist. Ein ehrenvoller Frieden ist jetzt gesichert und der Rückmarsch der Truppen in die Heimath hat zum Theil begonnen. Ich sage Euch Lebewohl, und Ich danke Euch nochmals mit warmem und gehobenem Herzen für Alles, was Ihr in diesem Kriege durch Tapferkeit und Ausdauer geleistet habt. Ihr kehrt mit dem stolzen Bewußtsein in die Heimath zurück, daß Ihr einen der größten Kriege siegreich geschlagen habt, den die Weltgeschichte je gesehen, — daß das theure Vaterland vor jedem Betreten durch den Feind geschützt worden ist und daß dem deutschen Reiche jetzt Länder wiedererobert worden sind, die es vor langer Zeit verloren hat. Möge die Armee des nunmehr ge= einten Deutschlands dessen stets eingedenk sein, daß sie sich nur bei stetem Streben nach Vervollkommnung auf ihrer hohen Stufe erhalten kann, dann können wir der Zukunft getrost entgegensehen. Nancy, den 15. März 1871.   gez. Wilhelm."

Mit Seiner Majestät war auch Seine Königliche Hoheit der Kronprinz nach der Heimath zurückgekehrt. Der Scheibegruß, welchen Höchstderselbe an die III. Armee bei seiner Abreise rich= tete, ging auch dem 5. Corps zu, welches sich ja unter der glor= reichen Führung Seiner Königlichen Hoheit reiche Lorbeern er= kämpft hatte. Der Abschieds=Befehl Seiner Königlichen Hoheit lautete:

„Soldaten der III. Armee!
Als Ich im Juli vorigen Jahres den Oberbefehl übernahm, sprach Ich die Hoffnung aus, daß es der Tapferkeit und Hinge= bung der geeinten deutschen Stämme gelingen werde, den gemein= samen Feind, welcher uns übermüthig zum Kampfe herausgefordert, zu besiegen. Dieses Vertrauen habt Ihr glänzend gerechtfertigt, denn die III. Armee hat in diesem thatenreichen Feldzuge eben

so viele Siege als Kämpfe aufzuweisen. Nachdem Ihr in raschem Anlauf das Thor des Feindes bei Weißenburg erbrochen und damit die Reihe der Siege eröffnet, wurde der starke Gegner 2 Tage darauf in der blutigen Schlacht bei Wörth vollständig geschlagen; in schnellen Märschen folgtet Ihr seinen rückgängigen Bewegungen und an dem denkwürdigen Tage von Sedan nahmt Ihr einen ruhmvollen und entscheidenden Antheil. Unaufhaltsam drangt Ihr vorwärts in das Herz des Landes, warft den vor Euch fliehenden Feind hinter die Mauern seiner gewaltig befestigten Hauptstadt und hieltet ihn beinahe 5 Monate — allen Gefahren und den Unbilden eines strengen Winters mit unvergleichlicher Ausdauer Stand haltend — eng umschlossen. Während sodann ein Theil von Euch in ununterbrochenen, gegen große Ueberzahl geführten blutigen Gefechten den zum Entsatz des bedrängten Paris von allen Seiten anrückenden Feind zurückwarf, wurden von den Cernirungs-Truppen alle gegen sie unternommenen Ausfälle energisch und erfolgreich abgewiesen, so daß endlich dem Gegner keine Wahl blieb, als die Waffen zu strecken und Euch die Thore seiner stolzen als unüberwindlich und unverletzlich gepriesenen Hauptstadt zu öffnen.

Solche Thaten gehören für ewig der Geschichte an und mit Stolz blickt das Vaterland auf Euch als seine würdigen Söhne. Wohl konnten so große Erfolge nicht ohne die schmerzlichsten Opfer errungen werden und mit Wehmuth gedenken wir der zahlreichen gefallenen Kameraden, ein ehrenvolles Gedächtniß ihnen für alle Zeiten bewahrend.

Indem Ich Euch nunmehr auf Befehl Seiner Majestät des Kaisers und nach glücklich und ruhmvoll erkämpftem Frieden verlasse, spreche Ich Euch Allen Meine höchste Anerkennung und Meinen Dank aus; Ich scheide von Euch — Ihr Preußischen und Bayerischen Corps, Ihr Württembergische und Badische Truppen — mit dem Wunsche und in der Zuversicht, daß die auf blutigen Schlachtfeldern geschlossene Waffenbrüderschaft und Einigkeit nimmer zerreißen werde, sondern mächtig erstarke zur Ehre, zum Ruhme und zum Segen des wiedererstandenen gemeinsamen deutschen Vaterlandes.

Nancy, den 14. März 1871.

Der Oberbefehlshaber der III. Armee.

gez. Friedrich Wilhelm,

Kronprinz des deutschen Reichs und von Preußen.“

Die Dislocation des 5. Armee-Corps in den beiden ihm zugewiesenen Departements war im Allgemeinen folgende:

Die 9. Division mit der Corps-Artillerie und dem Cürassier-
Regiment Nr. 3 hatten die westliche Hälfte, die 10. Division mit
den Trains und den Ulanen-Regimentern Nr. 8 und 12 die östliche Hälfte des Departements Haute Saône, letztere Division auch
noch den nördlich des Doubs liegenden Theil des Departements
gleichen Namens und zwar westlich bis Beaume les Dames. Das
Corps-Hauptquartier wurde in die Mitte nach Vesoul, dem Haupt-
orte des Departements Haute-Saône, gelegt. Der südliche Theil
des Departements Doubs wurde nicht belegt, da die Verbindung
dorthin der Gebirge wegen eine zu schwierige war; ferner mußte
gemäß den Friedens-Präliminarien das Terrain 10-Kilometer im
Umkreis der von den Franzosen besetzten Festung Besancon re-
spektirt werden. Zwischen dieser Festung und der 9. Division
bildete der Oignon die Grenze.

Das Dragoner-Regiment Nr. 14 erhielt keine Standquartiere,
sondern blieb im Marsche nach seiner neuen Friedens-Garnison
Colmar, wo es am 5. April eintraf. Das Pionier-Bataillon
Nr. 5 und seine Colonnen und Trains sammelten sich im Canton
Champagney, aus welchem es am 3. April nach Straßburg, seiner
vorläufigen Friedens-Garnison abmarschirte. Im August trat es
wieder zum 5. Corps zurück.

Die Dislocation der Truppen des 5. Corps wurde im Laufe
der Zeit mehrfach geändert; die der Stäbe blieb stets dieselbe und
war folgende: General-Commando: Vesoul; 9. Division, 17. und
18. Infanterie-Brigade: Gray; 10. Division: Vesoul, 19. Infanterie-Brigade: Luxeil; 20. Infanterie-Brigade: Montbeliard; Corps-
Artillerie: Port sur Saône; Train-Bataillon: Saulx; 1. Cavallerie-Brigade: Vesoul.

Bevor die Stäbe ihre Standquartiere erreichten, ging eine
Allerhöchste Cabinets-Ordre vom 20. März ein, durch welche der
Chef des Generalstabes Oberst von der Esch in gleicher Eigen-
schaft zu dem neu zu formirenden 15. Corps versetzt, der General-
Major von Sandrart zum Commandeur der 30. Division in Metz,
der General-Major Walther von Montbary zum Commandeur der
2. Infanterie-Brigade, der General-Major Ranisch in des letzteren
Stelle zum Commandeur der 20. Infanterie-Brigade ernannt wurde.
Durch Allerhöchste Cabinets-Ordre vom 23. März war der Oberst-

Lieutenant von Scheliha, zuletzt Commandeur der Belagerungs=
Artillerie vor Belfort, zum Chef des Generalstabes des 5. Armee=
Corps ernannt worden und traf am 31. März in Vesoul ein.

Als Vertreter des Civil=Commissarius für den Occupations=
Rayon der Süd=Armee wurde in Vesoul der Königlich Sächsische
Regierungs=Assessor Baron von Welt stationirt. Die Civil=Ver=
waltung ging in dem von uns besetzten Gebiet Anfang April in
französische Hände über, doch blieb der Belagerungs=Zustand in
Kraft. Demzufolge wurde auch auf jeder französischen Telegraphen=
Station ein deutscher Telegraphen=Beamter stationirt zur Beauf=
sichtigung der französischen telegraphischen Correspondenz; auch
wurde die Presse einer Controlle unterworfen. Zur Unterstützung
der französischen Civil=Verwaltung war Allerhöchsten Orts geneh=
migt worden, daß die französischen Gensdarmen in Function treten
durften.

Am 10. März wurde der Verband der Süd=Armee aufgelöst
und traten alle Truppen derselben zur II. Armee über, deren
Ober=Commando der General der Infanterie von Manteuffel erhielt.

Die in Vesoul mit den Etappen=Geschäften betrauten Offi=
ziere, Major Tellenbach vom Füsilier=Regiment Nr. 37 und Lieu=
tenant Engelhardt von dem Feld=Artillerie=Regiment Nr. 5, wurden
auch zur Commission bestimmt, durch welche die in Vesoul aus
deutscher Gefangenschaft eintreffenden französischen Soldaten an
eine französische Commission übergeben werden sollten. Letztere
hatte sich schon mit höherer Genehmigung seit dem 1. April in
Vesoul installirt; sie hatte für die Gefangenen auf dem Bahnhof
Vesoul eine Verpflegungs=Station eingerichtet. Am 13. April
traf der erste Gefangenen=Transport ein; diejenigen, welche in den
nächstliegenden Departements ihre Heimath hatten, wurden in
Vesoul entlassen, die übrigen über die Grenze des Occupations=
Rayons weiter transportirt. Bei dem Aufenthalt und der Ver=
pflegung der Gefangenen ging es durchweg mit großer Ordnung
und auch Ruhe zu.

Die Dislocation des Armee=Corps erfuhr durch die Ueber=
weisung der ganzen 1. Cavallerie=Division Anfang Mai eine Aen=
derung; desgleichen auch in Folge der Rinderpest, welche sich in
einigen Orten zeigte; aus diesen wurden die Truppen verlegt.
Die Rinderpest kam auch bei dem zur Verpflegung der Truppen
gelieferten Vieh vor, so daß in dieser Beziehung besondere Vor=

sichts=Maßregeln ergriffen werden mußten, auch schon, um eine
weitere Verbreitung im Lande zu verhindern.

Das 5. Armee=Corps blieb in den Departements Haute Saône
und Doubs bis Ende Mai. Die Zeit wurde von den Truppen
zum Retablissement der Ausrüstungen, zur Ausbildung des Nach=
ersatzes und der Compagnien 2c. verwendet.

Am 14. Mai ging die erste Nachricht von der bevorstehenden
Rückehr des 5. Armee=Corps in seine Friedens=Garnisonen ein.
In Folge eines Telegramms des Generals von Pobbielski wurde
der Major Mantey am 15. Mai nach Ludwigshafen zur Bei=
wohnung einer Conferenz der Eisenbahn=Linien=Commissarien be=
züglich des Rücktransportes des 5. Corps abgesendet. Am 17.
Mai telegraphirte der Major Mantey, daß der Transport vor=
aussichtlich am 22. Mai von Belfort, Altkirch und Mühlhausen
mit täglich 6 Zügen beginnen werde. Hiernach mußten schon
einige Truppentheile am 19. Mai in Bewegung gesetzt werden,
was auch sofort auf telegraphischem Wege befohlen wurde. An
demselben Datum ging jedoch von der Executiv=Commission ein
Telegramm ein, daß für den Beginn der Bewegung definitiver
Befehl zu erwarten sei, doch solle die Dislocation der Truppen
derart getroffen werden, daß der Rücktransport 5 Tage nach Ein=
gang des betreffenden Befehls beginnen könne. Diese Weisung
machte eine Sistirung der Märsche nothwendig.

Von Altkirch als Einschiffungs=Punkt mußte Abstand ge=
nommen werden, da dort die Rinderpest, wie an vielen Orten des
südlichen Elsaß ausgebrochen war. In dieser Beziehung war den
Truppen befohlen, auf ihrem Marsch zu den Einschiffungs=Punkten
die mit Rinderpest behafteten Orte zu vermeiden und keinenfalls
in denselben zu cantonniren; sollte sich in der Nähe kein seuche=
freier Ort finden, so mußte die betreffende Truppe bivouakiren.

Das detaillirte Marsch=Tableau war den Truppentheilen am
18. Abends übersandt worden; in demselben konnten noch keine
Daten gegeben werden, da der Beginn des Transports noch nicht
feststand; es waren für jeden Truppentheil nur die Marschtage
und Etappen bestimmt worden. Am 22. Mai war eine vorläufige
Benachrichtigung vom Chef des Generalstabes der Armee, Grafen
von Moltke, eingegangen, daß am 27. voraussichtlich der Trans=
port beginnen würde. Dies wurde den Truppen mitgetheilt mit
dem Hinzufügen, daß der 25. Mai als 1. Marschtag bestimmt sei.

An diesem Tage traf auch der definitive Befehl ein, daß der Rück=
transport am 27. Mai zu beginnen habe.

Der Oberbefehlshaber General von Manteuffel richtete aus
Veranlassung des Abmarsches des 5. Corps folgenden Abschieds=
gruß an den commandirenden General:

„Die Marsch=Ordre ist eingegangen. Das 5. Armee=Corps
hat nur kurze Zeit und nicht im Kriege selbst unter meinem Com=
mando gestanden. Aber das Armee=Corps hat sich auch in diesem
Kriege wieder so hohen Ruf erkämpft, daß ich dasselbe nicht aus
der Armee scheiden sehen kann, ohne Ew. Excellenz es auszusprechen,
wie es mir eine liebe Erinnerung bleiben wird, dieses brave Armee=
Corps in einer von mir befehligten Armee gehabt zu haben und
wie ich von ganzem Herzen wünsche, daß es nach der glorreichen
Pflichterfüllung in der Campagne jedem Einzelnen von Ihnen
wohl und glücklich in der Heimath ergehe.

Ich ersuche Ew. Excellenz dies den Herren Generalen, Regi=
ments=Commandeuren und Offizieren und sämmtlichen Mannschaften
auszusprechen und Ihnen persönlich zugerufenes und aufrichtig
anerkennendes Lebewohl freundlich aufzunehmen.

gez. E. Manteuffel."

Die Einschiffung der Divisionen sollte in Belfort, die der
Corps=Artillerie und Trains in Mühlhausen erfolgen. Je nach=
dem die einzelnen Truppen mit diesem oder jenem Transport=
Echelon befördert werden sollten, langten sie in der nächsten Um=
gegend der Einschiffungs=Punkte an. Die Unterbringung der
Truppen bei Belfort hatte große Schwierigkeiten, da die Ort=
schaften durch die lange Belagerung von Belfort und die zahl=
reichen Kämpfe in dieser Gegend sehr gelitten hatten. An jedem
Transport=Tage wurden 6 Truppen=Züge, sowohl von Belfort
als auch später von Mühlhausen abgelassen, mit Ausnahme des letzten
Tages, an welchem nur 5 Truppen=Züge abgingen. In Belfort
nahm die Einschiffung 6 Tage, in Mühlhausen 5 Tage in An=
spruch: der 6. Juni war der letzte Tag.

Die Rückfahrt des Corps erfolgte über Straßburg, Carls=
ruhe, Darmstadt, von hier aus auf derselben Linie, auf welcher
der Transport bei Beginn des Feldzuges zur Concentration in
der Pfalz erfolgt war.

Wie auf der Hinfahrt, so auch bei der Rückkehr aus Frank=
reich wurden alle Truppen auf den Stationen mit Enthusiasmus

empfangen und ihnen in Wort und That Dank und Anerkennung ausgesprochen; in den Friedens-Garnisonen wartete ihrer ein herz= licher und feierlicher Empfang.

Der 6. Juni war für das 5. Armee=Corps der 1. Demobil= machungs=Tag, an welchem die Truppen begannen, sich wieder auf den Friedensfuß zu setzen.

Der siebenmonatliche Feldzug 1870/1871 gegen Frankreich hatte das 5. Armee=Corps wieder reich mit Lorbeern geschmückt, die es sich abermals unter der glorreichen Führung des erhabenen Feldherrn, Seiner Kaiserlichen und Königlichen Hoheit des Kron= prinzen erkämpft hatte. Es war ihm vergönnt gewesen, gleich bei Beginn der Campagne in hervorragender Weise an dem ersten Gefecht, dem bei Weißenburg, Theil zu nehmen, zwei Tage darauf des Feindes erste Armee bei Wörth zum Kampfe zu stellen, und sie in zähem Ringen so lange festzuhalten, bis sie, auf ihren Flanken umfaßt, der gänzlichen Vernichtung nahe geführt werden konnte. Nach langen und anstrengenden Märschen in der Sommer= hitze ließ der Oberfeldherr durch das 5. Armee=Corps bei Sedan den eisernen Ring um das letzte feindliche Heer schließen, welches sich auf Gnade und Ungnade mit seinem Kaiser ergeben mußte.

Die Einschließung der Hauptstadt des Feindes eröffnete das Armee=Corps durch 3 siegreiche Gefechte am 17., 18. und 19. September bei Valenton, Dame Rose und Petit Bicêstre.

In der Cernirungs=Linie ward dem Corps ein Ehrenplatz zugewiesen, 4½ Monat hindurch schützte es die Hauptquartiere Seiner Majestät des Kaisers und Königs und Seiner Kaiserlichen und Königlichen Hoheit des Kronprinzen.

In dieser Zeit, welche das Corps unter den Granaten zu= bringen mußte, hatte es schwere Arbeiten auszuführen und große und kleine Kämpfe mit dem Feinde zu bestehen; namentlich das heftige Gefecht bei La Malmaison am 21. Oktober 1870 und die Schlacht vor dem Mont Valerien, in Folge welcher der Gegner seine mit so bewunderungswürdiger Zähigkeit lange Zeit ver= theidigte Hauptstadt Seiner Majestät dem Kaiser überliefern mußte.

Balb darauf führte die Kriegslage das Armee=Corps nach Süden an die Loire und die Friedens=Präliminarien von da nach dem Departemeut Haute Saône der Heimath entgegen, in welche es nach 10¹/₂monatlicher Abwesenheit zurückkehrte. Mit glän= zenden Thaten hatte das 5. Armee=Corps seinen alten Ruhm aufs Neue bewährt.

Ordre de bataille des 5. Armee-Corps (bei Beginn des Feldzuges).

Commandirender General: General-Lieutenant von Kirchbach.
Chef des Generalstabes: Oberst-Lieutenant von der Esch.

Generalstab:

Hauptmann Wantey.
Hauptmann Stieler von Heydekampf.
Premier-Lieutenant Freiherr von Reibnitz, vom Westphälischen Füsilier-Regiment Nr. 37.

Ordonnanz-Offiziere:

(traten am 5. August 1870 zum General-Commando über):
Seconde-Lieutenant der Reserve Wißard vom 1. Schlesischen Dragoner-Regiment Nr. 4.
Seconde-Lieutenant der Reserve von Zvernoiß vom Kurmärkischen Dragoner-Regiment Nr. 14.

Artillerie-Stab:

Oberst Gaede, Commandeur der 5. Artillerie-Brigade.
1. Adjutant: Premier-Lieutenant Freiherr von Dalwigt vom Garde-Feld-Artillerie-Regiment.
2. Adjutant: Seconde-Lieutenant Mertens vom Niederschlesischen Feld-Artillerie-Regiment Nr. 5.

Adjutantur:

Major Mandé vom 2. Brandenburgischen Dragoner-Regiment Nr. 12.
Hauptmann von Hugo vom Königs-Grenadier-Regiment (2. Westpreuß.) Nr. 7.
Premier-Lieutenant Cleinow vom 3. Posenschen Infanterie-Regiment Nr. 58.
Seconde-Lieutenant von Hennigs vom Westpreußischen Ulanen-Regiment Nr. 1.
Commandeur der Stabswache: Hauptmann z. D. Freiherr von Wechmar.
Commandeur des Feld-Gendarmerie-Detachements: Rittmeister von der Beck.

Ingenieur-Stab:

1. Ingenieur-Offizier: Major von Dwisten, Commandeur des Niederschlesischen Pionier-Bataillons Nr. 5.
2. Ingenieur-Offizier: Hauptmann Bürscher.
Adjutant des 1. Ingenieur-Offiziers: Seconde-Lieutenant Groeben vom Niederschlesischen Pionier-Bataillon Nr. 5.

Branchen:

Corps-Arzt: General-Arzt Dr. Chalons.
Assistenz-Arzt Dr. Süßmann.
Corps-Delegirter der freiwilligen Krankenpflege: Rittmeister a. D. Graf von Schertz-Thoß-Weigelsdorf (trat am 31. Juli 1870 beim General-Commando ein).
Corps-Auditeur: Justiz-Rath Kowolski.
Feld-Corps-Intendant: Intendantur-Rath Gervais.

Attachirt: Fürst Wescherßky, Kaiserlich Russischer Rittmeister im Garde-Husaren-Leib-Regiment und Flügel-Adjutant Seiner Majestät des Kaisers.

9. Division.

Commandeur: General-Major von Sandrart.

Generalstab:
Major Jacobi.

Adjutant:
Hauptmann von Winterfeld vom 3. Brandenburgischen Infanterie-Regiment Nr. 20.
Premier-Lieutenant Frhr. von Richthofen vom Posenschen Ulanen-Regiment Nr. 10.

Ordonnanz-Offizier:
Seconde-Lieutenant von Montowt vom 1. Schlesischen Dragoner-Regiment Nr. 4.

Branchen:
Divisions-Intendant:
Intendantur-Assessor Lenz.
Divisions-Pfarrer:
evangelische: Abel und Richter.
katholischer: Dutkiewicz.

Divisions-Auditeur:
Justiz-Rath Raehne.

Divisions-Arzt:
Oberstabs-Arzt Dr. Schmund.

17. Infanterie-Brigade: Oberst von Bothmer. Adjutant: Premier-Lieutenant Kepler vom Grenadier-Regiment Kronprinz (1 Ostpreuß.) Nr. 1.

4. Posensches Infanterie-Regiment Nr. 58: Oberst Cyl.
1. Bataillon.
Major von Stolch.
2. Bataillon.
Major Ehrhardt.
Füsilier-Bataillon.
Major Cumme.

3. Posensches Infanterie-Regiment Nr. 58: Oberst von Rg.
1. Bataillon.
Major von Gronefeldt.
2. Bataillon.
Major Böttcher.
Füsilier-Bataillon.
Major von Maß.

18. Infanterie-Brigade: Oberst von Voigts-Rhetz. Adjutant: Premier-Lieutenant von Sandes-Hoffmann vom 5. Brandenburgischen Infanterie-Regiment Nr. 48.

2. Niederschlesisches Infanterie-Regiment Nr. 47: Oberst von Burghoff.

Füsilier-Bataillon.
Major von Winterfeld.

2. Bataillon.
Major von Mittelstädt.

1. Bataillon.
Major Schultz.

Königs-Grenadier-Regiment (2. Westpreußisches) Nr. 7: Oberst von Kötten.

Füsilier-Bataillon.
Major von Kaisenberg.

2. Bataillon.
Major Schaumann.

1. Bataillon.
Major von Unruh.

1. Schlesisches Jäger-Bataillon Nr. 5.
Major Graf von Walderfee.

1. Schlesisches Dragoner-Regiment Nr. 4:
Oberst-Lieutenant von Schend.

1. Fuß-Abtheilung Niederschlesischen Feld-Artillerie-Regiments Nr. 5: Major Kipping.

1. schwere Batterie.
2. schwere Batterie.
1. leichte Batterie.
2. leichte Batterie.

Sanitäts-Detachement Nr. 1:
Feld-Lazarethe Nr. 1 und 2.

Proviant-Colonne Nr. 1.

Pontonnier-Compagnie und leichter Feld-Brücken-Train.

10. Division.

Commandeur: General-Major von Schmidt.

Generalstab:
Hauptmann von Struensee.

Adjutantur:
Major Meims vom 3. Oberschlesischen Infanterie-Regiment Nr. 62.
Seconde-Lieutenant Rußmay vom Westphälischen Ulanen-Regiment Nr. 1.

Ordonnanz-Offizier:
Seconde-Lieutenant von Holwede vom Kurmärkischen Dragoner-Regiment Nr. 14.

Branchen:

Divisions=Intendant:
Intendantur=Assessor Steinbeck.
Divisions=Pfarrer:
evangelischer: Militär-Oberpfarrer Händler.
katholischer: Burst.

Divisions=Auditeur:
Justiz-Rath Rolbt.

Divisions=Arzt:
Oberstabs=Arzt Dr. Roland.

19. Infanterie-Brigade: Oberst von Henning auf Schönhoff. Adjutant: Premier-Lieutenant Freiherr von Wangenheim vom 4. Posenschen Infanterie-Regiment Nr. 59.

1. Niederschlesisches Infanterie-Regiment Nr. 46: Oberst von Stosch.

1. Bataillon.
Major von Gallwitz = Dreyling.

2. Bataillon.
Major von Maliszewski.

Füsilier=Bataillon.
Major Campe.

1. Westpreußisches Grenadier-Regiment Nr. 6: Oberst Flöcher.

1. Bataillon.
Major von Heugel.

2. Bataillon.
Major Bauer.

Füsilier=Bataillon.
Oberst-Lieutenant von Weber.

20. Infanterie-Brigade: Oberst Walther von Monbary. Adjutant: Premier-Lieutenant Lauterbach vom 6. Ostpreußischen Infanterie-Regiment Nr. 43.

3. Niederschlesisches Infanterie-Regiment Nr. 50: Oberst Wichelmann.

1. Bataillon.
Major von Rössing.

2. Bataillon.
Major Träger.

Füsilier=Bataillon.
Oberst-Lieutenant von Sperling.

Westfälisches Füsilier-Regiment Nr. 37: Oberst von Heinemann.

1. Bataillon.
Major Lütgen.

2. Bataillon.
Major Frhr. von der Bussche-Haddenhausen.

3. Bataillon.
Major von Sydow.

Kurmärkisches Dragoner-Regiment Nr. 14: Oberst von Schön.

3. Fuß-Abtheilung Niederschlesischen Feld-Artillerie-Regiments Nr. 5: Major Möhl.

6. schwere Batterie.
5. schwere Batterie.
6. leichte Batterie.
5. leichte Batterie.

Sanitäts-Detachement Nr. 2.

Sappeur- und Mineur-Compagnie nebst
Schanzzeug-Colonne.

Feld-Lazarethe Nr. 3 und 4.

Proviant-Colonne Nr. 2.

Corps-Artillerie.

Commandeur: Oberst-Lieutenant Köhler, Commandeur des Niederschlesischen Feld-Artillerie-Regiments Nr. 5.
Adjutant: Premier-Lieutenant Granier vom Niederschlesischen Feld-Artillerie-Regiments Nr. 5.

Branchen:

Intendant: Seconde-Lieutenant Fritz.
Auditeur: Buddée.

2. Fuß-Abtheilung Niederschlesischen Feld-Artillerie-Regiments Nr. 5: Oberst-Lieutenant von Borries.

4. schwere Batterie.
3. schwere Batterie.
4. leichte Batterie.
3. leichte Batterie.

Reitende Abtheilung Niederschlesischen Festungs-Artillerie-Regiments Nr. 5: Major Pilgrim.

3. reitende Batterie.
2. reitende Batterie.

Colonnen-Abtheilung: Hauptmann Reiche.

Infanterie-Munitions-Colonnen:
Nr. 4. Nr. 3. Nr. 2. Nr. 1.

Artillerie-Munitions-Colonnen:
Nr. 5. Nr. 4. Nr. 3. Nr. 2. Nr. 1.

Ponton-Colonne.

Feld-Lazareth Nr. 5.

Feld-Lazarethe Nr. 6—12.
Lazareth-Reserve-Personal.
Lazareth-Reserve-Depot.

Sanitäts-Detachement Nr. 3.

Trains: Commandeur: Major Herwarth von Bittenfeld.

Pferde-Depot.
Feld-Bäckerei-Colonne.
Train-Begleitungs-Escadron.

Proviant-Colonne Nr. 4. und 5.
(Proviant-Colonne Nr. 3 war an die
4. Kavallerie-Division abgegeben).
4 Fuhrpark-Colonnen: à 80 zweispän-
nige Wagen; (eine Fuhrpark-Colonne
von gleicher Stärke war an die 4. Kavallerie-Division abgegeben).

Notizen

über die Stärke und den Gesundheitszustand des 5. Armee-Corps während des Feldzuges 1870/71.

Die Truppen des 5. Armee-Corps hatten bei dem Verlassen ihrer Garnison nach vollendeter Mobilmachung ihre normale Kriegsstärke; sie erfuhren durch die lange Eisenbahnfahrt einen kleinen Abgang, merkwürdiger Weise an Fußkranken. In den neuen Stiefeln schwollen nämlich, sobald diese während der Fahrt nicht zeitweise ausgezogen wurden, die Füße einzelnen Leuten dermaßen an, daß diese mehrere Tage nicht marschfähig waren. Während des Aufenthaltes in der Pfalz und der Märsche bis zum 5. August (Preuschdorf) war die Veränderung der Truppenstärke durch Kranke unbedeutend, so daß die Infanterie-Regimenter bei ihrem Eintritt in die Gefechts-Linie nicht viel von ihrer normalen Stärke verloren hatten.

In der nachstehenden Tabelle werden die Stärken an Combattanten des 5. Armee-Corps an Infanterie, Cavallerie (und Artillerie) zu verschiedenen Zeiten angegeben, und sind hierzu meistens solche Standesausweise benutzt, welche kurz vor und nach größeren Actionen eingereicht worden sind.

Nr.	Truppentheil	8. Aug.	21. Aug.	3. Sept. 1870	21. Sept. 1870	1. Nov.	1. Dec.	1. Jan.	21. Jan. 1871	1. März
1.	Infanterie-Regiment Nr. 58.	2296	1854¹	1471²	2059	2111	2746	2680	2541	2604
2.	Infanterie-Regiment Nr. 59.	2511	2418	2366	2363	2617	2698	2662	2540	2922
3.	Königs-Grenadier-Rgt Nr. 7.	1972	2035	1358³	2114	2245	2745	2669	2555	2875
4.	Infanterie-Regiment Nr. 47.	2145	2015	1946	1856	2215	2207	2603	2526	2899
5.	Grenadier-Regiment Nr. 6.	2877⁴	2010	1562	1971	2265	2297	2260	2246	2736
6.	Infanterie-Regiment Nr. 46.	1777	1816	1590	1653	2256	2330	2341	2312	2890
7.	Füsilier-Regiment Nr. 37.	2097	1656⁵	1904	1858	2737	2782	2736	2584	2736
8.	Infanterie-Regiment Nr. 50.	2095	2004	1960	1865	2546	2500	2376	2340	2948
9.	Jäger-Bataillon Nr. 5.	841	790	649	695	660	726	702	657	790
10.	Dragoner-Regiment Nr. 4.	609 Pf.	604 Pf.	582 Pf.	570 Pf.	569 Pf.	588 Pf.	567½ Pf.	550 Pf.	536 Pf.
11.	Dragoner-Regiment Nr. 14.	597 Pf.	571 Pf.	562 Pf.	557 Pf.	511 Pf.	513 Pf.	496 Pf.	490 Pf.	573 Pf.
	Infanterie	18611⁴	16598¹·⁵	14806¹·²	16434	19652	21031	21029	20301	28400
	Cavallerie	1206 Pf.	1175 Pf.	1144 Pf.	1127 Pf.	1080 Pf.	1101 Pf.	1063 Pf.	1040 Pf.	1109 Pf.
	Geschütze	84	84	84	84	84	84	84	84	84
	Verpflegungsbedarf für das ganze Armee-Corps { Portionen	25051	25042	22384	23342	27646	28984	28683	28370	31187
	Rationen	5995	7723	6809	6708	7315	6933	6402	6795	7029
	Anzahl der Kranken (Combattanten und Nicht-Combattanten)	746	1166	1423	2220	2249	2341	2481	2357	2134

Anmerkung 1. Infanterie = Regiment Nr. 58: 1 Compagnie war zur Bedeckung des Trains abcommandirt, sie kehrte kurz nach dem 21. August zum Regiment zurück.

do. 2. Infanterie-Regiment Nr. 58: 1 Bataillon war zur Bedeckung des Armee = Hauptquartiers Sr. Königlichen Hoheit des Kronprinzen abcommandirt.

do. 3. Königs=Grenadier=Regiment: Füsilier = Bataillon war zur Bedeckung des Armee = Hauptquartiers Sr. Majestät des Königs abcommandirt.

do. 4. Grenadier=Regiment Nr. 6. Unter dem 8. August ist die Stärke vor der Schlacht von Wörth angegeben, bei den andern Truppen ist die nach dieser Schlacht aufgeführt.

do. 5. Füsilier = Regiment Nr. 37: 2 Compagnien des 1. Bataillons, welche zur 1. Besatzung von La Petite Pierre zurückgeblieben waren, hatten das Regiment noch nicht wieder erreicht.

do. 6. Der bedeutende Wechsel in dem Bedarf an Rationen erklärt sich dadurch, daß am 8. August noch nicht alle Colonnen das Corps erreicht hatten, und später von Zeit zu Zeit Munitions= Verpflegungs = Colonnen und Lazarethe detachirt waren; auch hatte das Pferde=Depot einen sehr wechselnden Bestand.

Während der Märsche auf Paris bis zum 11. September vermehrte sich der Krankenstand in ziemlich stetiger Weise von 2,9% bis 8,2%. Der Gesundheits-Zustand des Armee-Corps war aber stets im Verhältniß zu den anstrengenden Märschen und der, namentlich Anfang August ungünstigen Witterung ein guter zu nennen. In dieser Zeit waren es besonders Ruhrfälle, welche unter den Kranken häufiger vorkamen, während der Typhus nur vereinzelt auftrat. Die Märsche von Sedan bis Paris waren nicht anstrengend und waren vom schönsten Wetter begünstigt, auch wurden alle Truppen stets in Cantonnements untergebracht. Die Kranken vermehrten sich nur um 1°/₀.

Gleich nach der Ankunft vor Paris erhielten einige Infanterie-Regimenter ihren ersten Nachersatz, welcher auch für die übrigen Laufe des Oktobers 1871 eintraf.

Während der Cernirung von Paris blieb der Krankenstand ein ziemlich gleichmäßiger; durchschnittlich 8,5% der Effectivstärke; ein Verhältniß, welches in Anbetracht des feuchten und kalten Herbst- und Winterwetters und bei dem beständigen Verbleiben in ein und denselben Ortschaften immer noch als ein günstiges zu bezeichnen war. Die innerlichen Krankheiten vermehrten sich, während sich die äußerlichen verminderten. Unter den ersteren trat namentlich der Typhus häufiger auf, an welchem Ende Januar 1871 153 Mann des 5. Armee-Corps erkrankt waren; dies war die höchste Zahl der Typhuskranken. Am 1. März (in Orleans) war der Procentsatz der Kranken auf 6,8 herabgesunken. Kurz vor dem Abmarsch des Armee-Corps von Orleans nach dem Departement Haute Saône war der letzte Nachersatz angelangt; dieser vermehrte die Krankenzahl während der anstrengenden Märsche über die Gebirge, die bei sehr schlech- tem Wetter ausgeführt werden mußten, bedeutend, so daß der Krankenstand am 1. April der höchste im ganzen Feldzuge war: 11%. Während des Aufenthalts in dem Departement Haute Saône ging die Zahl der Kranken allmählig bis auf 5,7% herab.

Summarische Uebersicht der Verluste des 5. Armee-Corps im Feldzuge 1870/71.

cf. Anmerkung Seite 23.

Laufende Nr.	Truppentheil ꝛc. ꝛc.	Verluste des 5. Armee-Corps vor dem Feinde									An den Wunden gestorben			An Krankheit gestorben		
		Todt			Verwundet			Vermißt								
		Offiz.	Mannsch.	Pferde	Offiz.	Mannsch.	Pferde	Offiz.	Mannsch.	Pferde	Offiz.	Mannsch.	Pferde	Offiz.	Mannsch.	Pferde
1.	General-Commando	—	—	—	—	—	—	—	—	—	—	—	—	1	—	—
2.	Stab der 9. Division	—	—	1	1	—	1	—	—	—	—	—	—	—	—	—
3.	do. 10. „	—	—	—	—	—	—	—	—	—	—	—	—	—	1	—
4.	do. 17. Infant.-Brgb.	—	—	—	1	—	1	—	—	—	—	—	—	—	—	—
5.	do. 18. „	—	—	1	—	—	—	—	—	—	—	—	—	—	—	—
6.	do. 19. „	—	—	1	1	—	2	—	—	—	—	—	—	—	1	—
7.	do. 20. „	—	—	—	—	—	—	—	—	—	—	—	—	—	—	—
8.	Infanterie-Regiment Nr. 58	7	122	2	28	638	1	—	74	—	5	57	—	2	37	12
	„ „ 59	5	91	2	31	441	—	—	25	—	4	34	—	—	52	—
	„ „	13	193	—	28	727	—	—	17	—	4	77	—	1	29	2

	1	2	3	4	5	6	7	8	9	10	11	12	13	14	15
11. Infanterie-Regiment Nr. 47	4	125	1	44	645	1	—	78	—	—	3	69	—	1	33
12. Grenadier-Regiment Nr. 6	7	230	8	46	1147	—	—	67	—	—	9	137	—	2	46
13. Infanterie-Regiment Nr. 46	16	311	6	44	854	—	—	52	—	—	8	118	—	—	29
14. Füsilier-Regiment Nr. 37	10	163	—	24	583	—	—	28	—	—	4	42	—	1	60
15. Infanterie-Regiment Nr. 50	17	159	—	22	698	—	—	62	—	—	6	63	—	2	40
16. Jäger-Bataillon Nr. 5	3	72	16	14	317	—	—	7	—	—	2	22	—	—	12
17. Dragoner-Regiment Nr. 4	2	5	26	3	23	9	—	6	—	4	—	4	—	—	8
18. Dragoner-Regiment Nr. 14	—	5	43	3	24	11	—	14	4	11	—	—	—	—	—
19. 1. Fuß-Abth. Feld-Art.-Rgt. 5	—	3	28	5	63	41	—	—	11	—	—	6	2	2	38
20. 3. "	—	2	44	1	51	43	—	—	—	—	—	2	—	—	42
21. Corps-Artillerie	—	5	—	7	47	62	—	1	—	—	—	2	—	—	335
22. Pionier-Bataillon Nr. 5 incl. Ponton-Colonne	—	7	—	2	36	—	—	2	—	—	—	3	—	—	27
23. Sanitäts-Detachements	—	—	—	1	9	—	—	—	—	—	—	1	—	—	3
24. Train-Bataillon Nr. 5	—	—	—	—	—	—	—	—	—	—	—	—	—	1	15
Summa	84	1495	179	307	6305	174	—	433	15	—	45	637	—	13	416
				391	8233	368									576

16 *

Renvoi
zum Plan: Treffen bei Weißenburg.

Erster Moment.
(Die Truppenstellung dieses Moments sind durch blos umzogene Signaturen [☐] bezeichnet.)

Entwickelung zum Gefecht.
A. 1. 2. 3. 4.   2. Fuß=Abtheilung (Corps=Artillerie).
   5. 6.   1. und 2. schwere Batterie.
   7.   2. und 3. reitende Batterie.
B. Aufmarsch der 18. Brigade.
C. Angriff des Detachements Rex.
   a. 2. Compagnie Jäger=Bataillons No. 5.
   b. ½ Füsilier=Bataillon No. 58.
   c. 1. Compagnie Jäger=Bataillons No. 5.
   d. ½ Füsilier=Bataillon No. 58.
   e. 1. Bataillon, Regiments No. 58 und 3. Compagnie Jäger=Bataillons No. 5.
   f. 1. leichte Batterie,
      2. leichte Batterie (Detachement Bothmer).
D. Abmarsch des Detachements Bothmer.
   (1. und 2. Bataillon Regiments No. 59, 4. Compagnie Jäger=Bataillons No. 5, 2. Escabron Dragoner=Regiments No. 4).

Zweiter Moment.
(Die Truppenstellungen dieses Moments sind durch gefüllte Signaturen ▬ bezeichnet).

Sturm auf Weißenburg.
   a. 3. 4. und 9. Compagnie Regiments No. 47 und 1 Zug der 3. schweren Batterie.
   b. 2. Bataillon Infanterie=Regiments No. 47.
   c. 1. und 2. Compagnie No. 47.
   d. 2. Compagnie Jäger=Bataillons No. 5.
   e. 3. Compagnie Jäger=Bataillons No. 5.
   f. 1. Bataillon Regiments 58.

Sturm auf den Geisberg.
   h. 1. Compagnie Jäger=Bataillons No. 5.
   i. ½ Füsilier=Bataillon Regiments No. 58.
   k. 1. Bataillon Königs=Gren.=Regiments No. 7.
   l. Füsilier=Bataillon Königs=Gren.=Regiments No. 7.
   m. 10. 11. und 12. Compagnie Regiments No. 47.
   n. 4. Compagnie Jäger=Bataillons No. 5.
   o. 2. Bataillon Königs=Gren.=Regiments No. 7.
   p. ½ Füsilier=Bataillon Regiments No. 58.
   q) 1. leichte und 2 Züge der 3. schweren Batterie.
   r) 2. leichte Batterie.
   s. 1. und 2. Bataillon Regiments No. 59.

Berichtigung. Bei einer Anzahl der Karten ist auf dem Plane: Gefecht bei Weißenburg statt 7. August „4. August" zu lesen

Renvoi
zum Plan: Schlacht bei Wörth.

Erster Moment.
(Die Truppenstellung wie bei Weißenburg mit ⬚ bezeichnet).

Stellung des 5. Armee-Corps nach 10 Uhr.

1. 1. u. 2. Compagnie Füsilier-Regiments No. 37.
2. II. Bataillon Füsilier-Regiments No. 37.
3. 4. Compagnie Füsilier-Regiments No. 37.
4. III. Bataillon Füsilier-Regiments No. 37.
5. 3. Compagnie Füsilier-Regiments No. 37 (hinter dem linken Flügel der Artillerie).
6. II. Bataillon Infanterie-Regiments No. 50 (bei Gunstett).
7. I. u. II. Bataillon Infanterie-Regiments No. 50.
8. 19. Infanterie-Brigade.
9. I. u. II. Bataillon Infanterie-Regiments No. 59.
10. 17. Infanterie-Brigade (Jäger-Bataillon No. 5; Infanterie-Regiment No. 58; Füsilier-Bataillon Infanterie-Regiments No. 59).
11. 18. Infanterie-Brigade.

I. 14 Batterien.

3. schwere Batterie (rechter Flügel), 4. schwere, 2. und 3. reitende; 6. leichte, 3., 4. und 5. leichte; 6., 5. und 1. schwere; 1. leichte; 2. schwere, 2. leichte Batterie (linker Flügel).

12. Dragoner-Regiment No. 14.
13. Dragoner-Regiment No. 4.

Zweiter Moment.
(Die Truppenstellung wie bei Weißenburg mit ▬ bezeichnet).

Ungefähre Stellung des 5. Armee-Corps kurz nach der Einnahme von Elsaßhausen (gegen 3 Uhr).

1. Jäger-Bataillon No. 5.
2. 1. u. 2. Comp. Füsilier-Rgt. No. 37.
3. I. Bat. Inf.-Regt. No. 58.
4. I. „ „ No. 59.
5. Füsilier-Bat. Inf.-Rgt. No. 46.
6. „ „ „ „ No. 59.
7. II. „ „ „ No. 46.
8. Füsilier-Bat. Gr.-Regt. No. 6.
9. Füsilier-Bat. Inf.-Regt. No. 58.
10. I. „ „ Gr.-Regt. No. 6.
11. II. „ „ „ No. 6.
12. ¹/₂ I. „ Inf.-Regt. No. 46.
13. ¹/₂ II. „ Kg.-Gr.-Regt. No. 47.
14. ¹/₂ I. „ Inf.-Rgt. No. 47.
15. ¹/₂ II. „ „ No. 47.
16. Füsilier- „ „ No. 47.
17. ¹/₂ II. „ Kg.-Gr.-Rgt. No. 7.
18. I. „ Inf.-Regt. No. 59.
19. II. „ „ No. 58.
20. I. Bataillon Inf.-Regt. No. 50.
21. Füsilier- „ „ No. 50.
22. I. „ Kg.-Gr.-Regt. No. 7.
23. ¹/₂ „ „ „ No. 7.
24. ¹/₂ „ „ „ No. 7.
25. ¹/₂ I. „ Inf.-Regt. No. 46.
26. ¹/₂ I. „ „ No. 47.
27. ¹/₂ II. „ „ No. 47.
28. II. „ „ No. 50.
29. 2¹/₂ Bat. Füsilier-Regt. No. 37 (in Wörth).

II. 3. Fußabtheilung
4. leichte, 3. u. 4. schwere Batterie im Vormarsch.

III. 1. Fußabtheilung
3. leichte u. 1. u. 3. reit. Batterie in der 2. Position.

Renvoi

zum Plan: Schlacht bei Sedan.

1. I. Bataillon Infanterie-Regiments No. 46.
2. II. " " No. 46.
3. Jäger-Bataillon No. 5.
4. Füsilier-Bataillon Infanterie-Regiments No. 46.
5. II. Bataillon Grenadier-Regiments No. 6.
6. Füsilier-Bataillon Infanterie-Regiments No. 6.
7. I. " " No. 6.
8. 17. Infanterie-Brigade (excl. I. Bataillon Infanterie-Regiments No. 58).
9. 20. Infanterie-Brigade.
10. Dragoner-Regiment No. 4 u. 2 Escadrons Dragoner-Regiments No. 14.
    (Auf demselben Punkt Husaren-Regiment No. 13.)
11. 18. Infanterie-Brigade (excl. Füsilier-Bataillon Königs-Grenab.-Rgts).
    I. Fußabtheilung, II. Sappeur-Compagnie.
    A. 1. 2. 3. Aufstellung der Artillerie 11. Corps.
    B. 5.
Rechter Flügel: 6. leichte, 6. schwere, 5. leichte,
                3. schwere, 4. leichte, 3. leichte, 4. schwere,
                2. reitende, 3. reitende Batterie.
Linker Flügel: 5. schwere Batterie.